Chief Legal Negotiation Officer

首席法律谈判官

戴勇坚 ◎ 著

知识产权出版社
全国百佳图书出版单位
—北京—

图书在版编目（CIP）数据

首席法律谈判官／戴勇坚著．—北京：知识产权出版社，2020.4（2025.9 重印）
ISBN 978-7-5130-6754-6

Ⅰ.①首… Ⅱ.①戴… Ⅲ.①法律—谈判学—基本知识 Ⅳ.①D90-055

中国版本图书馆 CIP 数据核字（2020）第 009729 号

责任编辑：齐梓伊　　　　　　　　　责任校对：谷　洋
执行编辑：凌艳怡　　　　　　　　　责任印制：刘译文
封面设计：张新勇

首席法律谈判官
戴勇坚　著

出版发行：知识产权出版社有限责任公司	网　　址：http://www.ipph.cn
社　　址：北京市海淀区气象路 50 号院	邮　　编：100081
责编电话：010-82000860 转 8176	责编邮箱：qiziyi2004@qq.com
发行电话：010-82000860 转 8101/8102	发行传真：010-82000893/82005070/82000270
印　　刷：北京建宏印刷有限公司	经　　销：各大网上书店、新华书店及相关专业书店
开　　本：787mm×1092mm　1/16	印　　张：20.25
版　　次：2020 年 4 月第 1 版	印　　次：2025 年 9 月第 2 次印刷
字　　数：289 千字	定　　价：88.00 元
ISBN 978-7-5130-6754-6	

出版权专有　侵权必究
如有印装质量问题，本社负责调换。

序 一

当厚厚的一册《首席法律谈判官》打印稿摆在我面前的时候，我的思绪不禁回到了八年前，回到了美国波士顿 JAMS 公司调解师詹姆斯·麦圭尔那间宽大明亮的调解室。那年十月，湘潭大学法学院应邀组团赴美，到对口学校马萨诸塞州立大学法学院访问，考察波士顿地区的社区调解和商业调解。我作为湘潭大学法学院的名誉院长，对该院诉讼法研究团队在调解制度研究上的不懈努力很佩服，也很支持，故应邀一同前往。同行的除该院诉讼法专业带头人廖永安教授（时任湘潭大学法学院党委书记）外，还有包括本书作者戴勇坚律师在内的几位湖南法律界同人。记得那是一个上午，我们一行人走进麦圭尔的事务所，在那里待了整整半天。略事参观之后，我们便坐下来听麦圭尔和他的助手介绍马萨诸塞州的调解制度和商业调解的程序规则以及运行情况。对于商业调解在波士顿地区的受欢迎程度，其实我们只要注意那天会议室门外走廊里等候的顾客人群，就可以猜到一二。戴勇坚律师那天上午显得格外兴奋，不但在座谈听讲中频频起身发问，而且在回酒店的路上，他认真地对我说，回国以后在长沙也要开办一个专事商业调解的事务所。我知道收取酬金的商业调解，在当时的国内还是一个空白领域。民间的调解活动仍然局限于人民调解，不仅不收取费用，而且多是针对普通民事纠纷，很少涉及商事纠纷。所以，我当时虽然对戴律师的抱负表示了赞许，称他会成为这个领域第一个吃螃蟹的人，但在心底并未将这个计划当真。回到长沙

1

后不久，我听廖永安教授说，戴律师在湘潭大学法学院开设了一门本科生课程，专门讲授调解活动中的法律谈判，课程从理论到实务均有涉及。我听了不免暗生敬意。因为作为一位执业律师，他还是一个大律师事务所的当家人，在繁忙的事务之余按时来校给本科生授课，会有怎样的困难需要克服，我这个教书匠出身的人是心知肚明的。又过了几年，到了2015年，戴勇坚律师将并不薄的一册《法律谈判的理论、策略和技巧》送到我的手中，说这是这些年授课的讲义，已经由湘潭大学出版社正式出版发行。如今戴律师有关调解谈判的又一部新作《首席法律谈判官》即将出版，这是他在法律谈判实务和理论研究上取得的又一项引人注目的成果。

近些年来，我国法律界对非诉讼纠纷解决机制做了许多有益的探索，许多律师和律师事务所也积极参与其中做出了重要贡献。他们的努力不仅开拓了法律服务的新领域，而且为法治中国、和谐社会建设增添了新的经验、新的资源。戴勇坚律师在法律谈判领域的实践探索和理论思考，就是其中的典型代表。今天是南方冬日里一个大好的晴天，我又来到湘潭，参加司法部调解理论研究与人才培训湘潭大学基地、人民调解杂志社联合主办的"新时代调解高峰论坛"。近两百人济济一堂，在人群中我又遇见了戴勇坚律师。今天聚到会场的，除了律师界的朋友，还有来自全国各地高校、司法行政部门、法院和人民调解组织的专家学者、实务界人士。大家都怀揣着同一个梦想——让调解这枝古老的"东方之花"，在新时代开得更欢、走得更远。我在论坛开幕式上有个发言，发言中谈道：党的十九大以来，中央先后发布了一系列关于调解事业发展的重要文件，十九大提出打造共建、共治、共享的社会治理格局，2018年中办国办印发《关于建立"一带一路"国际商事争端解决机制和机构的意见》，十九届四中全会又提出坚持和完善共建、共治、共享的社会治理制度。新时代对调解事业发展提出了新的要求、新的理念，要求我们不断推动调解的理论创新、制度创新、实践创新，实现调解事业理

序 一

念的科学化、体系的合理化、方式的精细化、功能的国际化。面对如何建设和谐社会、如何打造人类命运共同体的时代之问,调解文化的传播、调解事业的发展既迎来了历史性的机遇,也面临巨大的挑战。新时代的调解人正在努力!

是为序。

谢 勇

全国人民代表大会监察和司法委员会委员

2019 年 12 月 6 日于长沙

序 二

当前，我国经济已由高速增长阶段转向高质量发展阶段，正处在转变发展方式、优化经济结构、转换增长动力的攻关期，建设现代化经济体系是跨越关口的迫切要求和我国发展的战略目标。我国民营经济在改革开放40多年来，规模和实力从小到大、由弱变强，已然成为拉动经济增长、推动转型升级、促进市场化改革的重要力量。

习近平总书记指出，要坚持"两个毫不动摇"，为民营企业发展营造良好的法治环境和营商环境，依法保护民营企业权益，鼓励、支持、引导非公有制经济继续发展壮大。可见，良好的法治环境和营商环境是民营经济发展的内在要求，也是民营企业良性运营的根本保障。目前，随着我国经济结构转型调整与"一带一路"建设的全面铺开，民营企业的商务活动将越来越频繁，商务活动中的冲突和争议也越发复杂和频繁。因此，建立和完善多元化纠纷解决机制，为优化法治环境和营商环境提供机制保障是势在必行的。法律谈判作为多元化纠纷解决机制的重要组成部分，在民营经济的良性发展中也起着举足轻重的作用。

戴勇坚律师作为调解谈判领域的知名专家，在调解谈判特别是法律谈判领域深耕多年，始终站在理论和实践的前沿。更为可贵的是，戴勇坚律师一直坚持撰书立著，将自身所学、所思及多年实践经验无私地与大众分享。本书的出版可以说是恰逢其时，不仅为读者打开了法律谈判知识的大门，也为企业推介了首席法律谈判官这一新型职位,更为经济纠纷化解提供了新的思路。本书的独到之处可以归纳为下面几点。

一是创新性。其一,概念的创新性。作者在本书中首创了"首席法律谈判官"的概念,即"兼具团队领导者、法律专家、谈判专家和战略专家这四层身份,同时具备法律和谈判两大领域相关知识和经验,在法律谈判团队中起领导和组织协调作用,并负责战略布局和制定谈判方案的个人",这也使得一种颇具前瞻性和可行性的全新身份,首次亮相于纠纷解决的大舞台上。其二,谈判模式的创新性。作者跳出以往由商务人士担任首席谈判官的固有运营模式,将法律人由配角转变为谈判主角,提倡由法律人士担任首席法律谈判官,运用法律思维与战略思维带领谈判团队实现共赢。这充分体现出一位法律工作者的使命感、担当感及极佳的职业素养。其三,风险控制模式的创新性。作者将传统的谈判后风险防控模式转变为全面风险防控体系,这种全局眼光和忧患意识颇为出色也是尤为可贵的。

二是系统性。纵观全书,作者结合自身近30年的法律谈判实践经验,对法律谈判相关知识进行了全面的梳理。书中深入阐述了首席法律谈判官的独特价值,完整解说了法律谈判的准备、过程与僵局打破,具体介绍了法律谈判的思维策略以及风险防控等,为读者建立起完备的法律谈判知识体系。全书的系统性和全面性在市面上较为罕见。

三是实用性。本书中,案例的展示和分析贯穿始终,且专列"首席法律谈判官的实践"一章,集中运用8个生动形象的经典案例,形象而充分地展现了在具体法律谈判实践中如何进行谈判前的准备、如何运用谈判策略与技巧、如何打破僵局等。通过案例的引导及分析,本书使读者能真正将理论和实践相结合,领悟法律谈判的真谛,从而学以致用,在法律谈判中有出色的表现。本书绝非一纸空谈,而将真正成为首席法律谈判官成长路上的日常工具用书。

序 二

目前，正是我国经济实现高质量发展的重要时刻，推动多元化纠纷解决机制建设，助力构建经济维权服务平台，营造良好政策环境、市场环境、法治环境和社会环境，对我国经济发展有着至关重要的作用。本书为企业的争端解决提供了新的解决思路和途径，为企业风险防控以及纠纷化解创造了新的职位。希望此书真正能为企业所用，成为更多企业法律谈判与风险防控的制胜宝典；同时我也希望，本书能够成为推动我国多元化纠纷解决机制的完善，进一步优化营商环境的一股力量，最终共同实现新时代中国特色社会主义的伟大胜利。

是为序。

庄聪生
第十二届全国政协委员
全国工商联原党组成员、副主席
中国民营经济研究会会长
2019 年 10 月 25 日于深圳

自　序

习近平总书记指出，坚持把非诉讼纠纷解决机制挺在前面。培育法治信仰、弘扬法治精神，是全社会的共同责任，"首席法律谈判官"是我作为法律人对多元化纠纷解决机制所做的初步探索。

近年来，我国多元化纠纷解决机制进入了全新的发展阶段，法律谈判作为非诉讼纠纷解决机制的有机组成部分，有着程序简洁、成本低廉等天然优势，必然将在争议解决上发挥着越来越重要的作用。

不忘初心，躬身前行。我致力于法律谈判事业近30年，真切地感受到法律谈判的价值与魅力——它不仅能为当事人减少负累，还能有效节约司法资源。为了获得对法律谈判更为专业的认知，进一步推动法律谈判事业的发展，2009年，我参加了世界谈判大师罗杰·道森的优势谈判课程培训，获得专业证书；2011年，我前往美国马萨诸塞州立大学波士顿分校以及JAMS公司学习调解与谈判，以期建立谈判的国际化视野；2015年，我参与"十二五"国家重点图书出版规划"如何当好调解员系列丛书"的编写，独著《法律谈判的理论、策略和技巧》在2015年出版后又再版；同年，我作为兼职教授为湘潭大学开设了全国首个调解方向的本科生教授谈判课程；近30年来，风雨无阻传播调解谈判理念。近年来，我先后参与上百次各类谈判论坛与研讨，为企业家、法务经理、律师、仲裁员、调解员等讲授法律谈判的原理和技巧。历经近30年法律执业经历的沉淀，铭记初心百炼成钢，一纸匠心守正出新，不负韶华，不负期待，法治路上终于奏响首席法律谈判官的乐章。

《首席法律谈判官》共分为六章，兼顾宏观构造和微观内容，各有侧重又一脉相承。全书从首席法律谈判官的角色定位、谈判准备、行为过程、思维策略、风险管理与实践运用六个方面，对首席法律谈判官这一角色进行了精准定位和深入剖析，既有理论探索，又有实战解读，尤其借助丰富的经典谈判案例，帮助读者熟练掌握各类法律谈判的原则，并融会贯通于实战之中。

本书首次提出了"首席法律谈判官"的概念。"首席法律谈判官"应同时具备丰富的法律和谈判两大领域知识与经验，兼具团队领导者、法律专家、谈判专家和战略专家这四重身份，在法律谈判团队中起领导和组织协调作用，并负责战略布局和制订谈判方案。"首席法律谈判官"这一概念的确立，不仅是对多元化纠纷解决机制纵深发展以及法律谈判分工日益专业化与精细化需求的回应，也是对法律人在谈判中的重要性和主导性的彰显，还是对法律职业群体能站在历史的舞台上发挥其不可替代作用的期望，更是全面响应依法治国的时代号召、推动法律服务行业供给侧改革、提高法律服务供给质量的必然要求。可以说，首席法律谈判官在未来的价值高度和发展前景不可估量。

本书具体阐述了首席法律谈判官的独特价值，即利用自身的法律知识、技能及思维把控谈判风险，为当事人的发展规划谋篇布局、排兵布阵，通过共赢谈判实现双方利益最大化。书中还系统地阐述了法律谈判各环节的实战技法、技巧策略和注意事项，以期为首席法律谈判官提供实战指南，使其从法律谈判前的各类准备到谈判中的僵局应对，从步步为营的报价磋商到当机立断的结束谈判，均能胸有成竹、运筹帷幄。此外，本书专设章节集中阐述首席法律谈判官的风险管理，以期帮助首席法律谈判官培养了解风险、识别风险、及时控制和处理风险的基本素质与能力，让首席法律谈判官面对瞬息万变的谈判局势，依然能结合法律原则、规则与策略技巧，灵活应对。本

自 序

书最后一章，精选了八类法律谈判经典案例，全方位展示了法律谈判策略技巧、风险管理的实践运用，旨在减少读者将理论转化为实践的障碍，助谈判掌舵者——首席法律谈判官们一臂之力。

为让读者们获得更加愉悦的阅读感受，本书力求语言表达的准确性与艺术性。本书适合企业家、公司法务经理、律师、仲裁员、调解员、本科生、研究生以及对法律谈判感兴趣的各类读者进行自学、教学或培训。

我真诚希望本书的出版，能成为首席法律谈判官这一新型职业乃至行业的发轫之作，使首席法律谈判官成为更多法律人甚至追梦人愿意为之奋斗的事业。我愿此书能为推动法律谈判理念的传播与法律谈判事业的发展尽一份绵薄力量，希望读者朋友们通过阅读此书，能获得系统的法律谈判理论知识和实践技巧，获得更具战略性与长远性的目光，实现思维和理念的革新，达到职业与人生的新高度。

戴勇坚

2019 年 12 月 31 日于长沙

目录

第一章 举足轻重：首席法律谈判官的价值   1

第一节 首席法律谈判官的独特价值   3
一、谈判官的价值   3
二、首席法律谈判官   4
三、首席法律谈判官的独特价值   9

第二节 首席法律谈判官的角色定位   12
一、团队领导者   12
二、战略专家   13
三、法律专家   14
四、谈判专家   15

第三节 首席法律谈判官的思维起点   16
一、需求与价值：寻求完美的供需契合点   17
二、价值与价格：玩转法律谈判的"价值规律"   22
三、价格与需求：成交价是否物有所值   23

第四节 首席法律谈判官谈判时应遵循的原则   24
一、平等自愿原则   24
二、客观理性原则   26
三、利益共享原则   28
四、合法性原则   30
五、人事分离原则   31

第五节	首席法律谈判官的挑战与未来	33
	一、法律服务行业的新变革	33
	二、首席法律谈判官面临的挑战	37
	三、首席法律谈判官的未来发展	39
本章小结		41

第二章	厉兵秣马：首席法律谈判官的准备	43
第一节	你的"穿着"和"举止"正影响着法律谈判结果	45
	一、首席法律谈判官的形象设计	45
	二、法律谈判的礼仪与习俗	49
第二节	信息收集——知己知彼，百战不殆	53
	一、背景情况调查	54
	二、主体信息收集	57
	三、信息收集调查的方法	60
	四、做好企业战略分析	62
第三节	你需要一个完美的法律谈判方案	63
	一、设定法律谈判目标	64
	二、选取法律谈判时间和地点	66
	三、组建法律谈判团队	69
	四、设计法律谈判战略	72
	五、确定法律谈判流程	74
	六、寻求法律谈判方案 B	76
第四节	模拟法律谈判——提前调试，有备无患	77
	一、模拟谈判的重要性	77
	二、模拟谈判的分类	78
	三、模拟谈判应注意的问题	80
本章附录	谈判计划书范本	82

目 录

本章小结 88

第三章　知行合一：首席法律谈判官的行为　90

第一节　取得谈判的控制权——法律谈判的开局　92
一、谈判开局的主要功能　93
二、谈判开局的类型　99
三、法律谈判开局的注意事项　101

第二节　法律谈判的博弈——报价与磋商　102
一、法律谈判的报价　102
二、法律谈判的磋商与让步　107

第三节　柳暗花明——打破法律谈判僵局　109
一、造成谈判僵局的原因　110
二、谈判僵局的应对策略　112

第四节　当机立断——法律谈判的终局　118
一、法律谈判终局的结果类型　119
二、选择结束法律谈判的契机　119
三、促成法律谈判成交的策略　120
四、谈判终局之后　123

第五节　温故知新——法律谈判的复盘　127
一、复盘的意义　127
二、复盘的方法　128
三、复盘的评估　128

第六节　谈判生态圈——法律谈判的终极目标　129
一、自我——明确自身需求，实现利益最大化　130
二、他人——了解对方需求，促成合作双赢　130
三、社会——营造良好交易环境，促进经济发展　131

本章小结 132

第四章 上兵伐谋：首席法律谈判官的思维与策略　　134

第一节 破旧立新——拆掉法律谈判思维里的墙　　136
一、法律谈判是一种思维方式　　136
二、你就是法律谈判官，谈判无处不在　　136
三、善假于物——创建"互联网"思维　　137
四、可视化思维——让法律谈判更有说服力　　138

第二节 知己知彼——首席法律谈判官的自我管理　　139
一、拥抱自己——站在己方的立场思考　　139
二、对自己负责——学会拒绝　　144
三、管住自己——别让情绪控制你　　148
四、推己及人——设身处地观察你的对手　　153

第三节 察言观色——法律谈判中的语言信息　　156
一、充分挖掘和运用肢体语言　　157
二、着重分析言语表达的信息　　160
三、认真倾听将有意想不到的收获　　162
四、巧妙发问及善用"苏格拉底问答法"　　164
五、在沟通中利用情绪催化剂　　165

第四节 借力发力——在优势法律谈判中快速达成合意　　166
一、先声夺人　　167
二、消磨策略　　168
三、分出轻重，抓大放小　　168
四、红白脸策略　　169
五、钳子策略　　170

第五节 另辟蹊径——在劣势法律谈判中寻找转机　　171
一、沉默策略　　172
二、有限授权策略　　173

三、鸡蛋里挑骨头策略　　　　　　　　　　　174
　　　四、制订多重策略　　　　　　　　　　　　175
　　　五、博取同情策略　　　　　　　　　　　　176
　　　六、亮底牌策略　　　　　　　　　　　　　177

第六节　棋高一着——在均势法律谈判中更胜一筹　177
　　　一、制造满足感策略　　　　　　　　　　　178
　　　二、诱导真相策略　　　　　　　　　　　　178
　　　三、"蚕食"策略　　　　　　　　　　　　179
　　　四、各让一步策略　　　　　　　　　　　　180
　　　五、"装不懂"策略　　　　　　　　　　　181
　　　六、欲擒故纵策略　　　　　　　　　　　　182

本章小结　　　　　　　　　　　　　　　　　　184

第五章　未雨绸缪：首席法律谈判官的风险管理　　186

第一节　法律谈判风险的成因及类别　　　　　　188
　　　一、法律谈判的客观风险　　　　　　　　　188
　　　二、法律谈判的人员风险　　　　　　　　　191

第二节　谈判风险的评估　　　　　　　　　　　197
　　　一、谈判风险的识别　　　　　　　　　　　197
　　　二、谈判风险的分析　　　　　　　　　　　199
　　　三、谈判风险的评价　　　　　　　　　　　200

第三节　法律谈判风险的控制与处理　　　　　　201
　　　一、回避风险　　　　　　　　　　　　　　202
　　　二、降低风险　　　　　　　　　　　　　　203
　　　三、转移风险　　　　　　　　　　　　　　204
　　　四、保留风险　　　　　　　　　　　　　　206

第四节　建立谈判风险防控体系　　207
一、法律谈判前的风险预警　　207
二、法律谈判中的风险控制　　211
三、法律谈判成交后的合同履约管理　　214
四、建立法律谈判风险防控的复盘机制　　216
五、法律谈判风险的多元救济　　218

本章小结　　221

第六章　利剑出鞘：首席法律谈判官的实践　　223

第一节　买卖中法律谈判的实践应用　　223
一、买卖典型案例指引　　223
二、买卖中法律谈判案例分析　　225
三、买卖相关知识　　228

第二节　股权转让中法律谈判的实践应用　　233
一、股权转让典型案例指引　　233
二、股权转让中法律谈判案例分析　　234
三、股权转让相关知识　　237

第三节　商业地产租赁中法律谈判的实践应用　　239
一、商业地产租赁典型案例指引　　239
二、商业地产租赁中法律谈判案例分析　　243
三、商业地产租赁相关知识　　247

第四节　建设工程项目中法律谈判的实践应用　　249
一、建设工程项目典型案例指引　　249
二、建设工程项目中法律谈判案例分析　　251
三、建设工程项目相关知识　　253

第五节	政府采购中法律谈判的实践应用	256
	一、政府采购典型案例指引	256
	二、政府采购中法律谈判案例分析	258
	三、政府采购相关知识	260
第六节	政府和社会资本合作（PPP）中法律谈判的实践应用	265
	一、政府和社会资本合作（PPP）典型案例指引	265
	二、政府和社会资本合作（PPP）中法律谈判案例分析	267
	三、政府和社会资本合作（PPP）相关知识	271
第七节	劳动争议中法律谈判的实践应用	280
	一、劳动争议典型案例指引	280
	二、劳动争议中法律谈判案例分析	282
	三、劳动争议相关知识	284
第八节	"一带一路"项目中法律谈判的实践应用	287
	一、"一带一路"项目典型案例指引	287
	二、"一带一路"项目中法律谈判案例分析	288
	三、"一带一路"相关知识	291
本章小结		294
参考文献		296
后 记		301

第一章
举足轻重：首席法律谈判官的价值

"全世界赚钱速度最快的就是谈判，谈判省下的钱都是实实在在的纯利润。"

——［美］罗杰·道森

案例思考

A公司是一家实力雄厚的房地产开发公司，B公司是A公司旗下的全资子公司。B公司拟转让名下一块市场价值约为9千万元的土地，经过与多家公司接触，B公司拟与C公司进行谈判。为此，A公司与B公司特聘请杨律师作为首席法律谈判官主导土地转让事宜。杨律师受聘后，组织财务、法律、土地等相关领域的专业人员组成谈判团队，对C公司的情况进行了翔实的调查，明确了谈判核心要点、谈判目标、谈判方案及谈判策略等。双方经过了几轮谈判，从税务、合法性、经济效益等方面考虑，最终确认以C公司全面受让B公司股权的方式实现土地转让，同时就交易内容和价款等主要条款达成基本共识：股权转让价格为1.8亿元，合同签订后支付8千万元，但就剩余1亿元如何支付的问题，双方发生分歧。主要分歧是：C公司要求在支付首笔款后，全面完成 B 公司的移交和股权过户，剩余 1 亿元在股权过户完成后 1 年内支付；A 公司却认为，应该在 1.8 亿元的股权转让款全部支付完毕后，才能进行公司移交和股权过户。双方无法达成一致意见，谈判陷入僵局。

  谈判陷入僵局后，杨律师并未要求 C 公司接受己方的意见，而是暂停谈判，组织人员全面了解 C 公司提出该支付方案的根本原因。他通过了解发现，C 公司之所以要求股权转让并且在公司移交后 1 年内支付剩余价款，一方面是担心 A 公司及 B 公司不能有效配合股权转让，另一方面是担心 B 公司存在隐藏的债务风险或土地存在瑕疵影响土地正常开发等情况，因此，C 公司希望在受让股权并确认无隐藏风险后再支付剩余股权转让款。杨律师通过分析认为，形成谈判僵局的主要原因是双方缺乏信任。对此，杨律师及谈判团队通过与多方沟通，秉承互利的原则，最终向 C 公司提出新的方案：C 公司在合同签订后支付 8 千万元；A 公司、B 公司积极配合 C 公司完成股权转让后，C 公司应支付剩余的 1 亿元，再由各方进行 B 公司相关签章、资料等的移交。且双方约定，在股权转让前，B 公司应如实向 C 公司披露 B 公司经营情况、土地现状及可能存在的风险，同时由 A 公司为 B 公司提供担保，如 C 公司受让股权后因 B 公司未如实披露信息等原因造成的损失，由 A 公司承担。

  该谈判方案提出后，立即得到谈判各方的积极回应，最终各方依据此方案完成了交易。

思考题

1. 什么是法律谈判？其主要特征是什么？
2. 什么是首席法律谈判官？
3. 首席法律谈判官应遵循的原则是什么？
4. 首席法律谈判官的价值是什么？

第一章 举足轻重：首席法律谈判官的价值

第一节　首席法律谈判官的独特价值

一、谈判官的价值

（一）谈判之概述

你早上起来打开冰箱，发现只有一个橘子，而你和室友都想得到这个橘子。在双方都有需求的情况下，如何合理表达自己的意愿，并通过与对方的沟通来发掘他的需求，进而协商讨论，最终达成理想的"分橘协议"？

以上是经典的分橘谈判案例。笔者在全国各地讲授谈判课程时，让数以百计的观众进行过现场演练，每个人的表现都各有特色，每场"分橘谈判"的结果也各有不同。每一场演练都生动直观地展示了什么是谈判，谈判主体是如何表现的，有哪些谈判策略可资借鉴。

谈判与人类社会文明的发展有着同样悠久的历史，人类从发明语言时起，就已经开始了最原始的谈判。谈判普遍存在于政治、经济、文化、教育、家庭等环境中，在我们的日常生活中时常上演。例如，在商品市场买东西时的讨价还价，求职时的面试，单位之间为项目合作和达成交易进行的磋商，夫妻就买房问题进行的商讨等。世界仿若一个大型的谈判桌，每个人都可能占据着一方位置成为谈判的主体。每个人内心的欲望或需求都会驱使人们去谈判，并想方设法通过谈判来达到自己的目的。[1]

谈判，不仅是解决争端的方法，更是促成交易、建立和维持商业秩序最重要的途径。另外，谈判也是促进人类语言发展进步的重要因素之一。[2] 参考国内外学者对谈判的定义，笔者认为，可以将谈判定义为：谈判是人类为

---

[1] 戴勇坚：《法律谈判的理论、策略和技巧》，湘潭大学出版社2015年版，第3页。
[2] 韩德云、袁飞主编：《法律谈判策略与技巧》，法律出版社2015年版，第3页。

满足某种欲望或需求，彼此阐述自我意愿，相互协商达到一定目的所进行的交流活动。

（二）谈判官的价值

"谈判官"这一概念实际上是舶来品，并非本土衍生概念，大众所熟悉的更多的是"谈判""谈判者"等相关概念。目前，很少有企业设立"谈判官"或者"谈判部"，往往由销售部、采购部等其他部门代行谈判职能，或者由外聘律师提供协助。

笔者认为，"谈判官"这一概念旨在强调谈判人员的专业性和职业性。相较于代行谈判职能的其他岗位人员，谈判官更为了解企业内部工作的相关情况，具备更加丰富的谈判经验，能够全面、系统地掌握和运用谈判相关知识，并能在谈判工作上投入更多的时间和精力。在分工日益精细化的现代社会，谈判官这一职业应受到更多的重视。

谈判官的价值主要体现在能促进当事人有效沟通、化解纠纷与矛盾、减少当事人的讼累，同时节约司法成本和资源。通过谈判官有效的沟通，双方当事人可以通过彼此的倾听与陈述，把握对方的想法、动机和期望，表达自己的目标和动机。

二、首席法律谈判官

（一）法律谈判

在当下种类繁多的商业交往中，事先约定法律的适用、管辖地以及违约责任等，并最终形成一份体现双方合意的商事合同，已经成为商事交易中不可或缺的部分。纯粹的商事谈判已经退出历史舞台，谈判或多或少会将一定的规则融入其中，而多数情况下谈判所依据的标准是法律。概而言之，当社会成员试图用谈判解决纠纷时，法律是必不可少的依据。

1. 法律谈判的概念

有学者将法律谈判定义为"由律师作为当事人的谈判律师参加谈判，运用法律知识和诉讼经验对法庭诉讼的各种可能后果进行全面评估后，借助律师技能（如法律研究技能、案情研究技能、证据挖掘技能、答辩技能、代理技能等）和谈判技巧实施的庭外博弈。沟通和妥协贯穿其间，整个过程既有合作也有竞争，以争取庭外和解为最终目的。"① 有学者认为，法律谈判，就是谈判双方或多方围绕同一话题，运用法律知识和技能，共同提出一种解决问题最佳方案的过程。② 有些学者则认为，法律谈判是指在解决各类纠纷的谈判中为寻求解决纠纷、化解冲突所依据的准则以及如何理解或适用这些准则而展开的谈判。③

笔者认为，上述对法律谈判的定义或表述烦琐，缺乏精简的概括，或过于片面，未能传达出法律谈判的核心要义。综合国内外学者的论述以及笔者对法律谈判的实践研究，笔者认为，法律谈判是具备专业知识和实践经验的法律人，为了满足当事人的需求，实现纠纷解决、促进交易合作等目标，遵循一定的原则和规则，与相对方进行沟通、协商和博弈，并能产生一定法律后果的过程。法律谈判的概念包括以下几个层面（见图1-1）。

主体层面
包含广义的法律人

目标层面
强调着眼于当事人的需求

行为层面
泛指沟通、协商和博弈等行为

效果层面
法律谈判结果往往伴随着一定的法律产品

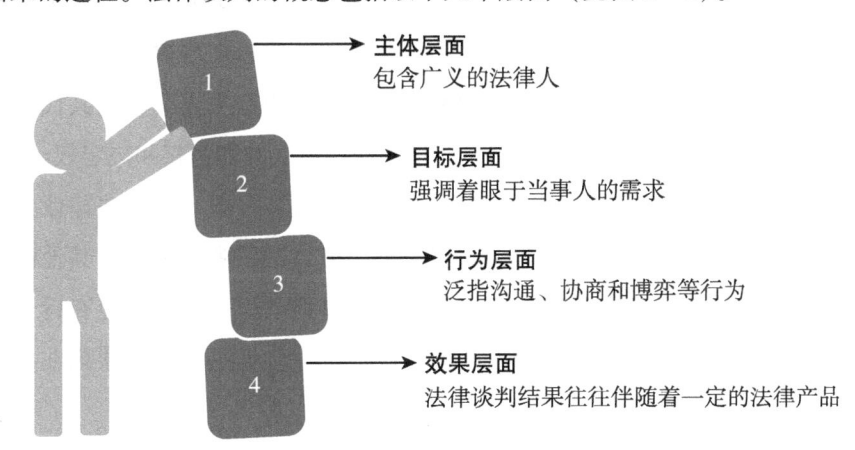

图1-1 法律谈判概念剖析

---

① ［美］拉里·特普利：《法律谈判》，法律出版社2005年版，第15页。
② 孙广亮："浅析法律谈判的基本原则、特性及其应用价值"，载《商品与质量》2012年2月刊，第169页。
③ 韦忠语、成晓明主编：《法律谈判实务教程》，中国人民大学出版社2014年版，第4页。

5

（1）主体层面，包含广义的法律人。很多人认为法律谈判的主体由律师组成，但是笔者认为，随着我国司法体制改革的有序推进，应当顺势而为，将法律职业共同体的概念引入法律谈判之中。法律谈判的主体不应单指律师，还应包括其他具备专业知识和实践经验的法律人。但是，并非所有的法律人都能成为法律谈判的主体，笔者将在下文分析其限定条件。

（2）目标层面，强调着眼于当事人的需求。从目标层面看，法律谈判与其他洽谈、磋商的区别在何处？简而言之，即是否存在委托代理——法律谈判是谈判主体受其当事人委托参加的谈判。依此标准，法律职业共同体中的法官、检察官等群体不在法律谈判的主体之列，因为法官和检察官的职业目标是依法独立行使审判权或检察权，保障司法的公平与正义，而非满足当事人的需求。这是法律人成为法律谈判主体的主要限定条件。充分认识法律谈判的这一目标特点，对于谈判主体尤显重要。谈判主体应该明白：所有的法律谈判都是基于一定的目的而进行，法律谈判应当以当事人目的的实现为核心，法律工具的运用也应当满足谈判的主要目的，切忌把法律谈判变成谈判者个人展示法学知识、一争输赢的表演赛。同时，谈判主体要明确其代理权限在当事人的委托或授权范围之内，严格保证当事人的知情权和决定权。

（3）行为层面，泛指沟通、协商和博弈等行为。一般观点将法律谈判定义为在庭外博弈过程中的一种非诉讼纠纷解决方式。笔者认为，与其他的普通谈判相比，法律谈判的确侧重于纠纷的解决，但不应仅将其限定在诉讼的庭外调解活动过程中。特别是随着市场经济的进一步发展，法律谈判在各种经济往来活动中的应用将越来越广泛。

（4）效果层面，法律谈判结果往往伴随着一定的法律产品。法律谈判的目的是使双方当事人就项目或案件达成共识并最终形成可供执行的协议，而协议的内容就是对当事人双方利益分配的固化。最终的协议条款必须符合法律规定，以使固化的谈判成果受到法律的保护。作为谈判主体，无论通过何种方式谈判，也无论为当事人争取到多么大的利益，在最后形成谈判协议时，都必须坚持合法的基本原则，用符合法律规定的条款将谈判结果固定下来。

如此，谈判成果才不会成为一纸空文。

此外，法律谈判相较于普通谈判具有以下几个特点：第一，法律谈判的目的侧重于纠纷的解决；第二，法律谈判由专业法律人士参与，且他们在法律谈判中起到主导作用；第三，法律谈判从客观理性的角度出发，坚守谈判原则；第四，法律谈判具有一定的复合性。从上述特点可以看出，法律谈判与普通谈判既有相同之处，又有鲜明的个性，简而言之，它以法律人士为主导，侧重于解决纠纷，并坚守谈判原则。

2. 法律谈判的类型

区分法律谈判的类型对于了解各类谈判的特点和谈判者的风格，把握法律谈判的进程和实现谈判目标都有非常重大的意义。结合国内谈判专家的研究成果与谈判类型研习者的实用性指导，在本书中我们着重讨论以下几种分类。

（1）竞争型法律谈判和合作型法律谈判。在谈判中若谈判者追求的是自身利益最大化，则此法律谈判为竞争型法律谈判；若谈判者追求的是双方利益最大化，则此法律谈判为合作型法律谈判。竞争型法律谈判就如同两个人分一个橙子，各自都想分到更多的橙子，一方获得橙子越多，另一方则获得越少。此类谈判中双方都试图在谈判中使自身利益最大化，此举必然会导致双方的谈判目标相冲突，而使得谈判双方具有鲜明的竞争性。[1] 比较典型的竞争型法律谈判有政府采购活动中的竞争性谈判与竞争性磋商。合作型法律谈判是双方以达成合作为根本目的进行的谈判。在谈判过程中，谈判双方往往会在实现自身目标及利益的同时，也考虑到对方利益的实现，并采用合作、互惠的态度以求达到双赢的结果。

（2）达成交易型法律谈判和纠纷解决型法律谈判。这是根据法律谈判的目的是达成交易还是解决纠纷对两者进行区分的。达成交易型法律谈判是指谈判双方通过谈判建立双方之间的法律关系从而达成某项交易而进行的谈判。

---

[1] 蔡彦敏、祝聪、刘晶晶：《谈判学与谈判实务》，清华大学出版社2011年版，第17页。

在此类法律谈判中，谈判双方对于自身利益的实现十分重视，达成交易是谈判双方所追求的终极目标。纠纷解决型法律谈判，顾名思义即谈判双方进行谈判是为了解决双方之间已产生的纠纷或者冲突。因此该类法律谈判与达成交易型法律谈判不同之处在于，纠纷解决型法律谈判是以纠纷的存在为前提而进行的法律谈判。

（二）首席法律谈判官的定义

为了更好地满足日益增长的市场需求，法律服务行业的供给侧发展势在必行。从提高法律服务供给质量出发，新的职业群体——首席法律谈判官，站上了历史舞台。

笔者将首席法律谈判官（Chief Legal Negotiation Officer, CLNO）定义如下：兼具团队领导者、战略专家、法律专家和谈判专家四层身份，同时具备法律和谈判两大领域相关知识和经验，在法律谈判团队中起领导和组织协调作用，并负责战略布局和制订谈判方案的个人。律师、法学院教授、公司法务等法律人士均具备成为首席法律谈判官的潜质。总之，首席法律谈判官的角色定位为"团队领导者＋战略专家＋法律专家＋谈判专家"，这四层身份缺一不可。

首席法律谈判官与商务谈判者存在相似之处。首先，二者均为谈判专家，均熟练掌握了相关的谈判知识和技能；其次，二者都要考虑和维护当事人的商业利益和诉求，并且首席法律谈判官不仅要防控谈判的法律风险，还要维护当事人的法律权益。首席法律谈判官与商务谈判者也存在区别与差异。首先，首席法律谈判官应是谈判团队的领导者，负责组织和协调谈判人员，引导团队制定谈判策略和方案。其次，首席法律谈判官不仅是谈判专家，还是法律人，具备独特的法律思维。由法律人担任首席谈判官，可以在一定程度上防控谈判的法律风险。

总之，笔者认为，首席法律谈判官应在谈判团队中居于领导地位，起着组织和协调、把握谈判的方向和策略的作用，发挥着法律人的独特价值。

三、首席法律谈判官的独特价值

目前，许多企业还未设立首席法律谈判官，即使在个别案例中聘请谈判官，也多以商务人士主导谈判，法律人士一直处于边缘地位。但笔者认为，应该由法律人主导谈判，这是因为，从宏观层面看，法律人主导谈判是全面推进依法治国的要求；从微观层面看，法律人作为首席法律谈判官有着商务人士等其他人士不可比拟的独特价值。

（一）防控谈判的法律风险

法律谈判实质上是谈判各方相互磋商以达成合意的过程。首席法律谈判官的价值不仅仅在于对整体谈判进度的把控，更为重要的是对谈判法律风险的整体防控。

从谈判的进程上来看，首席法律谈判官对法律风险的防控体现在谈判前、谈判中以及谈判结束后三个阶段。在谈判开始前，首席法律谈判官对拟谈判的项目进行把控，根据已知谈判资料判断拟谈项目的合法性与契合性。对于拟谈项目涉及违法内容的情况，及时予以剔除或者建议放弃项目；发现拟谈项目与当事人发展契合度不高或者可能带来较大风险的，及时告知当事人，帮助其进行有效决策。在谈判开始后，首席法律谈判官将严格约束谈判团队，务必使谈判开局、磋商报价等各个谈判过程均在合法的范畴内。同时，首席法律谈判官还可以根据各方在谈判中所处的地位等，结合法律原理和规则采取对应的谈判策略。在谈判终局后，如谈判各方达成合意，首席法律谈判官能及时组织人员固化谈判成果，紧控合同起草阶段的风险，为当事人争取最大的合法权益。

从谈判风险的把控程度来说，首席法律谈判官对风险的防控体现在对单个谈判项目的风险防控以及组织内部风险防控体系的建立上。首席法律谈判官一方面可积极利用特有的法律思维，对单个谈判项目的法律风险进行把关；另一方面还可指导组织内部将法律风险控制关口前移，以实现从"事后救济"到"事先预防"的根本转变。对单个谈判项目法律风险的防控不仅仅需要首席法律谈判官个人对项目进行法律风险把控,更需要谈判团队树立法律风险防控意识,确保项目的合法性。但是仅仅对单个谈判项目进行风险防控显然是不够的,真正全面的风险防控应是在组织内部建立起风险防控体系。如首席法律谈判官利用自身经验,协助当事人在内部建立一套以合同管理为中心的法律风险防控前移制度,加强签约管理和履约管理。一方面建立起严格的合同评审机制,对合同主体和内容进行审查,设立畅通的救济渠道以及合理的违约责任;另一方面严控合同履约进度,注重合同履约过程文件的收集与保存,对履约过程中出现的问题及时依法采取通知或解除合同等应对方式。

总之,在谈判的不同阶段,在谈判项目中以及谈判当事人组织内部,首席法律谈判官都将运用其自身法律知识及法律思维,建立谈判风险的防火墙,防控谈判的法律风险,维护当事人的合法权益。

(二)参与当事人发展战略的制定

当事人在经营和发展过程中会制订各类计划。首席法律谈判官自然不需要参与当事人所有计划与部署的制定,但对于关系企业发展方向的规划或者涉及金额巨大的方案,首席法律谈判官必须拥有一定的话语权与决策权。当前国内许多中小型企业的法律事务部门规模较小,人员有限,其中精通法律谈判的人员不多,有些企业甚至尚未设立专门的法律事务部门。这种情况一方面从某种程度上反映出当前企业缺乏相应的法律风险意识,仍然抱有"临时抱佛脚"的传统心态;另一方面也反映出对首席法律谈判官潜在的市场需求是很大的。

如前所述,首席法律谈判官既是战略专家,又是法律专家,以其战略眼光和独特的法律思维谋篇布局,为谈判把控方向。首席法律谈判官的价值之一在于参与当事人发展规划和谈判战略的制定。以企业并购中常见的资产收购和股权收购两种形式为例,这两种收购形式虽然都可以实现企业间资产的流转,但实质上存在一定的差异。首先,两者的负债风险不同。股权收购完成后,收购公司成为目标公司的股东,仅在出资范围内对目标公司承担责任。

但目标公司的原有债务对股东的权益有很大影响，因此，在股权收购前，收购公司必须调查目标公司的债务状况。相比之下，资产收购关注的是资产本身的债权债务情况，且该情况一般较为清晰。其次，两者的纳税主体不同。在股权收购中，纳税义务人是收购公司和目标公司的股东，目标公司本身无须缴纳企业所得税或印花税等。相比之下，在资产收购中，纳税义务人是收购公司和目标公司。首席法律谈判官应考虑以上差异，并根据当事人的实际情况选取适宜的并购方式，力求为当事人防范风险并争取更多的利益。

（三）为组织提供"增值"法律服务

在传统观念里，法律服务一直是保障蛋糕而非扩大蛋糕的服务。在笔者看来，此看法是错误且过时的，法律服务一直是"增值"服务，而且随着法律服务行业的不断衍生和发展，法律服务所体现出的"增值"内容已经越来越明显。首席法律谈判官将结合企业的实际情况与服务需求，为企业等组织提供优质且契合度较高的增值服务。

首先，通过共赢谈判的方式提升业务"总量"。首席法律谈判官的重要谈判方式是共赢谈判，通俗地讲就是"做大蛋糕"，即双方通过扩大合作范围，创造更多合作机遇，一方面可以弥补双方在之前谈判中各自退让的部分，另一方面可以提升业务"总量"，增加收益。

其次，对已有项目进行法律大数据分析。首席法律谈判官作为复合型高素质专家，在法律实务领域以及其他相关领域都拥有丰富的服务经验，积累了海量的诉讼、非诉讼法律服务成果。首席法律谈判官可以基于此提炼出法律大数据分析方法。对于组织产生的诉讼、非诉讼纠纷，首席法律谈判官能依据此种分析方法形成高效、多样、可视、真实的分析报告，为组织提供及时有效的解决方案。

最后，降低新增项目法律风险防控成本支出。首席法律谈判官通过对项目的法律风险防控，减少组织对新增项目的法律风险防控成本支出。同时通过严格的合同管理，严控合同签订与履行。对于履约过程中出现的债务人逃避债务、不当变更或不当解除合同等情形，及时采取适当措施，维护组织权益。

(四) 尊重当事人意志，维护和创造商业利益

相较于其他纠纷解决方式，法律谈判是在求同存异、互利共赢的目标下，探索达成交易或者化解纠纷的最佳方式。在法律谈判中，当事人的意思自治得到充分尊重。谈判双方在平等自愿基础上达成合意，其结果更易为当事人所接受，有利于当事人之间合作关系的建立或者纠纷的化解。

首席法律谈判官在提供法律谈判服务时，不仅要解决法律问题，还要听取和挖掘双方当事人的商业利益和需求。无论是竞争型谈判还是合作型谈判，也无论是达成交易型谈判还是纠纷解决型谈判，当事人都存在自身的利益需求。笔者认为，首席法律谈判官不仅要为权利而斗争，还要为利益而斗争。首席法律谈判官在设计谈判方案时，不仅应考虑当事人的法律权利，还应关注当事人的商业诉求和利益，并在谈判中挖掘对方的商业需求，找到双方都认为公平合理的解决方案或者利益分配方案。

首席法律谈判官不仅应着眼于眼前的利益，还应考虑长远利益，维护当事人之间长期合作的可能性。如前所述，谈判中的"输赢"不仅仅是谈判桌上的输赢，而是在平衡各项得失后综合得出的价值评判。

第二节　首席法律谈判官的角色定位

首席法律谈判官往往在谈判桌上作为代理人，组建团队代表组织参与谈判。然而，首席法律谈判官的定位不仅是代理人，而应当将其定位为"团队领导者＋战略专家＋法律专家＋谈判专家"。

一、团队领导者

顾名思义，作为法律谈判团队的"首席"，首席法律谈判官必须是一个优秀且拥有实际决策权的团队领导者。作为法律谈判团队的领导者，首席法

律谈判官必须拥有对团队的绝对控制力，围绕谈判目标，制定谈判策略，统一整个团队的意见和行为。首席法律谈判官应参与设定谈判目标、组建法律谈判团队、设计谈判战略、确定谈判流程等谈判的各个阶段，以其独特的战略眼光和卓越的组织协调能力，把控谈判的方向和进程。

首席法律谈判官的工作涉及社会生活和行业市场的方方面面，作为团队领导者，首席法律谈判官需要拥有多学科背景并掌握专业领域技能。首席法律谈判官应该是谈判领域与法律领域的复合型专家。一方面，只有在法律领域深耕多年，拥有丰富的法律实务经验的首席法律谈判官才能在法律谈判的过程中游刃有余，更好地对法律专业问题提出自己的见解；另一方面，就谈判业务本身而言，其所需的知识储备也不仅仅是谈判学知识，还需要首席法律谈判官对心理学、管理学等领域有较深层次的理解，这也有助于其领导由不同专业人才组成的法律谈判团队。

二、战略专家

首席法律谈判官应是熟练掌握和运用谈判战略的专家。法律谈判的战略是指在法律谈判中，运用法律思维，为实现谈判目标而进行规划布局，并制订实施的方案。法律谈判战略可以分为长久型战略、共赢型战略、回避型战略和竞争型战略。下文将对这四种战略做详细的介绍，此处不作赘述。首席法律谈判官应对法律谈判战略进行管理。首先，应确定法律谈判的定位与目标。法律谈判的定位是指对谈判主题、谈判利益、代表的利益方与谈判对方的关系等的确定。确定谈判目标则应当考虑法律谈判所涉及的领域，法律谈判的标的和时间限制，谈判者可接受的最低利益和最大让步等因素。其次，应对法律谈判环境进行分析并据此做出战略选择。法律谈判的环境分为外部环境和内部环境，其中，外部环境包括自然环境和人文环境，内部环境是指谈判者自身的因素，如对于谈判主题的关注程度、利益需求和谈判人员的组成等。在法律谈判战略选择时，应综合考虑谈判者真实利益的实现、谈判者自身的发展、付出的成本以及是否在法律框架内。再次，实施法律谈判战略。

在该阶段，应进行现象分解，明确并整合问题，确认利益和各种限制性因素，形成假设性方案并深入分析，制定谈判战略并拟订行动计划方案。最后，应对战略进行评价与控制。在此阶段，应对战略方向和执行情况进行检测，并根据检测结果采取纠正措施。

同时，首席法律谈判官需要拥有前瞻性、战略性眼光，这是一个谈判者能否胜任首席法律谈判官这一职位的另一基础和前提。"春江水暖鸭先知"，首席法律谈判官需要的就是这种敏锐的洞察力。首先，首席法律谈判官作为重要的实务型人才，应该作为企业决策者的重要协助人员，参与企业重要决策的制定。因此，首席法律谈判官必须拥有绘制企业发展蓝图的大视角，否则就无法在竞争激烈的市场环境中，为企业拨云见日。其次，在法律谈判的前期，首席法律谈判官需要进行谈判基调的判断与大量的谈判布局工作，不断根据谈判的形势调整谈判的策略与思路，这就要求首席法律谈判官具有良好的洞察力，方能把控谈判的方向与成效。

三、法律专家

首席法律谈判官不应仅仅是精通谈判的谈判专家，还应是一个深耕法律多年、法律思维缜密的法律专业人士。首席法律谈判官可以运用法律思维，增强风险意识，根据不同法律谈判主体的工作性质和特点，针对法律谈判关系主体的不同利益需求寻求建立或改变法律关系。首席法律谈判官要既能运用谈判学知识提出解决纠纷的策略与方案，又能就该策略与方案的风险做出相应的法律评估，并最终运用谈判学知识为己方在谈判中赢得更大的优势。

为什么由法律专业人士担任首席法律谈判官？从宏观层面来看，根据《中共中央关于全面推进依法治国若干重大问题的决定》的规定，建设完备的法律服务体系是全面推进依法治国的要求之一，这标志着包括首席法律谈判官在内的法律服务者是建设法治国家的中坚力量，应在社会治理体系中发挥重要作用。法律性是首席法律谈判官应具备的第一大素养。由法律专业人士担任首席谈判官，不仅可以为当事人防控法律风险，还有助于完善法律服务体系、弘扬法治文化。

从微观层面来看，法律谈判实质上是合同订立前的磋商过程，谈判达成的合意成果即为合同。在谈判过程中和谈判终局后的合同起草阶段，均应遵守《中华人民共和国民法总则》（以下简称《民法总则》）、《中华人民共和国合同法》（以下简称《合同法》）等相关法律的规定，由法律人担任首席法律谈判官，有助于防控谈判的法律风险。

概言之，首席法律谈判官区分于首席谈判官的关键在于其法律性。在谈判的不同阶段，首席法律谈判官都应运用其法律知识和法律思维，为当事人争取合法利益。在谈判前准备阶段，首席法律谈判官应当对谈判项目涉及的事实进行梳理和认定，区分客观事实和待证事实。在梳理完事实后，首席法律谈判官应进行资料的识别和收集工作。在整理完事实和证据后，首席法律谈判官应寻找可适用的法律法规、政策文件、交易习惯等，为谈判提供法律依据；在谈判中，首席法律谈判官应以前期整理的事实和证据为依据，以相关法律规范为准绳，在法律框架内据理力争，争取实现己方谈判目标；在谈判终局后，首席法律谈判官应当依据可适用的法律法规将谈判结果固化为合同。总之，作为法律专家的首席法律谈判官，应充分利用特有的法律思维以及丰富的法律风险防控的经验，确保谈判项目的合法性。

四、谈判专家

如前所述，首席法律谈判官的角色定位为"团队领导者＋战略专家＋法律专家＋谈判专家"，四层身份缺一不可。不具备谈判知识和技能的个人不足以成为首席法律谈判官。这是因为，专业的谈判技能是首席法律谈判官安身立命之本，是其游刃于商海的利剑，是将当事人意志转化为当事人利益的重要保障之一。首席法律谈判官应既是一个有胸怀、有眼光的谈判战略师，也是一个既熟悉具体战术与策略，又拥有极强随机应变能力与人际沟通能力的专业谈判人员。

首席法律谈判官应是熟悉法律谈判流程和策略的谈判专家。在法律谈判之前，首席法律谈判官应领导团队成员进行信息收集和分析工作，并据此设定谈判目标、选取谈判时间地点、设计谈判战略和方案等。在谈判开局阶段，首席法律谈判官应运用谈判策略取得谈判的控制权，营造良好的谈判氛围。在谈判的报价阶段，首席法律谈判官应把握报价或接受报价的时机，控制报价的范围，注重运用锚定效应等。在谈判的磋商阶段，首席法律谈判官应全面收集、验证对方信息，用"证据"支持立场，并遵循让步与还价的规矩。遇到谈判僵局时，首席法律谈判官应分析造成谈判僵局的原因，据此采取应对策略，如暂置策略、引入第三方参与谈判等。在谈判终局阶段，首席法律谈判官应采取适当措施促成法律谈判成功，如利用时间压力，发出最后通牒。在谈判终局后，首席法律谈判官应争取合同的起草权，及时固定合意成果。在谈判的各个阶段，首席法律谈判官应始终遵循平等自愿原则、客观理性原则、利益共享原则、合法性原则和人事分离原则。

第三节 首席法律谈判官的思维起点

首席法律谈判官需要掌握需求、价值与价格的三角关系，并以此为思维起点。法律谈判各方可以通过交换其可支配的价值以稳固谈判地位，寻求完美的供需契合点来处理好需求与价值的关系，运用好法律谈判中的"价值规律"以求最终协议条款最优化。首席法律谈判官运用专业的策略和技巧进行充分的沟通磋商，力图使最终协议能最大限度地满足己方需求（见图1-2）。

图 1-2 需求、价值、价格三角关系

一、需求与价值：寻求完美的供需契合点

谈判就是在人的动机支配下采取的一种以满足需求为目的的行为活动。人们为了满足需求，就要互相交换条件，既有取，又有给。在"给"与"取"的问题上必定存在着竞争，存在着智慧的较量。事实上，每场谈判都充满着竞争，谈判的本质是满足需求，谈判的目的就是通过与对方的合作使自己的需求得到满足，为了满足需求就必须交换条件。谈判活动是由人来进行的，如果谈判者仅注意到谈判内容的重要性，而忽视了对于参与谈判的人的研究，就很难全面把握谈判的主动权。心理学的一些基本理论和观点常常被谈判学家们引入谈判理论的研究领域，作为某些谈判理论的基础。如尼伦伯格以马斯洛的需求层次理论为基础，总结了"相互性原则""交往学习理论"等心理学原理，在他的著作《谈判的艺术》中系统地提出了"谈判需求理论"，并成为了该理论的代表人物。

人类每一种目的的行为都是为了满足某种需求，但就需求本身而言，有些是直接显现或表达出来的，而有些则是潜意识的或隐藏。但不论谈判主体以什么方式来表达需求，如果不存在某种未满足的需求和满足这种需求的可能性，人们就不会走到一起进行谈判了。"谈判需求理论"认为：谈判的前提是，谈判各方都希求从谈判中得到某些东西，否则彼此对另一方的要求充耳不闻、熟视无睹，各方当然不会再有必要进行什么谈判了。即使谈判仅是为了维持现状的需要，亦当如此。

(一) 首席法律谈判官和当事人

在法律谈判中，首席法律谈判官不仅要了解有关对方需求的信息，更要了解有关自己当事人需求的信息。在正式进行法律谈判之前，首席法律谈判官应处理好自身与当事人的需求和价值之间的关系，从当事人的需求中寻求和获取价值。

谈判最终达成的合同的质量取决于合同维护当事人真正利益的程度。因此，首席法律谈判官在谈判前必须准确地了解当事人的真正利益。当事人想要的是否就是谈判争取的真正利益？答案是否定的。因为当事人想要的完全可能只是其表面的、浅层的需求，只有具有法律支撑，且具有可操作性的需求，才可以作为谈判主张提出来。那么，是不是这样的谈判主张就是当事人的真正利益？这也未必。通常，首席法律谈判官在最初询问当事人对谈判有什么要求时，当事人回答的总是他自认为的"最低要求"或"谈判底线"。然而，如果首席法律谈判官认真挖掘当事人所陈述的谈判主张背后的需求，就会发现其根本利益可能另有所在。注重当事人的根本利益而不是其表面的谈判主张，是解决问题型谈判的关键。

法律谈判作为一种解决纠纷的方式，其实质和最终目的是满足双方的利益需求，通过沟通和谈判的方式在法庭之外达成和解协议，避免诉讼的对抗性，将纠纷的冲突降到最低，温和地解决纠纷。法律谈判受到重视的一个深层次原因是，它能在双方合意的基础上解决争端。诉讼的方式虽然对于纠纷的解决存在一定的有效性和权威性，但在当事人的心理层面上可能并没有消除冲突的根源，并没有真正满足争端双方的内心需求。"谈判需求理论"给我们的一个很重要的启示，就是要注重人的"需求"，法律谈判也是人与人之间沟通与协调的过程，双方都有自己的利益需求，一个成功的首席法律谈判官，不能只注意谈判内容的重要性而忽视当事人的需求。如果法律谈判者既能从己方当事人的需求出发，又能顾及对方在这次纠纷中的利益需求，那么其便能够从实质层面上解决纠纷的根源，在双方的需求冲突中找到一个平衡点，高效和谐地解决争端。

第一章 举足轻重：首席法律谈判官的价值

案例一

某大型轮胎厂向某机械制造厂订购了一套橡胶轮胎生产线，但设备投入使用后不久，该生产线即发生了严重质量事故，不仅导致生产线上的产品全部报废，还使轮胎厂无法按期向用户交货，面临巨额赔偿责任。为此，轮胎厂向机械制造厂提出了100万元的产品质量索赔要求，机械制造厂接到索赔函后即委托索通律师事务所指派律师进行法律分析论证。

律师经过详细核算后认为，轮胎厂提出的索赔金额有一定合理性，其损失计算方法基本合理，法律依据也较为充分，因而律师据此认为轮胎厂的要求较为实事求是，使用的是协作型谈判策略，考虑到机械制造厂在这次交易中的确应对产品质量承担责任，遂建议机械制造厂也以协作型谈判策略应对，争取达成的赔款协议金额在70万元左右。

律师进一步帮助机械制造厂分析，如果该案交由法院审理的话，判决该厂承担的赔偿金额可能会在80万元至100万元，如以70万元达成协议，应属于比较理想的结果，并且还可以省去诉讼费若干。律师提出这样的建议本来并无不妥，如果真的就此达成协议，对机械制造厂也应是一个不错的结局。但机械制造厂听完律师的分析意见后却认为，应该采用进攻型谈判策略，不同意给付任何赔款，且在这个问题上不作任何让步，如果轮胎厂决定通过诉讼方式索赔，机械制造厂就积极应诉到底，即使最后法院确实判赔100万元，机械制造厂也愿意全额支付。律师觉得很奇怪，机械制造厂为什么不去争取一个只付70万元赔款的机会，却选择等待一个很有可能会是100万元赔款的判决呢？

对于这个问题，经过了多层面的反复沟通，律师才最终了解到，作为当事人的机械制造厂对于此问题的真正考虑是：

（1）产品之所以产生质量问题是因为轮胎生产线中的电器元件发生了故障，然而该元件是机械制造厂从某电器厂采购的，按照合同的约定和法律的规定，机械制造厂依据他们同电器厂的合同可以向电器厂索赔，因而根据和电器厂的合同约定，机械制造厂完全可以转移自己所遭受的损失；

（2）根据机械制造厂和电器厂之间签订的合同，电器厂因为其产品质量问题而承担机械制造厂对第三方的赔偿义务，以机械制造厂向第三方承担赔偿责任的生效的法律文书为限，换而言之，没有经过法院的生效判决，电器厂不对机械制造厂与第三方之间的协议赔付承担任何责任；

（3）对机械制造厂而言，即使产品质量事故是由于电器厂提供的电器元件的质量不合格原因造成的，但是仍需要在企业内部之间进行质量事故的责任追究，依靠法院在审理中形成的质量鉴定和责任认定等意见，有助于机械制造厂完成企业内部责任追究。[①]

由于当事人往往掌握着比首席法律谈判官更多的相关信息，因此，认真听取当事人的意见，通过不同层面意见的收集和交换，了解当事人的隐形需求就成了非常重要的环节。

（二）首席法律谈判官和谈判相对方

谈判可以说是一个双方充分了解对方需要，并设法提出一项双方都能接受的建议的博弈过程。在这个过程中，首席法律谈判官会使出浑身解数，想尽办法获知对方各种信息，包括对方当事人的相关信息，如公司的运营状况和资金情况，当事人的个人基本情况、喜好及工作休息规律，对方法律谈判官的工作经验和谈判特点以及其他与谈判相关的情况等。一切信息都有可能对谈判任何一个环节产生影响，进而波及谈判的结果。

尼伦伯格在其所著《谈判的艺术》一书中全面且完整地提出了基本需求理论。根据尼伦伯格的观点：人们在审视自我的各种需求时，通常会忽略那些能被充分满足或根本无法满足的需求；在制订和计划行为目标时，也往往会将那些容易得到满足，或者不可能达到满足的需求排斥在行为目标的范围之外；人们通常在行动时，只考虑那些还未满足但靠自己能力可以达到的需求，而这种需求就是基本需求。基于上述观点，尼伦伯格将适合不同需求的谈判方法分为六种类型：①谈判者服从对方的需求；②谈判者使对方服从自身的需求；③谈

[①] 韩德云、袁飞主编：《法律谈判策略与技巧》，法律出版社2015年版，第62页。

判者同时服从对方和自己的需求;④谈判者违背自己的需求;⑤谈判者损害对方的需求;⑥谈判者同时损害对方和自己的需求。尼伦伯格强调,依照人的需求层次的高低,谈判者能抓住的需要越是基本,在谈判中获得成功的可能性也就越大。实际上,在谈判活动中没有一种策略是绝对单纯地起作用的,在谈判中往往涉及多种需要、多种方法和多个层次。采用什么方法以及这种方法如何与其他方法配合,关键在于谈判者对问题的判断。[①]

"谈判需求理论"的作用,在于它能促使谈判者主动地去发现与谈判各方相联系的需要,引导谈判者对对方的需求加以重视,以便选择不同的方法去顺应、改变或对抗对方的动机;在此基础上估计每一种谈判方法的响应效果,为谈判者在谈判中进行论证和说服提供广泛的选择空间。谈判的前提是谈判各方均希求从谈判中满足某种基本需求,而此种基本需求既不是已经满足或者很容易就能得到满足的需求,也不是无法得到满足或者能得到满足的可能性渺茫的需求,而是尚未得到而又渴望能被满足的需求,并且此种基本需求中既包括群体(或者法人)的需求,也包括谈判者作为个体的需求。只有那些设法抓住对方的基本需求并因势利导的首席法律谈判官,才有可能取得谈判的成功。

个人需求和组织需求往往是混杂在一起的。因为谈判代表是人,所以既有要当作任务完成的组织需求,也有欲满足的个人需求。有时候,这两种需求是相互对立的。比如说,谈判成功也许对组织有利,但是谈判代表觉得对方太没礼貌,可能就会有意识地使谈判破裂。再比如说,谈判代表如果计划第二天去旅行,在当天的谈判中就有可能做出让步,哪怕再坚持一下会对组织更有利,也会有意促使谈判成功。因此要时刻意识到,谈判中的组织需求和个人需求往往是混杂在一起的,这一点非常重要。所以,首席法律谈判官应研究谈判对手的一些情况,例如,他的日程表是如何安排的?他有多大的决策权?他是否正努力给老板留下好印象?他的行踪记录如何?能否找到他以前参与过的谈判的有关记录?他谈判的风格是什么?

[①] 刘园主编:《谈判学概论》,首都经济贸易大学出版社2011年版,第276-277页。

▌案例二▐

一家乳制品公司聘请首席谈判官 S，让其代表公司去新西兰购买一座牧场。经过与牧场主的初步沟通，得知牧场主的报价为 2800 万美元，谈判官 S 在其基础上还价到 1700 万美元，但因双方的报价差距较大，需要进一步协商才能达成协议。但经过多次沟通，牧场主仍不愿做出任何让步，即使 S 将报价提高到 2200 万美元（该报价实质已超过毗邻区域牧场出售价格），牧场主仍拒绝接受该报价，这让 S 非常困惑。

为了打破与牧场主的谈判僵局，谈判官 S 邀请牧场主一同出游，在出游中牧场主说出了他的顾虑：牧场主曾看到与其相邻的牧场被买主改造得面目全非，而牧场主的这座牧场是其爷爷留给他的财产，承载着他们许多美好回忆，故他希望能一直保持牧场的原貌。谈判官 S 立马明白了牧场主不愿让价的原因，在了解了牧场主在此次交易中的个人心理需求后，谈判官 S 立即与乳制品公司沟通能否在保持牧场原貌的同时进行乳制品生产。最终乳制品公司同意了该条件，在此基础上，经过协商，双方达成了一个彼此均满意的协议，买方出价没有超出公司的报价，卖方也获得了其期待的利益。

尼伦伯格认为，在任何一种非个体的谈判中，往往都有两种需求在发挥着作用，其一是谈判者所代表的法人的需求；其二是谈判者的个体需求。因此，有经验的谈判者在谈判过程中不仅会顾及对方所代表的群体的需求，而且还会更加重视对方的个体需求，努力通过合适的方法去实现、诱导和尽可能满足对方的个体需求，从而影响对方的固有立场、观点，以促使谈判的成功。[①]

二、价值与价格：玩转法律谈判的"价值规律"

价值规律是商品生产和商品交换的基本经济规律，即商品的价值量取

---

① 刘园主编：《谈判学概论》，首都经济贸易大学出版社 2011 年版，第 276 - 277 页。

决于社会必要劳动时间，商品按照价值相等的原则相互交换。价格围绕价值上下波动是价值规律作用的表现形式。商品价格虽然时升时降，但商品价格的变动总是以价值为轴心。另外，从较长时期和全社会范围来看，商品价格与价值的偏离有正有负，可彼此抵消，因此，总体上商品的价格与价值还是相等的。实际上，商品的价格与价值相一致是偶然的，不一致是经常发生的。这是因为商品的价格虽然以价值为基础，但同时也受到供求关系等市场因素的影响。在市场上，当某种商品供不应求时，其价格就可能高于其价值；而当某种商品供过于求时，其价格就会低于其价值。同时，价格的变化会反过来调整和改变市场的供求关系，使得价格围绕着价值不断上下波动。

笔者认为，法律谈判也是在遵循"价值规律"的基础上进行的，法律谈判中的价值规律主要表现为谈判指向的服务或商品按照价值相等的原则互相交换，最终协议价格围绕价值上下波动。而首席法律谈判官所运用的谈判策略与技巧则是影响最终价格的重要因素，此外，谈判事项的难易程度、谈判时间的紧迫程度等也会对最终价格造成影响。首席法律谈判官要了解自身是否具有独特的优于旁人的技能和天赋，是否因为这些技能和天赋而取得无可替代的地位，是否能充分发挥谈判策略和技巧，从而达到最优的协议价格。

三、价格与需求：成交价是否物有所值

物有所值的本意是指某样物品的用处与它的价值相符合，笔者将其引用到法律谈判中，意指经过首席法律谈判官运用专业的策略和技巧进行充分的沟通磋商，最终协议达成的成交价格，能充分体现自身的价值并最大限度地满足需求。

需求转化为动机，动机推动人们去从事某种行为。掌握需求层次理论，有助于谈判者知己知彼，找出对方参与谈判背后的需要，分析如何选择不同的方法去适应、抵制或改变对方的动机，了解每一种需要的相应动力和作用，

以便选择最佳的谈判方法。

在前述的分橘谈判中，若最后协商的结果是把橘子一分为二——第一个人吃掉分给他的一半，扔掉了皮，第二个人则扔掉橘子，留下了橘皮做药——这种结果显然不能最大化地满足双方的需求。人们在同一事物上可能有不同的利益和需求，在需求的选择上又有多种途径。

了解需求，在谈判过程中占有很大的比重，谈判过程中如果能对对方有一个细致全面的了解，就能够从多方面认知对方的显性和隐性需求。越能掌握对方的信息，掌握得越详细，就越能尽快地解决问题。因此，我们不仅要认真研究对方的需求，还要敢于发问，挖掘当事人和客户的需求所在，了解和交换双方的利益需求点，在利益不冲突的地方实现共赢，在利益冲突的地方进行沟通和协商，达到彼此利益的平衡。成熟的首席法律谈判官不只关注己方的价值和利益，也会兼顾对方的价值和利益，最终找到双方均认同的价值，并以此为基础，寻求双方均满意的利益分配方案。

第四节　首席法律谈判官谈判时应遵循的原则

每一项法律谈判，都依存于特定的环境和条件，并服从于首席法律谈判官对特定目标的追求。因而，现实中存在的大量法律谈判行为，必然各具特色、互不相同。但是，任何一项法律谈判都是谈判各方共同解决问题，满足各自需求的过程，从这个意义上讲，不同的法律谈判对首席法律谈判官的行为又有着共同的要求，或者说，无论参与何种法律谈判，首席法律谈判官都必须遵守某些共同的准则。

一、平等自愿原则

（一）谈判主体地位平等

每一场谈判，从某种意义上说，都是一场没有硝烟的战争。虽然在法律

第一章 ‖ 举足轻重：首席法律谈判官的价值

谈判中首席法律谈判官有各自的立场，但整场谈判是双方在平等自愿的基础上，运用法律思维进行的。谈判各方在力量、人格、地位等方面的相对独立和对等，是谈判行为发生与存在的必要条件。首席法律谈判官不会因为自身立场的问题而一味地向对手施压发难，他们理性、客观，深知实现各自的立场固然重要，但双方在平等自愿基础上取得共识，并共同为双方利益做出努力，能够实现良好的合作才是法律谈判最终希望达到的目标。这一目标有赖于双方存在平等关系，并且自愿达成合作。在法律谈判中，无论各方的经济实力和组织规模多强、多大，都应该坚持地位平等、自愿合作、平等协商的原则。谈判各方相互尊重、礼敬对手，任何一方都不能仗势欺人、以强欺弱，把自己的意志强加于对方。

实际上，在法律谈判中，一方以羞辱或者以高姿态的方式与对方谈判，不仅很难达成合作，还可能使对方谈判者产生对立的情绪，甚至导致谈判破裂。退而言之，即使在上述不自愿的情况下侥幸达成合作，由于这样的合作并非建立在平等自愿的基础上，各方必然不会愿意为了各方的共同利益而付出百分之百的努力，最终自然无法实现法律谈判的目标。因此，坚持平等自愿原则，是每一位法律谈判者应该谨记并遵守的。

（二）意思表示自由真实

法律谈判达成的法律产品即为合同，因此，法律谈判实质上是当事人就合同内容达成合意的过程。报价是法律谈判磋商阶段的第一步。从合同法的角度来说，法律谈判中的初次报价就是合同订立过程中的要约程序。在法律谈判过程中，谈判各方的报价和讨价还价的过程就是不断发出要约、拒绝要约再重新发出新的要约的过程。如果谈判相对方同意要约的内容，则可以做出承诺，承诺到达发出要约的一方，合同即为成立。

意思表示自由源自合同法中的意思自治精神，意思自治是指当事人依法享有自愿订立合同的权利，任何单位与个人不得非法干预。自愿是谈判各方进行合作的重要前提和保证。只有自愿，而非迫于外界的压力或他人的驱使参加谈判，谈判各方才会有合作的诚意，才会按自己的意愿来进行谈判，从而进行平等的竞争与合作,互谅互让、互惠互利,最终达成协议,获得令双方都满意的谈判结果。

意思表示自由真实原则是民事行为有效的必备条件之一,运用法律谈判方式达成交易或者化解纠纷,应当建立在争议当事人决策自由的基础上。《民法总则》第146条规定:"行为人与相对人以虚假的意思表示实施的民事法律行为无效。以虚假的意思表示隐藏的民事法律行为的效力,依照有关法律规定处理。"《民法总则》第147条至第152条也详细规定了意思表示不真实的法律后果。因此,在法律谈判中,双方当事人应当自由决策、公平磋商,最终达成谈判协议。如果法律谈判期间存在强迫、欺诈、显失公平或重大误解等影响意思表示自由的情形,不但法律谈判将无法进行下去,而且当事人还有可能承担不利的后果。

二、客观理性原则

(一) 尊重客观事实

尊重客观事实,既是司法中以事实为依据原则的具体要求,也是法律谈判的先决条件。只有在客观事实即有合法证据证明的事实和依法推定事实的基础上进行谈判,才能更有效、更直接、更充分地实现谈判的目的。[①] 在法律谈判中,首席法律谈判官应当尊重客观事实,服从客观真理,一切从实际出发,而不能凭借主观意志、感情用事,还应当仔细全面地收集准确的事实材料,客观地分析信息资料,充分做好谈判准备,以求事半功倍。

首席法律谈判官的语言表述也要尽可能尊重和反映客观事实,不能信口开河,无限夸大。表达思想、传递信息时,必须以客观事实为基础,向对方提供令人信服的依据。谈判内容的客观性决定了谈判各方的诚信度,只有尊重客观事实,谈判主体才能赢得彼此的信任。客观事实必然有客观的标准,首席法律谈判官在坚持客观标准原则的问题上,切记不要把己方的标准绝对

[①] 孙广亮:"浅析法律谈判的基本原则、特性及其应用价值",载《商品与质量》2012年2月刊,第169页。

化和教条化，误认为坚持客观标准就是坚持己方标准，也不要借标准和原则来压迫对方、强制对方，更不能屈服于对方施加的压力而放弃坚持客观标准和客观事实。谈判应当提倡公正地看待各方的标准，力求共同寻找客观的标准，以客观标准发现客观事实。

（二）理性表达观点

每个首席法律谈判官都有自己的个性、喜好和情绪，在谈判中，随着情境的变化以及程序的推进，难免会流露出一些情绪，或者不经意间受到谈判对手情绪的影响。因此，在谈判中要时刻保持清醒的头脑，冷静客观，克制自己的情绪，摒弃对方情绪的干扰，抓住谈判中的关键问题，控制谈判的进程。首席法律谈判官在法律谈判中过分情绪化，不但不利于与对方当事人的沟通与协商，而且很可能使自己掉入对方的情绪陷阱中。

在法律谈判中，首席法律谈判官应该坚持初心，当无法迅速摆脱当时的逆境时，切不可冲动、意气用事。保持清醒的头脑可以让首席法律谈判官在谈判中仔细观察，察觉对方的弱点和缺陷，从而一举攻破，将谈判主动权牢牢掌握在自己手里，实现谈判的既定目的。

║案例三║

一位年轻女士在一家饰品店挑选了一条项链，售货员见其挑的项链过小，就说："这条项链您不能戴。"女士感到疑惑，问道："怎么不能戴？"售货员说："这条项链显得你的脖子更粗了。"女士一听不高兴了，不满地质问道："什么叫更粗了，你是在说我胖吗？"平心而论，售货员是好意，觉得项链过紧不适合这位女士佩戴，但其由于说话不得体，不但生意没有做成，而且造成了不愉快。

此案例中的售货员是出于好意，但其不当言语没有顾及顾客的面子，从侧面伤害到了顾客的利益。在对顾客说了"这条项链您不能戴"的话后，作为服务行业的职员，应当能发现顾客在情绪上的变化，继而调整自己的表达方式，适当改正、弥补，婉言相劝，例如，可以说推荐更适合她的项链，以消除她的敌对情绪。从顾客的角度来说，售货员的第二句话透露出讽刺意味，这种不恰当的言语表达出极不友好的态度，对顾客而言意味着没有继续交流的必要，最终导致了买卖的失败。

三、利益共享原则

随着社会经济的发展，近年来人们越来越重视人与自然、人与社会的和谐，2017年审议通过的《民法总则》中亦提出绿色原则。① 在法律谈判中也有这样一种利益共享原则，它追求的是一种整体的、动态的平衡，是有利于发展的和谐状态，笔者称之为"法律谈判生态圈"（见图1-3）。

图1-3 法律谈判生态圈构成

在法律谈判中，无论是对抗式的谈判还是合作式的谈判，首席法律谈判官所代表的当事人都有自身的利益需求，但是这些需求并不意味着当事人之间不存在利益交集，各方是可以实现共赢的。首席法律谈判官必须明白的是，谈判中的"输赢"不但是谈判桌上的输赢，而且是在平衡各项得失后综合得出的价值评判。在法律谈判中，可寻求的共同利益越多，谈判最终达成的可能性也就越大。但是如果在利益恒定的状态下，谈判各方都想得到最大利益，谈判就会陷入僵局。因此，在利益共享的原则下，首席法律谈判官不仅要明确自身的既定利益目标，还要考虑到他人的利益需求与可接受程度。首席法

---

① 《民法总则》第9条规定："民事主体从事民事活动，应当有利于节约资源、保护生态环境。"

律谈判官要平衡各方的利益，提出相对公平合理的方案。

法律谈判生态圈中包含自我、他人和社会这三类主体。法律谈判的前提是维护各自的利益，因此每位谈判官都需要明白：在谈判中所做的一切都是为了要维护自己的利益，但要避免只站在自己的角度上去考虑问题。任何一方对于对方提出的要求都应当谨慎考虑，与此同时，任何一方又都有权要求他方根据其要求做出一定的让步，也就是说，谈判各方可以共同协商利益的最佳分割点。任何一项谈判都有可能存在冲突，优秀的首席法律谈判官应当善于在利益共享的基础上，合理地运用合作和冲突策略，努力为己方争取更大的利益。

构建法律谈判生态圈是一个你来我往的过程，不可能由一方将利益占尽。想要获得更大的成果，就必须了解他人的需求，寻求各方的共同利益，坚持利益共享，从而实现自我、他人与社会的价值和利益。

▎案例四 ▎

日本 A 公司与中国 S 公司进行出口建筑材料的交易谈判。中方对其报价提出了建议，希望对方认真考虑目前建筑材料市场激烈的竞争以及中方还可以选择与其他公司进行合作这一情况，从而改善价格。但日本 A 公司认为其出价是完全合理的，并以各种理由表示不接受中方的改价建议。一天下来，谈判毫无进展。日方认为中国 S 公司找借口以降低价格，缺乏交易诚意，而中方认为日方固执己见，缺乏谈判精神。双方都不愿让步，谈判陷入了僵局，最终不欢而散。

日本 A 公司只一味保护自己的利益，不考虑目前建筑材料市场的竞争情况，在价格问题上不肯调整且态度强硬。而中方在谈判一开始就对报价提出批评，伤害了对方的面子，也影响了接下来谈判的顺利进行。双方都只在乎自己的利益，违背了利益共享原则。优秀的首席法律谈判官不应一味固守立场、寸步不让，而应与对方充分交流，从双方的最大利益出发，创制各种解决方案，用相对较小的让步来换得最大的利益。在满足双方最大利益的基础上，如果还存在达成协议的障碍，那么就不妨站在对方的立场上，替对方着想，共同扫清达成协议的一切障碍。如此，最终的合作是不难实现的。

四、合法性原则

任何法律谈判都是在一定的法律环境和框架下进行的，法律规范制约着协议的内容。能否依法认真严肃地履行协议，关系到未来谈判机会的得失，也决定着既定合作项目能否继续进行。因此，坚持遵守法律原则，是法律谈判公正、合理、健康进行的保证，也是合同执行的保证。只有在法律谈判中遵守法律原则，谈判形成的协议（合同）才具有法律效力，才受法律保护。合法性原则是指在法律谈判及合同签订的过程中，必须遵守国家的法律、法规和政策。与法律、法规和政策有抵触的法律谈判，即使出于谈判双方自愿并且协议一致，也是无效的，是不允许的。在纯粹的商业谈判、政治谈判中，谈判者为了实现各自的利益需求，可能会使用欺诈、欺骗等在伦理道德上有缺失的行为，而法律谈判需始终坚持法律的准则，保证谈判流程合法、合理。

合法性原则具体体现在四个方面：一是法律谈判主体合法，即参与法律谈判的各方组织及其首席法律谈判官具有合法的资格。例如，当事人必须具备相应的民事行为能力，首席法律谈判官必须具有相应的代理权限，并且在权限范围内进行法律谈判。二是法律谈判内容合法，即法律谈判所要磋商的项目内容具有合法性。对于法律不允许的行为，如买卖毒品、贩卖人口、走私货物等，其谈判显然是违法的。三是法律谈判方式合法，即应通过公正、公开、公平的方式达到谈判目的，而不能采用某些不正当的手段如行贿受贿、暴力威胁等。四是法律谈判结果合法，即谈判最终形成的诸如合同、协议等成果必须符合法律、行政法规的强制性规定，否则可能面临无效的法律风险。总之，只有在法律谈判中遵守法律原则，谈判及其协议才具有法律效力，当事各方的权益才能受到法律的保护。

在法律谈判中，各方通过一段时间的博弈，最终就某一项目或事件达成共识，以一定的形式固定下来，即达成谈判协议。这样的协议是未来各方能按照谈判结果行使权利与履行义务的有力基础。如果一方拒绝履行义务，则该纠纷很可能上升至诉讼层面。因此，谈判结果的固化显得更为重要，在固化的过程中必须遵循一定的法律依据。考虑到将来可能出现的问题，防患于未然，坚持合法合理的原则，才能保证谈判结果不会成为一纸空文，确保谈判结果的有效实现。

五、人事分离原则

"事"是指具体的行为、事件，"人"是指事件所涉及的人以及与人有关的因素。所谓人事分开原则，就是在法律谈判中区分人与事的问题。首席法律谈判官要把对谈判对手的态度与讨论的问题区分开来，就事论事，不要因人误事。法律谈判中人与事相混淆的原因是人们常常从没有根据的推论中得出结论，并依据这些形成对人的看法和态度。另外，如果在法律谈判中把彼此当作对手，也会造成人与事的混淆。简而言之，首席法律谈判官要处理好"对人不对事"与"对事不对人"的辩证关系。

（一）沟通上的"对人不对事"

沟通上的"对人不对事"，是语言表达上的原则。人是法律谈判的直接与最终对象，要先认识人，再谈做事，不要以"小人之心度君子之腹"，不要将自己的问题归结于对方。首席法律谈判官要学会清晰地沟通，认真听取对方的谈话，对自己和对方的情绪波动做到心中有数。"对人不对事"体现的是以人为本，要在充分肯定人——首席法律谈判官的重要地位的前提下，进行有效沟通，从而为合作打下基础。把人与问题区分开，并不意味着可以完全不考虑有关人性的问题。事实上，首席法律谈判官要避免的是把人的问题与谈判的问题混杂在一起，而不是放弃对这一问题的处理。在处理人的问题时，应注意以下几个方面：一是每方都应设身处地地去理解对方观点的动因，并尽量弄清楚这种动因所包含的感情成分；二是首席法律谈判官应明确那些在谈判中掺杂的或衍生的感情问题，并设法进行疏通；三是法律谈判双方之间必须有清晰的沟通。

(二) 合作上的"对事不对人"

合作上的"对事不对人",是商议具体事情时的原则。法律谈判的内容要针对具体的事情,而不要针对具体的个人,不要上升到人格、个性等问题。首席法律谈判官要做到就事论事,冷静分析利益取向,将谈判始终控制在解决问题的轨道上。情绪化是法律谈判的天敌,它不利于构建和谐的谈判气氛,容易造成谈判僵局。当出现僵局时,首席法律谈判官要注意针对问题分析原因,找出解决办法,而不去评价具体个人。在法律谈判中坚持人事分离原则有助于双方和睦相处,冷静客观地分析问题,有利于谈判主体达成一个明智而公正的协议。

首席法律谈判官应在谈判中把人和事分开,对人温和,对事讲求原则,不能像进行让步型谈判那样只强调双方的关系良好而忽视己方利益的获取,也不能像进行立场型谈判那样只坚持己方的立场,不顾双方的利益。人是有情感的动物,对于外界同一事物,每个人的感知不同,有时很难做到明白无误的交流。人的感情容易与客观利益纠缠在一起,立场型谈判之所以导致局面恶化,是因为人们把自我与立场等同起来。因此,在解决实际问题前,首席法律谈判官应该把人际关系和实际问题分开处理。形象地说,各方的首席法律谈判官应该是肩并肩地一起解决问题,而不是相互攻击。

‖ 案例五 ‖

A公司聘请山姆作为首席法律谈判官去美国向汽车销售公司B公司进行索赔,因为A公司向B公司订购的一批汽车出了问题,即B公司采购错了汽车型号。山姆知道有其他的供应商很乐意与A公司合作,但他不愿意破坏A公司与B公司已建立起的良好供给关系。

B公司的首席法律谈判官凯文表示,其无权从金钱上补偿A公司损失,能做的只是换货。而山姆表示,因B公司采购了错误的汽车型号,使A公司的名誉受损，换货是不足以补偿 A 公司的损失的。

双方一直就此问题互不相让，但碍于面子，双方一直礼貌地进行协商，控制着己方的情绪。谈判从早晨持续到傍晚，山姆的返程飞机也将在三小时后起飞。他发现凯文滔滔不绝的谈话是在拖延时间，保持礼貌只会使他最终得不到任何结果，他突然生气地站起来离开了谈判室。凯文此时十分尴尬，但他并没有打算请求山姆返回谈判桌，因其觉得丢了面子，不想再进一步让自己难堪。

最终 A 公司决定不再与 B 公司进行合作，B 公司因此受到了损失。案例中，B 公司首席法律谈判官没有遵循合作时应做到的"对事不对人"，在 A 公司首席法律谈判官山姆离开谈判室时，因为觉得"丢了面子"而未请求其返回谈判桌，导致谈判失败，最终给 B 公司带来损失。由此可见，首席法律谈判官应该学会控制自己情绪，坚守谈判底线，同时兼顾谈判利益的实现，客观理性地处理法律谈判中的各种情况，推动谈判进程。

第五节　首席法律谈判官的挑战与未来

一、法律服务行业的新变革

"法治国家必须有成熟、完善和发达的法律服务业。从一些法治化程度较高国家的经验来看，成熟的法律服务业表现为：法律服务的数量充足、服务严格规范、服务运作有序、对法律服务活动的监管有力。中国法律服务业是伴随着改革开放和社会主义现代化建设，逐步恢复和发展起来的。"[1] 近年来，我国大力推进依法治国，法律服务行业市场需求稳步增长，法律服务市

---

[1] 韩秀桃、张茂泉："中国法律服务业现状和发展趋势"，载《中国法律》2006 年 12 月刊，第 11 页。

场呈现规模化、专业化、技术化等趋势。全球化给法律服务业带来了挑战的同时，也给法律服务带来了新的挑战。首席法律谈判官作为法律服务业中的一支，必须及时了解法律服务行业的新变革、新动态，不断提升自己，以提供更为专业精细的法律谈判服务。

（一）法律服务内容分解化

党的十八届四中全会关于建立和完善以宪法为核心的法治体系的论述，是全面依法治国决策的深化落实与法治保障。良法不足以自行，在法治建设全面铺开的背景下，法律服务者在法治中国建设的进程中将不可或缺，律师在国家和社会治理体系中的地位也将呈逐步提升之势。有学者预测，法律市场现处在前所未有的变动之中，未来20年间，律师的工作方式将发生巨大的变化，未来的法律服务将以全新的方式提供，新的法律服务提供者也将进入法律市场[①]。根据该学者的观点，一个法律项目，如交易或纠纷，并非铁板一块，只能用一种方式来分配和完成，相反，我们可以把工作分解为不同的任务，并逐项以尽可能高效的方式完成。如图1-4所示，我们可将诉讼法律事务分解为多项工作。

```
文件审阅
法律研究
项目管理
诉讼支持
（电子）信息披露
策略研究
战术选择
谈判
法庭辩论
```

图1-4 诉讼法律事务工作流程

[①] ［英］理查德·萨斯坎德：《法律人的明天会怎样？——法律职业的未来》，何广越译，北京大学出版社2015年版，第3页。

同时，一项非诉讼法律事务也可以分解为多项工作，如图1-5所示。

```
尽职调查
法律研究
交易管理
模板选择
**谈判**
文件管理
提出法律意见
风险管理
```

图1-5 非诉讼法律事务工作的流程

当系统和流程在法律服务中占据更中心的位置时，法律服务也可能出现新的重要形式。我们可以看到，无论是在诉讼事务还是在非诉讼事务的工作任务分解中，都包含着"谈判"这一重要工作，这也为法律人的职业发展提供了新的思路和前景，法律服务行业必将催生出新的职业群体——首席法律谈判官。

（二）法律服务人员专业化

现代社会分工日益精细，每个人都置身于现代社会的分工体系之中。由于市场化与商品化，任何人都可以通过购买的方式享受任何其他领域专业人士提供的产品和服务，社会分工为专业化提供了前提和可能。按照现代社会公认的利伯曼"专业化"标准定义的解释，所谓"专业"，应当满足以下基本条件：一是范围明确，从事者垄断地从事于社会不可缺少的工作；二是运用高度理智的技术；三是需要长期的专业教育；四是从事者个人、集体均具有广泛自律性；五是专业自律性范围内，从事者直接负有做出判断、采取行为的责任；六是以服务为动机；七是拥有应用方式具体化的伦理纲领。

在市场竞争环境下，最终由消费者决定是否购买以及购买谁的服务和商品，因此，准确判断法律服务市场需求并具备持续研发和创新法律服务产品和服务模式能力的律师团队将获得竞争优势,法律服务人员专业化是社会分工细化的必然结果。随着法律服务内容分解的多元化发展、行业竞争压力的不断增大,法律服务将会进一步加快发展步伐、细化专业分工。法律服务人员将根据法律服务市场的需求,合理确定专业定位,促进法律服务业的专业分工,发展专业特色。多层次、多角度、多领域法律服务需求的不断增加,特别是高端法律服务需求的发展,将推动整个法律服务业在人员水平、业务层次、执业领域等方面的提升与拓展。

（三）法律服务方式技术化

信息化已经对法律检索进行了一次改造,法律文本、裁判文书等法律资料的数字化,支撑起了规模巨大的法律数据库市场。在人工智能技术的加持下,法律检索正向智能化、自动化的方向迈进。有学者提出法律领域至少存在以下13种颠覆性的新技术①（见图1-6）。

```
自动组装文件
无间断互联
电子法律集市
电子学习
在线法律指导
法律开源
封闭的法律社区
工作流程和项目管理
嵌入型法律知识
在线纠纷解决
智能法律检索
大数据
基于人工智能的问题解决
```

图1-6 法律领域13种新技术示意

---

① ［英］理查德·萨斯坎德:《法律人的明天会怎样?——法律职业的未来》,何广越译,北京大学出版社2015年版,第53页。

单独来看，这些现存和初现的系统会挑战和改变某些法律服务的提供方式；整合起来，它们会重塑整个法律市场的格局。颠覆性技术不仅会主导法律工作本身，还会指导法律服务提供方的选用。颠覆性技术发展给法律服务方式带来了翻天覆地的变化，这些变革都呼唤着法律服务行业供给侧的改革和发展。

二、首席法律谈判官面临的挑战

（一）法律谈判领域理论研究薄弱

近年来，虽陆续有一些文献涉及谈判领域，但是无论从文献数量还是从研究深度来说，法律谈判的理论研究都稍显薄弱。以中国知网和读秀检索情况为例：2018年通过中国知网检索，谈判类文献共401篇，其中期刊论文318篇，学位论文28篇，会议论文4篇，报纸文章46篇，其他类型文献5篇；从读秀检索情况看，2018年谈判类图书共82种。经过文献梳理我们可以发现，2018年谈判类的研究虽然较多，但涉及法律问题的谈判类文献关注点主要集中在国际谈判、行政谈判、集体谈判等领域，且涉及法律谈判的内容较少，当前理论对于法律谈判的内涵和外延、法律谈判的本质、法律谈判的功能与价值均未有深入讨论。法律谈判理论研究的薄弱与滞后，直接导致法律谈判缺乏系统性理论支持，这也影响和制约着首席法律谈判官业务能力发展的广度和深度。

（二）现有谈判运营模式不合理

在现有谈判运营模式中，首席法律谈判官通常由商务人士担任，常有财务或金融人士辅之，而法律人士在合同起草阶段乃至合同起草完毕后方才介入，并负责合同审查工作。因此，在现行谈判运营模式下，法律人士在谈判中没有得到足够的重视，一直处于边缘位置。

众所周知，法律谈判是当事人双方为达成合意而不断协调、沟通的过程，谈判成功往往会产生一定的法律产品，即合同。实际上，谈判中的法律风险不仅可能会出现在合同订立时，还可能出现在谈判前以及谈判的各个阶段。

在现行谈判运营模式框架下，法律人士多在谈判终局后方才介入，如在合同审查过程中才发现谈判过程或合同内容存在违法或无效情形，此时损失将难以挽回，而重启谈判则将面临巨大人力、物力成本的支出。因此，必须打破现有僵化的谈判运营模式，将法律人由谈判配角转变为谈判主角，由首席法律谈判官组织、统筹谈判，运用法律思维与战略思维带领谈判团队实现共赢（见图1-7）。当然，打破现有谈判运营模式并不意味着弱化商务、财务、金融等领域人士的作用，相反，法律人作为法律谈判团队的领导者，将起到组织协调作用，使团队中不同专业的人才各司其职，让专业的人做专业的事，最终发挥强强联合的作用。

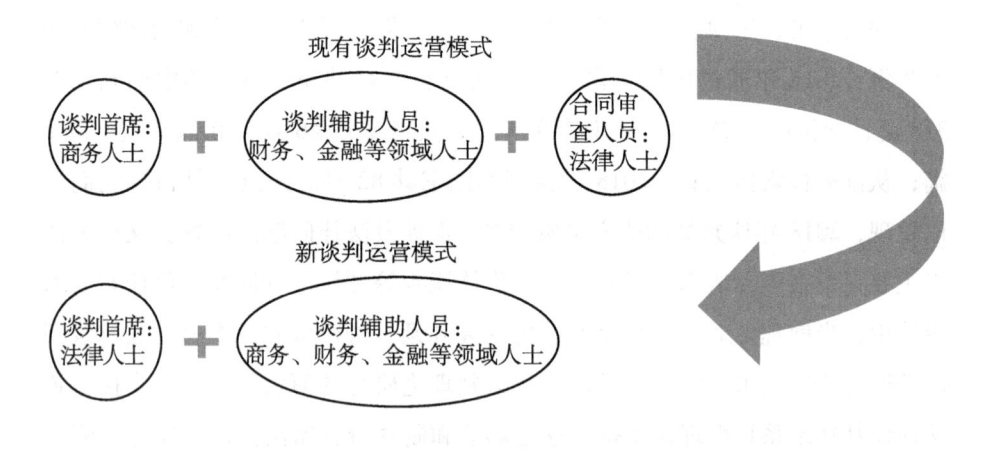

图1-7 谈判运营模式转变示意

（三）法律谈判缺乏专门的课程系统和权威认证机构

随着社会的不断进步与发展，纠纷类型越发繁杂多样，商事交易中对谈判官特别是首席法律谈判官的需求越来越大。目前，对于谈判专门人才的培养模式主要有以下几种：①高校专门设置调解与谈判方向人才培养班；②高校与相关组织联合设立教学实践基地；③各地仲裁委员会、律协等组织的公益培训；④社会调解谈判组织自行设立谈判课程，并根据学习课时颁发相应的证书。由此可见，谈判特别是法律谈判在培训方面是相对薄弱的，主要体现在一方面缺乏专业系统的课程设计，另一方面缺少权威的认证机构。这样也就导致谈判课程质量参差不齐,谈判官素质高低不一,给首席法律谈判官的人才储备造成困难。

三、首席法律谈判官的未来发展

(一) 首席法律谈判官团队工作的专业化和精细化

随着市场经济的发展以及市场交易的日趋频繁,在民商事活动中各方当事人之间的经济纠纷也日益增多,司法审判活动中"案多人少"的压力也愈发明显。无论是个人、社会组织还是司法机关,都纷纷将目光投向调解、谈判等非诉讼纠纷解决方式,由此对首席法律谈判官的需求也将越来越大。法律服务内容分解化以及社会分工的精细化,必然要求首席法律谈判官走向专业化和精细化:专业化要求首席法律谈判官不仅是法律专家还是谈判专家,同时还应具备大数据分析能力等与市场发展相匹配的相关技能;而精细化要求首席法律谈判官能精准地获取各方需求,确保团队精细化协作,提供精细化谈判服务等。

(二) 首席法律谈判官培训及认证系统的完善

随着市场对首席法律谈判官需求的逐渐增大,首席法律谈判官的培训及认证系统也将逐渐完善。如目前湘潭大学法学院开设的全国首个调解谈判方向班,已初步形成系列课程体系,并开发了全国首套调解系列教材——"如何当好调解员系列丛书"。将来,为顺应市场需求,更为系统、全面的首席法律谈判官培训课程体系将研发问世,同时,受市场及社会公认的首席法律谈判官认证机构与认证规则也将得以完善,以确保首席法律谈判官的基本素养保持在一定高度,充实首席法律谈判官的人才储备。

(三) 承载首席法律谈判官的专业组织的逐步增多

随着多元化纠纷解决机制发展的推进,对首席法律谈判官的市场需求将越来越大,首席法律谈判官的人才储备也将逐步扩充。除了会有部分企业在企业内部设立首席法律谈判官的专门职位外,更多情况下可能当事人是在个案谈判中聘请法律人担任首席法律谈判官,由此对建立承载首席法律谈判官职能的专业组织的呼声也越来越高。何谓承载首席法律谈判官职能的专业组织？笔者认为应是专门运营谈判业务，聚集大批首席法律谈判官，为首席法律谈判官提供培训成长基地，保证首席法律谈判官素质及水准的组织。其实国内早有这样的专业组织，如笔者于2013年创办的全国首家以商务咨询、谈判和调解为主要业务的湖南创通商务谈判咨询服务有限公司，该公司设有谈判专家库，并致力于谈判代理、谈判培训等业务。随着社会的发展以及首席法律谈判官的普及，承载首席法律谈判官职能及业务的专业组织将愈发庞大。

（四）首席法律谈判官业务与人工智能以及大数据等的结合

作为首席法律谈判官，应积极关注法律谈判行业发展动向，持续更新自身知识和技能。如前所述，法律服务行业的变革之一为法律服务方式技术化。大数据、人工智能等技术推动着法律服务向智能化、自动化方向迈进。在此背景下，首席法律谈判官理应密切关注、学习和运用新技术，以提升工作效率。

根据《信息技术大数据术语》（GB/T 35295—2017），大数据是指具有体量巨大、来源多样、生成极快且多变等特征并且难以用传统数据体系结构有效处理的包含大量数据集的数据。"大数据分析技术的应用，使获取信息的渠道越来越通畅，收集信息的速度和分享信息的时间越来越短，决策信息的质量也随之越来越高。"[①] 信息收集是谈判准备过程中非常重要的一环，对于首席法律谈判官而言，运用大数据技术收集信息无疑将事半功倍。人工智能也是影响法律服务行业未来发展的重要因素。严格来说，人工智能是计算机学科的一个分支，主要研究如何让机器模拟人的智能，来处理一些特定的场景和应用问题；具体来说，人工智能研究一般包括语音识别、计算机视觉、自然语言处理、信息检索、机器学习理论、智能控制机器人、无人机、无人车等。[②] 随着人工智能的发展，法律行业也将在其影响下发生一系列的变革。法律人和人工智能技术将会形成协同，人工智能技术通过智能法律检索、文件自动审阅、文件自动生成、智能法律咨询、案件结果预测更好地辅助法律

[①] 姚望："大数据分析对企业决策的影响"，载《中国商论》2019年第2期，第31-32页。
[②] 华宇元典法律人工智能研究院编：《让法律人读懂人工智能》，法律出版社2019年版，第3页。

第一章 ‖ 举足轻重：首席法律谈判官的价值

人，帮助法律人更高效地完成特定任务。①

首席法律谈判官作为法律专家和谈判专家，在法律实务领域及谈判领域都拥有丰富的服务经验。在企业面临纠纷或者拟达成交易时，首席法律谈判官可以基于之前的服务经验提炼出涉及该企业的大数据分析方法，并依据该分析方法形成分析报告，为企业提供及时有效的谈判方案。此外，首席法律谈判官可以运用可视化技术，将纷繁复杂的法律关系转化成简明的图表，高效地向谈判双方传递信息。

本章小结

首席法律谈判官是兼具团队领导者、战略专家、法律专家和谈判专家这四层身份，同时具备法律和谈判两大领域相关知识和经验，在法律谈判团队中起领导和组织协调作用，并负责战略布局和制订谈判方案的个人。律师、法学院教授、公司法务等法律人士均具备成为首席法律谈判官的潜质。总之，首席法律谈判官的角色定位为"团队领导者＋战略专家＋法律专家＋谈判专家"，这四层身份缺一不可。

首席法律谈判官需要掌握需求、价值与价格的三角关系，并以此为思维起点。法律谈判各方可以通过交换其可支配的价值以巩固谈判地位，寻求完美的供需契合点来处理好需求与价值的关系，运用好法律谈判中的"价值规律"以求最终协议条款最优化；首席法律谈判官运用专业的策略和技巧进行充分的沟通和磋商，力图使最终协议能最大限度地满足己方需求。

首席法律谈判官在各项准备工作中应遵循以下原则：平等自愿原则，包括谈判主体地位平等和意思表示自由真实；客观理性原则，包括尊重客观事实和理性表达观点；利益共享原则，旨在构建包含自我、他人与社会这三重主体的法律谈判生态圈；人事分离原则，讲究沟通上的"对人不对事"和合作上

---

① 华宇元典法律人工智能研究院编：《让法律人读懂人工智能》，法律出版社2019年版，第39－40页。

的"对事不对人"。坚持法律谈判的原则，能促进谈判双方达成共识，推动最终谈判结果的实现。

  在新的时期，法律服务行业正面临着巨大的变革，主要体现在法律服务内容分解化、法律服务人员专业化以及法律服务方式技术化。在这样的大背景下，首席法律谈判官面临法律谈判理论薄弱、现行谈判运行模式僵化以及系统培训滞后等挑战。未来，首席法律谈判官将走上专业化和精细化的发展道路，并有效结合大数据、人工智能等形成更为系统而专业的谈判服务模式。

第二章
厉兵秣马：首席法律谈判官的准备

"谈判无秘籍，唯准备二字而已！"

——［英］克莱夫·里奇

💡 案例思考

为推进"绿色沙漠"计划，M公司经过前期的气候调查及土质勘测，预备根据地理环境的状况，购买大批沙漠植物树苗。该类型植物存活率高，能有效提高植被覆盖率。根据指示，M公司首席法律谈判官及其谈判小组成员与P公司为达成合作进行了一次谈判。

在第一轮谈判中，双方围绕植物的价格、运输与风险问题进行协商。P公司谈判人员按照交易惯例做了初步报价，M公司谈判人员立即指出该报价明显高于市场价格，并列举出该类植物国内市场的主要销售商以及主要销售区域的市场均价，明确表示拒绝接受该价格，要求对方拿出诚意谈判。面对M公司的强势态度，P公司认为M公司可能已就市场价格进行了充分调查。为避免己方陷入被动状态，在征询律师建议后，P公司向M公司谈判团队详细解释了报价的组成因素，具体介绍公司培育的该品种相较市场一般品种而言所具有的优势与特性，并提供了样本进行比对。此时，M公司谈判团队拿出一份调研报告，报告显示了该类型植物的最新品种及其特性。相较P公司所提供的植物品种而言，其根系更为发达，能够有效吸取土壤中的水分，在干旱、半干旱的沙漠地区，存活率更高。而P公司培育的植物品种根系较为幼嫩，对运输要求高，增加了运输成本与损耗风险。同时，M公司还指出了行业内正在培植该品种的公司及其销售价格的高位与低位，并与P公司的报价进行对比。鉴于此，P公司明白M公司对于此次采购已经做了充分的前期准备与市场调研，其谈判代表和律师们迅速交换了意见，认为为使谈判与合作能够继续下去，降低初次报价是必要的，于是他们巧妙地提出，愿意在征询公司高层的意见之后，再行决定是否降低报价。

思考题

1. M公司谈判成功的关键是什么？
2. 正式法律谈判之前，首席法律谈判官要做哪些准备工作？

第一节 你的"穿着"和"举止"正影响着法律谈判结果

在法律谈判中,谈判官的仪表、礼节会直接影响谈判的进程。良好的礼仪可以给对方留下深刻的印象,有助于双方顺利解决问题。反之,如果不重视法律谈判的礼仪,则很可能使谈判效果大打折扣。因此,在法律谈判中,首席法律谈判官不仅要注重自身的仪表、礼节,还需要规范谈判团队成员的"穿着""举止"。

一、首席法律谈判官的形象设计

人物形象是指反映人的精神面貌、性格特征,能够引起他人思想或情感活动的人物内在特征的外在具体表现。人物形象设计不仅仅局限于适合个人特点的发型、妆容和服饰搭配,还包括内在性格的外在表现,如气质、举止、谈吐、生活习惯等。一般而言,他人会通过我们的自身形象认识我们,并做出认可与否的预判。

首席法律谈判官的个人形象设计得体,不仅能体现个人的工作风貌和工作态度,而且有助于提高企业形象和法律谈判的成功率。谈判团队成员的个人形象与他们代表的企业所生产的产品、提供的服务一样重要,因为它不仅真实地反映着个人的教养、阅历,而且一定程度上体现了其所代表企业的水平和质量。"当然,重视礼节和形象并不是宣扬以貌取人,而是倡导在庄严、紧张的谈判氛围中,谈判者应衣着整洁,举止端庄大方,谈吐有礼有节,充分体现出参与者的教养、能力与实力,相信具备了这样的谈判素质,谈判的结果也会皆大欢喜。"[①]

[①] 白山:《谈判制胜道与术》,北京工业大学出版社2011年版,第32页。

个人形象设计艺术要素包括以下几个方面：体形要素、发型要素、化妆要素、服装款式要素、饰品配件要素、个性要素、心理要素、文化修养要素等。在法律谈判中，首席法律谈判官应该围绕上述要素对谈判团队进行整体的形象设计。

1. 体形要素

体形是很重要的因素，首席法律谈判官在做个人形象设计时，应注意服饰色彩与体形的搭配，在实际应用色彩时，应注意膨胀与收缩的视觉感受。

不同体形的人着装要领各有不同。例如，肥胖体形的人不宜穿浅色、格纹和双排扣西服，以单色、深色隐条纹面料的西服为佳；身型矮小的人衣着要简洁明快，建议穿肩部较宽的上衣，使身体呈 V 字形、显得身材高挑；瘦小体形的人不宜穿深色西服，以浅色、花格窄条面料的西服为佳。[①]

2. 化妆要素

化妆是传统、简便的美容手段，随着化妆用品的不断更新，从过去简单的化妆修饰发展到如今的化妆保健，化妆有了更多的内涵。化妆在首席法律谈判官形象设计中起着画龙点睛的作用。"淡妆浓抹总相宜"，淡妆高雅、柔和，彩妆艳丽、隆重，施以不同的妆容，并与服饰、发式的风格和谐统一，使人能更好地展示自我、表现自我。女性首席法律谈判官在正式的场合应化淡妆，一方面可以提升个人气质，另一方面可以表现出对对方的尊重，避免浓妆的艳丽感与攻击性，使对方感到舒适。若使用香水，切勿使用浓香型，应采用舒适的淡香，体现出个人的品位。

3. 服装款式要素

| 案例一 |

A 公司与 B 公司的谈判即将进入终局阶段。主场方 A 公司的首席法律谈

---

① 左显兰主编：《商务谈判与礼仪》，机械工业出版社 2017 年版，第 21 页。

判官邀请 B 公司谈判代表进入休息室稍作休息，B 公司谈判代表们欣然同意，纷纷起身前往。此时，A 公司谈判人员注意到：B 公司谈判团队中的一名年轻代表，其黑色西裤与皮鞋中露出一截极为艳丽和花哨的袜子，十分吸引人眼球……

服装造型在人物形象中占据着很大的视觉空间，是形象设计中的重头戏。应充分考虑视觉、触觉给人带来的心理和生理反应，以此来选择服装的款式、颜色、材质等，充分体现和展示人物的年龄、职业、性格、时代和民族等特征。

正式的谈判场合，首席法律谈判官及谈判团队的着装要讲究礼节。正式庄重、注重礼节的穿着，一方面是对谈判对手的尊重，另一方面可以给对方留下良好印象，一定程度上辅助谈判获得成功。如果首席法律谈判官穿着随意或寒酸，会让对方怀疑己方的谈判诚意或者己方公司实力，可能导致对方不再愿意谈判，即使进入谈判，对方也可能会缺乏耐心，敷衍了事。

法律谈判的阶段不同，衣着风格也应依据谈判主题的变化而有所不同。谈判初期，为了给对手以威慑力，显示自己的尊严和实力，着装一般比较正式；谈判中期，为了表明己方的豁达，鼓励对手向己方的目标靠拢，着装上一般追求一种"随和"的风格；谈判后期，双方经过长时间的努力，慢慢地向最后的目标接近，此时谈判者的衣着则应追求"攻中有防、防中有攻"的中性风格。

4. 饰品配件要素

饰品、配件的种类很多，头饰、颈饰、胸饰、帽子、鞋子、包袋等都是人们在搭配服装时常用的装饰物。每一类配饰根据所选择的材质与色泽的不同，设计出的造型也千姿百态。合理选择配饰，能恰到好处地提升人的整体造型。

领带是男性西服的重要配饰之一，在法律谈判这种正式场合，佩戴领带是很有必要的。领带的选用应该与西服、场合相适应。在谈判时，蓝色、灰色、棕色等单色系领带较为理想,也可以选择条纹、圆点或者方格等规则图案的领带,尽量避免大花格图案。① 而且,领带的长短要适当,领带的大箭头应正好位于腰带扣处。女性佩戴的饰物应得体大方,尤其是首饰的选择,应遵循简单低调、以少为佳的原则。女性最常见的首饰——戒指,应佩戴在左手符合自己身份的手指上。另外,饰物的色泽、款式应与服装协调呼应,并且还要注意避免佩戴违反谈判对方风俗习惯的禁忌饰物。

男士服饰装扮的禁忌主要有以下几个方面:穿西服,切忌上下装、衬衣及鞋帽杂配,忌讳将衬衣的下摆露在裤外,正式场合必须戴领带。穿中山装,严忌敞胸露怀或不系裤扣,忌讳将袖头或裤腿卷起,领扣也要扣好。严忌穿短裤参加涉外活动。在正式场合,握手拥抱或友好交谈时,忌戴墨镜和口罩。

女士服饰装扮的禁忌主要有以下几个方面:忌花枝招展,穿色彩多而艳、图案怪异的服装,忌佩戴过多发饰或首饰,避免给人以浮华和俗气的印象,破坏谈判中女性应有的庄重感。忌穿领口过低或其他性感的服装,忌穿鞋跟太高的鞋或如赤足般的细纹凉鞋,这会使人怀疑己方的敬业精神与工作态度。

5. 文化修养要素

人与社会、人与环境、人与人之间有着紧密的联系,在社会交往中,谈吐、举止与外在形象同等重要。良好的外在形象以自身的文化修养为基础,深厚的文化修养可以提升个人的外在形象,使个人的形象更加丰满、完善。与其他的形象要素不同,文化修养不是短期内能塑造成型的,需要长期的积累与沉淀。首席法律谈判官应当在日常的工作生活中注重自身的文化修养积淀,在谈判团队成员的选取以及培养上注重涵养与气质的考察与培育,从而在法律谈判中展现自身及团队的魅力。

---

① 叶伟巍、朱新颜主编:《商务谈判》,浙江大学出版社2014年版,第175页。

二、法律谈判的礼仪与习俗

|案例二|

盛夏时分，庄重严肃的高层会议室里，双方正在进行谈判开局前的准备工作。此时，会议室的门突然被推开，小张步履匆忙地走进来，脸上的汗珠还未及时擦干，在用目光环视了一番会议室后不假思索地坐了下来。小张满头大汗，用手擦了擦后，觉得仍有些热，于是松开了领带。

会议桌对面的人被他的动作吸引了目光，狐疑地打量着他。小张见此，主动伸出手与对方握手，掌心一片濡湿。对方皱皱眉头，轻轻一握后就收回了手，点头示意。小张感受到对方的不以为然，缩了缩鼻子。

双方谈判开始后，小张眼光游离，四处乱瞥，目光被对方一名谈判代表的领带花纹吸引，双眼紧紧地盯着其领带。谈判过程中还不时地用手挠挠似乎有些发痒的鼻子……

上述案例中小张存在诸多礼仪问题。如在进入会议室前应首先整理仪容仪表，在正式场合不应轻易解开领带；应先经敲门提示或征询后再进入会议室、他人办公室等空间；进入会议室或他人办公室后应对座位的方位与次序进行思考与甄别后再行入座；伸手与对方主动握手前应当考虑对方的身份、习俗以及自己的手部是否清洁等问题；正式场合习惯性地缩鼻子、挠鼻子不符合文明礼仪的要求，容易引起他人的不适。

礼仪礼节作为一种道德规范，是人类文明的重要表现形式，也是法律谈判人员必备的基本素养。在法律谈判中，从衣着打扮到言谈举止，从接待规格到日程安排，谈判团队自始至终都应礼貌有加，不失礼仪，以体现出谈判团队的文化修养、职业道德以及对对方的尊重。

（一）礼仪细节

在法律谈判过程中注重礼仪礼节，重视自我的形象，不仅是对自我的一种展示，也是对谈判对手的一种尊重，它是谈判桌上信息交流、思想沟通的助推剂。正如一位哲学家所说："人的面孔要比人的嘴巴说出来的东西更多，更有趣，因为嘴巴说出来的只是人的思想，而面孔说出来的是思想的本质。"在谈判桌上，首席法律谈判官及谈判团队成员彬彬有礼，举止坦诚，格调高雅，往往能给人带来赏心悦目的感受，营造一种和平友好的谈判气氛。反之，谈判团队任何一个成员的疏忽和无礼，就可能使谈判破裂。而整个法律谈判过程除了包含谈判这一核心环节外，还涉及见面、会餐等活动，不同的活动场合又有不同的礼仪与习俗。以下是法律谈判时首席法律谈判官应注意的礼仪细节，同时也是谈判团队成员应遵守的礼仪细节。

Tips 1：遵守时间

法律谈判活动中，遵守时间不仅是一种非常重要的表示礼貌行为，也是谈判得以顺利进行的重要因素。在法律谈判中，谈判团队成员应当恰到好处地把握时间的"度"：过早地到达会场，会让对方因为没有做好准备而难堪；反之，迟到则是对对手的不尊重。通常情况下，应按约定时间提早几分钟或准时到达。如果因故不能按时赴会，则应尽早通知对方，并表示歉意。

Tips 2：举止文明

在法律谈判过程中，言谈举止应当注重文明，体现自身修养，忌讳讲粗话、脏话。遇到分歧、尴尬等特殊情况时，要以机智幽默应对。剔牙、抓痒、上厕所等事宜都需格外小心，切忌给对方留有把柄。这些礼节上的细节问题，做好了对签约成功大有裨益，做不好则可能使己方很难获得对方的认同。

Tips 3：握手礼节

握手已成为大多数国家通行的见面礼，首席法律谈判官及谈判团队应当注意掌握握手的礼节。一般来说，握手要注意以下几个方面：握手的时间忌过长或过短；忌冷淡无力，缺乏热情；男士忌戴手套握手；握手时忌东张西望，心不在焉；忌嘴巴紧闭，一言不发，而应当寒暄几句，如"你好""很高兴见到你"等；若多人在场，而你只能同一人握手时，则应对其他人颔首致意。

Tips 4：递交名片

在使用名片时，应把名片放在易于掏出的地方，切忌装在后侧裤兜，以免使对方感到不受尊重，也不要把名片与他人的名片或其他杂物混在一起。

递名片时，用双手或右手递交，目光要正视对方，切忌目光游离，漫不经心；接受名片时态度要恭敬，应看过后再郑重放入口袋或名片夹内，以使对方感到你对他的名片有兴趣。①

(二) 法律谈判中的文化差异

当今世界经济全球化的趋势日益加强，各国经济交往与联系日益密切。不仅在跨国、跨区域的法律谈判中不可避免地会遇到文化差异，在同一区域的法律谈判中也可能遇到习惯、宗教等方面的差异。较为常见的文化差异包括沟通方式的差异，风俗习惯、宗教信仰与禁忌的差异，价值观念与思维方式的差异等。

案例三

某印度公司 A 与某德国公司 B 就一项高新电子数控软件项目进行谈判。上午 9 点，B 公司谈判代表准时到达约定的谈判地点，然而近 20 分钟过去了，A 公司谈判代表方姗姗来迟。见此，B 公司谈判代表眉头紧皱，对于 A 公司谈判代表的此种行为显示出极大的不满。双方有可能因此陷入谈判僵局甚至谈判破裂。

德国向来以严谨著称，德国公司及员工对于时间有着极为严苛的要求，相反，印度素来对时间的要求相对宽松。两种文化在时间观念上的差异，极可能在谈判的场景下凸显，从而发生碰撞，导致协商谈判的失败。

1. 沟通方式的差异

语言沟通是谈判中简便、快捷且最常用的沟通方式，而语言的差异是国际谈判以及跨区域谈判中最为显著的文化差异。我们可以通过学习对方的语言来缓解这一差异带来的冲突，但语言差异带来的冲突却不可能完全消除。各民族的语言历经千百年积淀而成，其中蕴含的元素十分丰富，个人依靠短

---

① 白山：《谈判制胜道与术》，北京工业大学出版社 2011 年版，第 33 页。

时间的语言学习无法全方位把握各民族文化。例如，中国汉语内涵之丰富，语义之精妙，同样一个词、一句话，在不同语境或语调下，其含义往往截然不同。这就要求谈判者不仅要学会语言，更要明白语言背后的文化内涵以及语言的表达方式，尽量减少语言文化差异带来的冲突。

有调查显示，在人们的沟通过程中，语言沟通只占四成，剩下的六成都体现为非语言沟通，比如用表情、动作等肢体语言或是着装、体距等方式来传词达意。相比学会所有语言，把握非语言沟通似乎更加容易。在语言沟通中被隐藏的信息往往在肢体动作或其他非语言行为中不经意地流露出来，在法律谈判中，谈判者要学会观察对方的表情、动作等一系列非语言信息，判断对方的真实意图，及时调整谈判策略。

2. 风俗习惯、宗教信仰与禁忌的差异

不同民族在社会生活中形成了不同的风俗习惯及宗教信仰，这些风俗习惯及宗教信仰差异会通过一定的方式呈现在谈判者个体身上。例如，中国南方地区的人们不喜欢"4"这一数字；日本人习惯在谈判时将赠送礼物看作是尊重对方、表达自己心意的方式；东南亚人多信奉印度教，美国人与欧洲人多信奉天主教与基督教；在中国红色代表吉利，可是在很多欧美国家红色则是不幸的征兆。作为一名合格的谈判者，必须考虑由于文化差异而造成的风俗、信仰的区别，在接待工作、准备工作以及谈判过程中都要予以重视。

3. 价值观念与思维方式的差异

美国等西方发达国家，受历史发展、经济基础以及社会文化等诸多因素的影响，更加倾向于追求个人价值的实现。在价值观念上，一般而言，他们推崇实现个人利益的最大化，以此促进国家与集体福祉的增加。在谈判中他们习惯将一个完整事物分解成各个部分，独立地讨论利益得失。而日本等东方国家则习惯将国家或集体利益置于个人利益之前，在谈判中将各个分散的部分连成一个整体，从整体上考虑利益的得失。东方人注重人际关系的维护，认为良好的个人关系是促成谈判的重要前提，而西方谈判者则认为交易与个人关系之间并不存在必然的联系。因此，在谈判过程中，要把握对方的价值观念、思维方式以及处理人际关系的方式，坚守自己的原则，就可以在谈判中处于优势地位。

随着"一带一路"倡议的推进，国际贸易往来将愈加频繁，法律谈判必将发挥越来越重要的作用。一名合格的首席法律谈判官不仅要掌握谈判原则、国际贸易规则等，而且要充分了解不同文化之间的差异。"因为不同国家、不同地区、不同民族的文化差异必将影响谈判者的谈判风格，从而影响整个谈判的进程。"[1] 在法律谈判中，应做好准备工作，做到知己知彼，了解基本的文化差异，尊重彼此的文化，避免犯与文化有关的错误；要学会从对手的谈判视角来分析问题，在"求同存异"这一思想的引导下，扬长避短，实现真正的共赢合作。

第二节　信息收集——知己知彼，百战不殆

《孙子·谋攻篇》中说："知彼知己，百战不殆；不知彼而知己，一胜一负；不知彼，不知己，每战必殆。"意思是说，在军事纷争中，既了解敌人，又了解自己，百战都不会有危险；不了解敌人而只了解自己，胜败的可能性各半；既不了解敌人，又不了解自己，则每战都有危险。

收集相关的信息与资料是法律谈判服务工作中非常重要的环节。首席法律谈判官只有对谈判对手有充分的了解，才能根据情报制订出谈判的方案与策略，准备好相应的计划，确保在法律谈判时不会茫然失措，进而占据优势地位。否则，谈判人员可能因盲目谈判而陷入劣势，导致谈判失利。

---

[1] 高宏：《一看就懂的谈判技巧》，北京理工大学出版社2014年版，第203页。

一、背景情况调查

(一) 宏观背景

首席法律谈判官应了解的宏观背景包括政治环境、法律制度、商业习俗、宗教信仰等宏观层面的内容（见图2-1）。

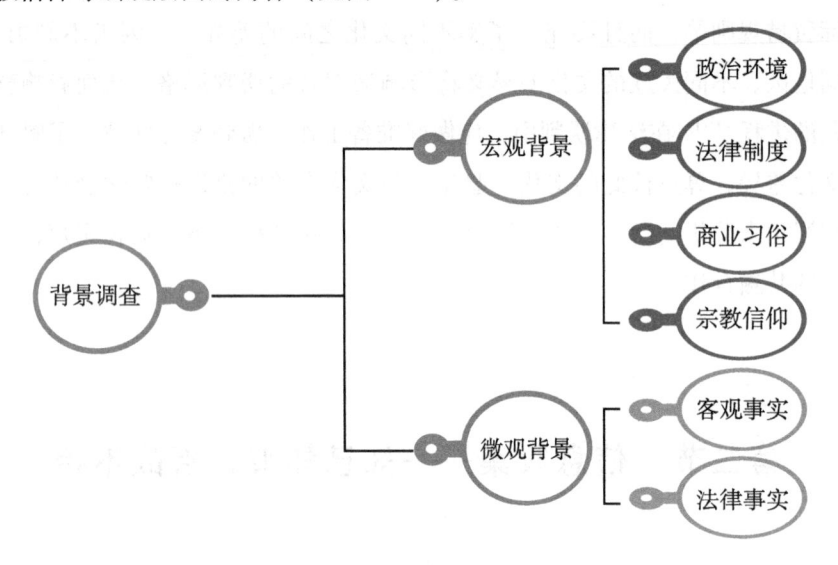

图2-1 背景情况调查信息结构

┃案例四┃

某私人外商投资者欲在非洲某发展中国家进行战略投资。该外商投资者组织法律谈判团队对该国的宏观政治、经济等环境进行了调查，发现受国际油价暴跌的影响，该发展中国家去年的经济受到冲击，外汇储备出现短缺并且汇率浮动较大，为了缓解下滑的经济形势，该国政府目前存在加强外汇汇兑管制的倾向。经过法律谈判团队的反馈，该外商投资者高层经过研究与分析，决定在谈判过程中提出以汇率相对稳定的美元作为结算货币，投保相应的保险等要求，以减少货币汇兑损失的风险。

1. 政治环境

法律谈判中的政治因素是指与法律谈判有关的政府管理机构和社会团体的活动,主要包括政局的稳定、政府之间的关系、政府对进出口商品的控制等。在法律谈判活动中,特别是在国际法律谈判活动中,政治因素占据非常重要的地位,它在一定程度上直接影响着法律谈判的成败。另外,政治与经济总是密不可分的,上层建筑反作用于经济基础,政治约束并影响着经济的发展。一个国家或地区若政局稳定,政策适合该国国情,其经济极大可能会迅速、稳定发展,吸引众多外国投资者投资;反之,若该国政局动荡,人心不稳,则该国经济可能萎靡不振,跨国投资一般难以顺利进行。因此,在进行有关"一带一路"等国际性商务、贸易等方面的法律谈判之前,首席法律谈判官应组织人员对对方所处的政治环境进行详尽的背景调查。

2. 法律制度

法律制度是一个国家或地区的所有法律原则和规则的总称,法律谈判必须符合相关的法律规定,才能保证法律谈判行为的合法性和有效性,保证法律谈判的结果受有关法律法规的承认与保护。因此,在进行法律谈判之前,首席法律谈判官应事先了解相关的法律制度,尽量减少商业与法律风险。除了掌握国内外各类公约及法律法规外,还应了解商业习惯与既有案例等,避免出现谈判成果无效的情形。

3. 商业习俗

法律谈判中不可避免地涉及商务、贸易等经济活动,商业习俗对法律谈判进程的影响不容忽视。由于历史、文化、环境等因素的差别,各方谈判人员遵循的商业习俗各不一样。例如,日本人在法律谈判时严肃谨慎,注重礼节,与其谈判时应避免言语逗笑,以免引起反感与不满;美国人性格奔放,在谈判过程中善于运用策略,行动干脆利落、不拖泥带水,与其进行谈判时,果断利落、运筹帷幄的风格会赢得他们的欣赏与好感。为了使法律谈判顺利进行,首席法律谈判官及谈判团队应事先了解谈判所涉及的相关风俗习惯、商业惯例等,从而避免产生分歧与误会。

4. 宗教信仰

宗教作为社会文化的重要组成部分早已渗入世界各地人们的精神世界,影响着人们的生活方式、价值观念和人际交往等。宗教信仰的不同往往会引起一定的矛盾冲突,所以在法律谈判活动中,首席法律谈判官应事先了解对方的宗教信仰及各种宗教的禁忌,以免在谈判时因宗教问题产生误解,引起对方反感,给法律谈判活动造成不良影响。

(二)微观背景

微观背景主要是指法律谈判所指向标的对象的相关背景情况。如法律谈判针对的是一项产品,则其微观背景包括基本的产品价格变化,市场中同类产品的供求关系,相关产品与替代产品的供求状况,产品技术的发展趋势,主要竞争者的生产能力、经营状况、市场占有率、市场价格变动的趋势,有关产品的零配供应以及影响供求变化的显在与潜在的因素等。如法律谈判是为了解决某项具体的纠纷,则其微观背景包括纠纷产生的原因、后果、责任认定方式及相关法律规定等内容。在法律谈判中,首席法律谈判官及时、准确地了解、分析和预测与产品或项目相关的微观情况,有助于掌握谈判的主动权。

从首席法律谈判官应具备的思维来看,微观背景的事实可以分为客观事实和法律事实这两种事实。客观事实是发生在意识之外,不依赖于人们的主观意识而存在的现存事实;而法律事实是在法律的框架内,在程序的规制下有证据证明发生的事实,即有证据支撑的可依照法律规定的程序证明的现存事实。

┃案例五┃

一家石材商委托一家汽车运输公司将一批天然石材从广州运往重庆,汽车运输公司在广州接收货物后,雇人完成了石材的装车工作。在即将启运时,石材商的工作人员由于担心货物装卸不稳,再次爬上汽车货箱进行检查,并用榔头敲打了一种特殊锁扣上的锁止销,以防路途中脱落。但是这个工作人员其实并不熟悉这个货物装卸夹具上的锁扣,他恰好是从相反方向敲打了锁止销,使货物在启运之初,包装就已处于松动状态。

此后,长途运输的颠簸使装卸夹具上的锁扣越抖越松,并最终导致固定支架垮塌,石材发生严重碰撞并破损。货物运到目的地后,石材商向汽车运输公司提出货损赔偿,由于从装车、运输到卸货全部由汽车运输公司负责,所有证据都显示货物损坏是由于汽车运输公司的装车、运输行为不当而造成的,这就是依证据能够认定的法律事实,法院显然会据此判定汽车运输公司应当对货物损失承担赔偿责任。

然而客观事实却是因为石材商自己工作人员的错误操作导致锁扣松动,并最终造成货损。但由于这个错误操作没有任何证据能证明,甚至连石材商自己都不知道他的工作人员当初的行为与货物损失之间存在因果关系,这个客观事实无疑就被永远隐藏了下来,无法昭示天下。①

客观事实不能被发现有多方面的原因,有时是因为缺少证据,有时是因为无法还原案件原貌,有时是因为一方无意中疏忽了某个信息,或者是一方故意隐瞒信息。但归根结底,不管是进行法律谈判还是将纠纷交给法院审理或仲裁机构裁决,各方都只能围绕法律事实展开活动。在这种情况下,首席法律谈判官收集到的信息越多、越准确,就越有可能让法律事实接近客观事实,就更有利于维护当事人的利益。

二、主体信息收集

这里的主体信息收集并不仅指对谈判对方信息的收集,还包括对己方涉及此次法律谈判的信息的梳理与归纳。

---

① 韩德云、袁飞主编:《法律谈判策略与技巧》,法律出版社2015年版,第69页。

（一）对方信息收集

在法律谈判的所有准备工作中，最重要的步骤之一就是对对手的研究（见图 2-2）。全面而准确的资料有助于谈判者应付法律谈判中任何变化的状况，但是对于资料的应用还有赖于个人的能力与经验。

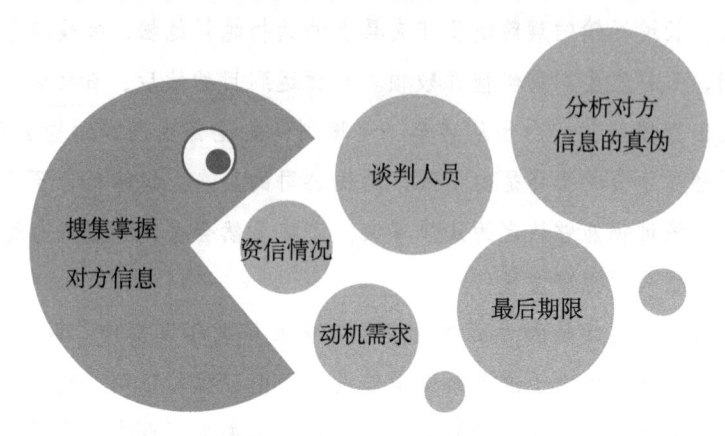

图 2-2　需收集掌握的对方信息

（图中内容：搜集掌握对方信息；资信情况；谈判人员；动机需求；最后期限；分析对方信息的真伪）

1. 资信情况

谈判对方的资信情况调查主要包括两个方面：一方面是确认其是否具有签订合同的合法资格；另一方面是了解对方的资本情况、信用水平和履约能力。另外，首席法律谈判官及谈判团队还应对谈判对手的商业信誉及履行能力作进一步的了解，其中包括企业组织的资本积累状况，技术装备水平，产品的品种、质量、数量及市场信誉等。此外，还涉及对企业背景、企业规模、资金情况、信誉等级、经营状况及经营战略等方面资料的收集。首席法律谈判官可以根据公共会计组织对对方企业组织的年度审计报告来调查对方的资本、信用和履约能力，或者根据银行、资信征询机构出具的证明文件及其他渠道提供的资料对其进行查明。

2. 动机需求

动机是人们进行一项活动时的内部动因，在法律谈判中，这一要素表现为谈判各方为什么要举行这一场谈判。而人们之所以会发动、维持和完成某一项活动,是因为这项活动能满足人们的若干需求。在法律谈判的准备阶段中,首席法律谈判官应侧重对谈判各方的深层动机和需求进行分析。既不是单纯地假设对方的需求,也不是想当然地认为对方应该需要什么,而是要真正地理解对方的需求,从对方的角度出发,这样才能看到对方的真实需求,而不是自己凭空臆造的幻象。

3. 谈判人员

对方谈判人员的个人资料包括工作职位、授权范围、职业背景、谈判风格及性格爱好。作为首席法律谈判官,在日常的工作和生活中应该时刻关注相关行业信息、同行动态以及潜在的合作者,在具体谈判时注意安排专门人员对谈判对方成员信息进行持续性、系统性的收集。对谈判对手信息的收集不是一日之功,只有日积月累、坚持不懈,才会有最终的收获。

谈判对手的经历尤其值得研究,包括其过去任职的机构、团体,完成的每一个工作项目以及所有他曾经参与过的谈判。通常研究对手失败的原因比研究他成功的原因更能看出对手的个性,如果能够仔细研究对手失败的原因,则很可能知道其想法以及心理倾向。所有这些足以告诉你对方需要的是什么,从而帮助你找到应对之策,在博弈中立于不败之地。

4. 最后期限

掌握谈判对手的最后谈判期限。双方在法律谈判之前会结合本企业的需要制订出谈判的期限,谈判期限越短的一方压力越大,让步幅度也越大,在谈判结束前做出关键性让步的概率也就越高。如果在前期调查出对方谈判的最后期限,将会在法律谈判过程中占据优势地位。

5. 分析对方信息的真伪

竞争激烈的市场中充斥着真实与虚假的信息,它们往往交织在一起。获得假信息往往比没有信息更糟糕,因此,在法律谈判服务工作中一定要注意分辨收集到信息的真伪。在利用信息之前,首席法律谈判官一定要先进行判断,没有经过判断的信息往往无用,甚至可能会误导谈判思路。例如,在法律谈判中受普遍关注的谈判对方的财务情况信息,谈判对手通常会披露自身财务状态良好的信息,但实际情况却不一定如此,这就需要首席法律谈判官根据已收集的信息以及自身经验对信息的真伪进行辨别。

(二)己方信息梳理

要想顺利地进行谈判不但要清楚对方的情况,而且要对己方的情况归纳梳理,了如指掌。己方的情况主要包括企业的生产经营状况、财务状况和己方谈判人员情况等。具体来说,包括谈判对己方的重要性,己方在法律谈判中所处的地位,己方对有关市场行情及谈判对手的了解程度,己方谈判人员的谈判水平等等。正确地评价己方是首席法律谈判官确定谈判目标和方案计划的基础。对己方条件进行客观分析有助于了解己方在法律谈判中的优势和薄弱环节,从而有针对性地制订谈判方案与策略,以便在法律谈判活动中扬长避短。

在对己方信息进行梳理的同时还应注意,在己方获取谈判对方信息的同时,对方也可能获取己方信息。在高度信息化的今天,任何人都可以通过输入关键词等方式在网络中搜索到海量信息,如企业的工商信息、诉讼信息、宣传信息等。虽然海量信息不一定都是准确的,但是不乏可以利用的内容。"所以,你一定要对你的谈判对手知无不尽,但同时又最好让人家对你一无所知。"①

三、信息收集调查的方法

法律谈判如果是打仗,那么首席法律谈判官在谈判前自行调查收集信息或者组织人员调查收集信息就如同为打仗准备武器和弹药,是成功谈判的起点,是为谈判目标、谈判策略和谈判计划的制订提供依据。因此,信息收集调查的方法和渠道就显得尤为重要。

---

① 林伟贤:《中国人的优势谈判》,北京大学出版社2012年版,第66-67页。

(一) 信息调查的方法

信息调查的方法多种多样，既可单独使用，也可综合运用。对法律谈判前信息调查总的要求是：调查资料要全面、系统、连续、真实，并要做出科学的统计和有说服力的分析。

(1) 文献调查法，即根据已有各种文献资料进行调查的方法。例如，政府门户网站及官方出版物会定时公布相关行业与领域的统计数据，这些数据可以作为信息收集调查的重要来源。如物价指数、行业平均薪资、某行业进出口数额等。这些统计数据可以帮助我们分析社会及产业发展趋势，在法律谈判时十分有用。[1]

(2) 访谈调查法，即调查人员对被调查者进行直接访谈或通过电话访谈。这是一种能直接询问目标问题并获得相关解答的调查方法，在调查中应注意设计访谈提纲、恰当进行提问、准确捕捉信息、及时收集有关资料、适当做出回应、及时做好访谈记录。

(3) 实地观察法，即观察现场或调查录像等资料的方法。在确有必要的情况下，可佯装客户或消费者进入谈判对方的单位或企业中了解对方的相关情况和信息。在实地观察的过程中要注意保护自身安全，同时避免触犯相关的法律禁止性规定。

(4) 网络调查法，即通过相关网站收集资料进行调查的方法。在"互联网+"和大数据技术不断发展的今天，整个社会俨然构成了一个海量、开放、共享的信息共同体，网络调查法应运而生。这种方法的优点是便利、快捷、调查效率高、调查成本低。

(二) 信息收集的渠道

信息收集的渠道是指采集具体信息的途径和工具，大致可分为以下几类（见表2-1）。

---

[1] 刘必荣：《谈判最重要的100个提醒》，广东旅游出版社2016年版，第18页。

表 2-1　信息收集的渠道

信息类别	收集信息的途径
公开传播的信息	统计机关、行业协会、图书馆、报纸杂志等
相关单位的信息	样本、说明书、宣传册等
委托收集的信息	委托专业机构、信息情报网、相关单位或个人收集
需交换的信息	国际、国内定期信息交换
实地信息	现场实地调研、面谈、访问等
展会信息	参观国内各种博览会和专业展览会
网络信息	通过各种搜索引擎和公司网站等进行搜索

在谈判桌上发问也是收集信息的一种渠道。不管我们准备得如何充分周到，谈判总会存在盲点，这时最好的应对方式就是在谈判中直接发问。谈判人员要养成发问的习惯，对方有可能昨天需要的东西，今天就改变了主意。多问、多看是收集谈判资料最常见和最实在的方法之一。①

四、做好企业战略分析

企业战略 SWOT 分析是常用的分析工具，S 代表优势（strength），W 代表弱势（weakness），O 代表机会（opportunity），T 代表威胁（threat）。

所谓 SWOT 分析，即基于内外部竞争环境和竞争条件下的态势分析，就是将与研究对象密切相关的各种主要内部优势、劣势和外部的机会、威胁等，通过调查列举出来，并依照矩阵形式排列，然后用系统分析的思想，把各种因素相互匹配起来加以分析，从中得出一系列相应的结论，而结论通常带有一定的决策性。首席法律谈判官在做好前述的背景调查和信息收集工作之后，可结合掌握的相关资料采用 SWOT 分析法进行全面的分析。SWOT 分析法因人而异，它要求分析者必须对自己的优势和劣势有客观的认识，全面考虑，综合比较（见图 2-3）。

---

① 刘必荣：《谈判最重要的 100 个提醒》，广东旅游出版社 2016 年版，第 19 页。

第二章 ‖ 厉兵秣马：首席法律谈判官的准备

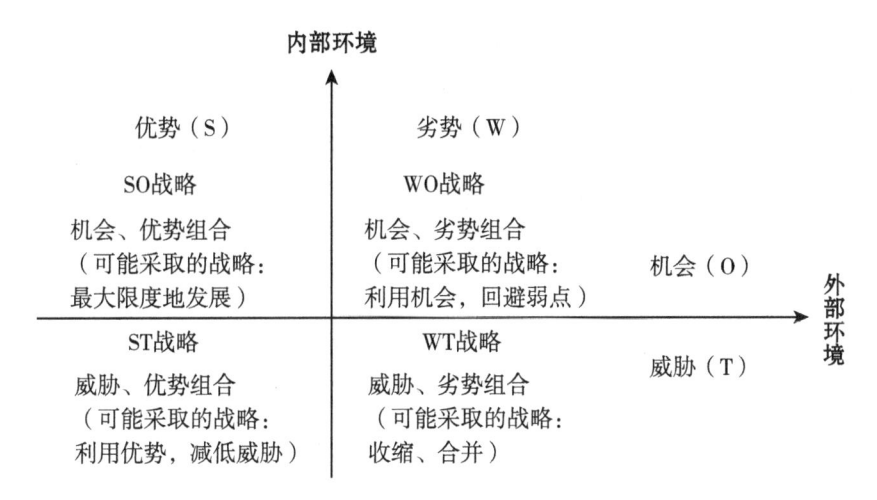

```
                  内部环境
                     ↑
   优势（S）      |    劣势（W）
   SO战略         |    WO战略
   机会、优势组合  |    机会、劣势组合
  （可能采取的战略：|  （可能采取的战略：   机会（O）
   最大限度地发展）|    利用机会，回避弱点）
  —————————————————+—————————————————→ 外部环境
   ST战略         |    WT战略
   威胁、优势组合  |    威胁、劣势组合
  （可能采取的战略：|  （可能采取的战略：   威胁（T）
   利用优势，减低威胁）|  收缩、合并）
```

图 2-3　企业战略 SWOT 分析

从整体上看，企业战略矩阵分析可以分为两部分：第一部分为 SW，主要用来分析内部条件；第二部分为 OT，主要用来分析外部条件。利用这种方法可以找出对己方有利与不利的因素，扬长避短，及时发现并解决问题，明确发展方向。此外，可以将问题按轻重缓急分类，明确哪些是亟须解决的问题，哪些是可以稍后处理的事情，哪些属于战略目标障碍，哪些属于战术问题。将这些研究对象列举出来，依照矩阵形式排列，用系统分析的方法，将各种因素相互匹配，从中得出一系列相应的决策性结论，有利于首席法律谈判官制订较正确的谈判方案和计划。

第三节　你需要一个完美的法律谈判方案

法律谈判方案的制订，是法律谈判前一项攸关谈判成败的重要准备工作。在法律谈判项目中，一般由谈判团队成员针对自己负责的部分提出建议或草拟方案，再由首席法律谈判官确定最终的谈判方案。法律谈判方案的内容包括法律谈判目标、法律谈判的时间和地点、法律谈判人员组成、法律谈判的战略技巧、法律谈判风险的预测、法律谈判的基本流程、可采用的替代性方案等。笔者将在第五章"未雨绸缪：首席法律谈判官的风险管理"就法律谈判风险的预测进行论述，在此不再赘述。

一、设定法律谈判目标

法律谈判的目标是指在谈判中可量化且可操作的目标，包含实质性目的（如特定的结果）、无形目的（如建立长久关系）以及过程性目的（如议事日程）。

（一）设定目标的原则和因素

1. 三大原则

设定法律谈判的目标，必须坚持的三大原则为：实用性原则、合理性原则和合法性原则。具体说来，实用性原则即谈判人员在谈判过程中，结合自身经历、外部环境等因素确定谈判目标，该谈判目标的确定对己方谈判的顺利进行具有促进作用。合理性原则即谈判目标在时间和空间两个维度上的合理性。在法律谈判中，不同时空内谈判目标的合理性受到众多客观因素的影响，所以在确定谈判目标之前，首席法律谈判官应对谈判所涉及的时间和空间进行全方位、多角度的分析，使法律谈判目标在特定时空下具备合理性。合法性原则即首席法律谈判官必须基于一定的法律规则和道德规范确定谈判目标，不能损人利己。

2. 三大因素

设定法律谈判的目标需要考虑的三大因素为：谈判时的客观条件、谈判双方的内部环境和谈判的外部环境。谈判时的客观条件包括法律谈判所涉及的领域等。谈判双方的内部环境包括法律谈判的目的、谈判对方可接受的最低利益、谈判对方可做出的最大让步等。谈判的外部环境包括法律谈判的时间期限、初期谈判失败时可采用的替代性方案以及其他可能影响法律谈判目标实现的客观因素。

（二）法律谈判目标的四个层次

法律谈判目标的具体层次可以划分为：最高目标、实际需求目标、可接受目标和最低目标（见图2-4）。

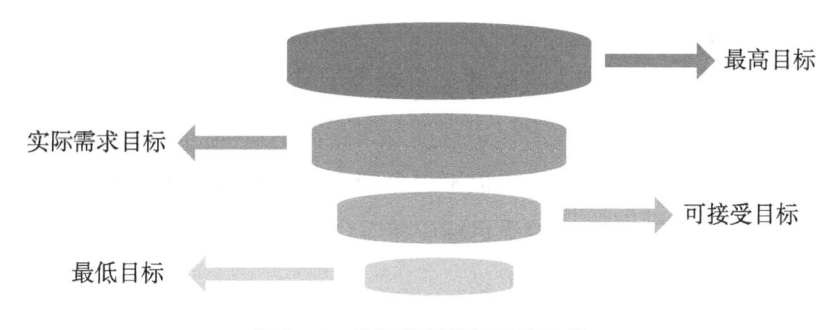

图2-4 法律谈判目标层次示意

1. 最高目标

最高目标就是能够实现谈判当事人最大利益的目标。首席法律谈判官通过实现这个目标为己方获取最大利益，但此目标也是谈判对方可接受的最大限度，若己方得寸进尺，通常会导致法律谈判的破裂。法律谈判是谈判各方在己方利益基础上进行的博弈行为，谈判各方均期待能够获得更多的利益。因此，最高目标是单方面的，是往往不能实现的理想目标。但这并不意味着设立最高目标是无用的，一般而言，最高目标是法律谈判最先提出的话题，首席法律谈判官在谈判开局提出的目标通常是最高目标，进而能使己方在法律谈判中更好地与谈判对方进行利益交换。此外，最高目标还可以凸显理想目标与现实情况之间的差距，促使谈判人员积极主动地争取更多的利益。

2. 实际需求目标

"实际需求目标是谈判各方根据主客观因素，结合多种情况，经过科学验证、预测与核算后，归入谈判计划的谈判目标。"[①] 不同于最高目标，实际需求目标在首席法律谈判官的努力沟通下一般能够达成。该目标代表己方谈

---

① 王福祥主编：《商务谈判理论与实务》，科学出版社2008年版，第100页。

判人员最主要甚至大部分的利益，因此，首席法律谈判官通常会运用各种方法手段，以实现实际需求目标。此外，己方要对实际需求目标进行保密，以免过早泄露导致谈判对方否决该目标而使己方谈判失利。

3. 可接受目标

在法律谈判中，谈判人员通常无法完全满足谈判对方的全部实际需求。此时，首席法律谈判官应考虑仅实现部分实际需求目标，即可接受目标。可接受目标应是谈判人员可以接受但不过分损害其利益的目标。在法律谈判过程中，首席法律谈判官对可接受目标应持有"一有利益就接受的"态度，而不应该为了面子不接受对方的提议。

4. 最低目标

最低目标即首席法律谈判官能够忍受的最低限度的实现目标，也是首席法律谈判官必须达成的最基本的目标，必须坚持的最后底线。如果此目标无法达成，往往会导致谈判的破裂。

最高目标、实际需求目标、可接受目标和最低目标构成一个完整的目标体系，它们彼此联系，各有作用。首席法律谈判官在进行法律谈判前应当明确这四个层次的目标，并善于利用它们的优势推动法律谈判按照己方理想状态发展，达成所规划的法律谈判目标。

二、选取法律谈判时间和地点

┃案例六┃

经典法律电影《永不妥协》改编自真实案件，女主角埃琳·布罗克维奇与其上司埃德·马斯瑞为替深受污水所害的数百名居民讨回公道，与PG&E供水公司展开了民事赔偿谈判。第二轮谈判地点约定在埃德律师事务所的会议室内，女主角埃琳与律师埃德占据主场位置，充分发挥主场优势，使谈判气势大大增强。同时，谈判时间安排在阳光正盛的上午时分，埃琳与埃德以及其他两名工作人员选择了内侧背靠窗户的位置，而PG&E供水公司的法律谈判团队作为客方则坐在外侧，面对窗户。此时，阳光透过百叶窗投射在

PG&E供水公司谈判人员的脸上，晃得其有些睁不开眼，无形中产生了一种不适与压迫。面对埃琳的先发制人、步步紧逼以及埃德的紧密配合、乘胜追击，不久，PG&E供水公司谈判人员就显出弱势，败下阵来……

（一）谈判时间

谈判是在一定时间内进行的。法律谈判时间是指一场法律谈判从正式开始到双方达成一致签订协议共计花费的时间。在法律谈判中，应该尤其注意以下三个时间变量：开局时间、间隔时间和截止时间。

1. 开局时间

所谓开局时间是指法律谈判确定开始进行的时间。开局时间的选择是否得当，可能会对谈判结果产生巨大的影响。例如，若谈判人员在长途跋涉、身心俱疲之后，立马投入紧张的谈判，他们通常会因为舟车劳顿而精神难以集中、无法充分地思考而误入对方的圈套。因此，首席法律谈判官应该重视开局时间。一般而言，开局时间的选择主要考虑以下几个方面的因素。

（1）谈判人员的自身情况。法律谈判是一项需要精神高度集中，耗费大量体力和脑力的高强度工作，因此，首席法律谈判官应该尽量避免在身体不适或谈判团队状态不佳时进行谈判。

（2）准备的充分程度。俗话说："不打无准备之仗。"这句话对法律谈判同样适用。在确定法律谈判开局时间时，首席法律谈判官应该给己方留有充分的准备时间，以免因仓促上阵而手忙脚乱，影响谈判结果。

（3）谈判的紧迫程度。首席法律谈判官应尽量避免在迫切想要实现谈判目标时进行谈判，若实在无法避免，则应该采取适当的方法隐藏己方急迫的心情。

（4）谈判对手的情况。首席法律谈判官不能把法律谈判安排在明显不利于对方的时间段，避免引发对方的不满、招致对方的反对，进而影响谈判的顺利进行。

2. 间隔时间

间隔时间是时间因素中一个关键的变量。一般情况下，谈判目标的达成需要数次的磋商、洽谈。间隔时间是指在经过多次磋商仍未达成协议时，谈判双方暂停谈判、进行休息的时间。

安排谈判间隔时间，能够缓解紧张的谈判气氛、打破谈判僵局。当谈判出现剑拔弩张的紧张局面或者陷入僵局时，谈判双方可以暂停法律谈判，进行短期的休息和娱乐，以使双方回到友好、轻松的气氛，重新开始法律谈判。此时谈判双方的态度和主张有所缓和与变化，双方更容易相互做出让步，最终达成协议。

当然，还存在这样的情况：一方谈判人员为了使对方主动做出让步，利用对方迫切想要达成协议的心理，故意拖延时间，迫使对方妥协。这种情况比较冒险，很容易使法律谈判陷入僵局。

3. 截止时间

截止时间是指法律谈判的最后期限。每一场法律谈判终归会有结束的具体时间。随着谈判最后期限的到来，谈判结果也必然揭晓。如何把握法律谈判的截止时间，顺利实现己方的谈判目标，是谈判中的一种绝妙艺术。

谈判时间的长短，决定了首席法律谈判官是选择克制性策略还是速决性策略。而且，截止时间对谈判人员本身也会造成压力，尤其是对法律谈判中的劣势一方而言。劣势一方在期限到来之前，往往会为了利益而不得不做出妥协，被迫让步来达成协议，否则就只能选择终止谈判或面对谈判破裂。

（二）谈判地点

谈判必须要在具体的地点进行。法律谈判的地点会影响谈判环境，进而对谈判效果产生一定的影响，选择合适的谈判地点、场所能够增强己方的谈判力量。首席法律谈判官应当充分认识并利用这一点。欲把谈判主场设在有利己方的地点，事先要确定谈判对方是否有决定权，必要时可以直接询问对方的权限。

法律谈判的地点选择与体育赛事的赛场安排有相似之处，一般有四种选择：一是在谈判对方所在地谈判；二是在己方所在地谈判；三是在双方所在地交叉谈判；四是在谈判双方所在地之外的国家或地点谈判。不同的地点对于谈判人员来说各具优势和劣势，谈判人员要根据不同的谈判内容和谈判目的有针对性地加以选择，充分发挥谈判地点的优势，促使法律谈判顺利进行。一般情况下，重要的、难以解决的谈判议题应尽可能安排在己方所在地；异地谈判一般基于以下情况才实施：需要考察和检验谈判对方、寻找新市场或合作伙伴、已经将关键性谈判场次安排在了己方所在地。

"谈判地点对法律谈判会有影响，但也不能过于夸大或强调它的影响：很难想象，一个常规的法律谈判会因为谈判地点而功亏一篑。如果双方谈判者都对谈判地点非常在意的话，那么他们可以选择一个中立的地点，如第三方的公司或其他场所作为法律谈判地点。"[1]

三、组建法律谈判团队

在一些大型的法律谈判中，由于个案复杂、涉及的知识面广，单个谈判者无法胜任全部工作，这就需要组建法律谈判团队，通过团队成员之间的优势互补发挥出强强联合的作用，增强己方法律谈判团队的实力，实现既定目标。

（一）谈判人员组成

对于一般的法律谈判团队而言，谈判团队的人员组成主要包括发挥组织统筹作用的首席法律谈判官，以及为法律谈判服务的专业法律人士、商务人士、财务人员、技术人员等。

1. 首席法律谈判官

首席法律谈判官，即谈判负责人，负责整个法律谈判工作，包括与当事人进行沟通获取谈判权限与当事人的真实意图；掌握谈判全局，把握谈判进程；根据谈判个案情况直接参与谈判；管控法律谈判风险；组织人员进行谈

---

[1] 胡敏飞、刘建明、杨磊主编：《法律谈判的技能与实践》，浙江工商大学出版社2017年版，第82页。

判信息搜集；选拔、配备、管理谈判人员，组织协调专业人员和谈判团队发表意见；确定法律谈判战略、法律谈判目标、法律谈判策略、法律谈判方案等；组织模拟谈判以及谈判复盘；汇报谈判工作等。在法律谈判团队中，首席法律谈判官应该处于核心位置，统筹谈判进程，管理谈判成员，处理谈判突发情况，在谈判权限范围内与谈判团队成员一起为己方争取最大的合法权益。

2. 专业法律人士

在以首席法律谈判官为核心的法律谈判中，因首席法律谈判官本身即是法律专家，因此在配置法律人员时应具有针对性，即要注意法律人员与项目的匹配，配备熟悉具体项目相关法律法规的法律专员、律师等。法律人员的具体工作包括在谈判中提供法律支持以及进行法律层面的把控，如检查谈判文件的合法性、草拟相关文件以及根据需要进行尽职调查等。

3. 商务人士

法律谈判中配备的商务人士通常需要了解市场行情、营销策略、熟悉项目情况，可以由己方企业的销售经理或相关行销人员担任，也可以聘请企业外对市场或价格谈判熟知的人员担任。商务人士的具体工作包括向首席法律谈判官阐述谈判中相关商务的思路，了解对方商业背景和目的，对市场情况进行梳理和分析，找出谈判各方的分歧和差距，与对方就谈判的价格以及细节进行磋商等。

4. 财务人员

法律谈判团队中的财务人员应当熟知法律谈判团队中的各项成本、支出，并能合理安排团队的财务消费。财务人员的工作包括向首席法律谈判官提供财务分析意见、预估己方财务承受能力、在谈判中提供财务数据支持等。

5. 技术人员

这里的技术人员应是对具体项目中涉及的产品、有关技术等熟知或精通的技术员或工程师。技术人员的工作包括提供具体产品和技术的参数、检查或草拟谈判文件中涉及技术问题的条款、对专业技术问题进行阐述和解释等。

6. 翻译人员

当遇到涉外案件时，法律谈判团队最好配备一位出色的翻译人员。在进行法律谈判时，翻译人员应该熟练掌握相关语言、知识及翻译技巧，起到语言沟通桥梁的作用，还要随机应变，洞察对方谈判人员的隐含意思与心理特征，及时提醒己方谈判人员，紧密配合己方成员工作。翻译人员的主要工作是准确传递谈判各方的意见和态度。

7. 记录人员

在法律谈判中，一份完整、准确的记录材料既是一份重要的资料，也是进行后续法律谈判的依据。记录人员在法律谈判团队中的重要性不言而喻。通常而言，记录人员应具有熟练的文字记录能力与专业的基础知识，其主要工作是能迅速、准确、完整地记录谈判内容。

（二）分工协调

谈判并非单个主体能够独自完成的工作，在法律谈判团队中，谈判人员必须根据具体个案合理分工，同心协力地完成谈判任务。否则，法律谈判可能因团队成员之间的内部矛盾而使己方目的落空，造成损失。法律谈判团队成员之间分工协调应做到以下几点。

1. 首席法律谈判官应发挥团队负责人的核心作用

首席法律谈判官是整个团队在谈判过程中的最高领导者，是己方法律谈判目标与谈判战略的具体组织者和实施者，是己方的主要发言人与交涉人，在法律谈判中占据非常重要的地位。

2. 首席法律谈判官与辅谈人之间应相互配合

首席法律谈判官是法律谈判中的主要发言人，辅谈人则是配合首席法律谈判官发言并为其出谋划策的次要发言人。辅谈人的言行应与首席法律谈判官保持一致。在谈判实践中，当首席法律谈判官需要修改已表达的观点却不知如何开口时，辅谈人可承担过错，以维护首席法律谈判官的威严，推动法律谈判的进程，这是法律谈判团队分工配合紧密的体现之一。

71

3. 幕前人员与幕后人员应紧密配合

法律谈判团队参加谈判时，不可忽视团队中幕后人员的作用，尤其当案件复杂，需要收集大量资料、证据时，幕后人员的作用尤为重要。通常情况下，谈判团队中的幕后人员为幕前人员准备资料或出谋划策。需要注意的是，幕后人员不可过多，以免他们意见难以统一而造成混乱，干扰幕前谈判人员的工作。

4. 不同性格的法律谈判人员应相互配合

在配置法律谈判团队成员时，应充分考虑不同性格的人的特点，对他们进行分工，协调他们之间的工作。如选择沉稳的人担任首席法律谈判官，选择活泼亲切的人担任调和者，选择性格强势的人做"黑脸"角色，选择沉静细心的人做记录员等。另外，在进行团队成员分工时，还应调查对方法律谈判团队成员的性格，如若对方谈判团队中脾气急躁的人居多，己方则可多配备沉稳内敛的谈判人员，实现"以柔克刚"和"各个击破"。

四、设计法律谈判战略

在明确法律谈判的目标、时间、地点以及组建谈判团队后，法律谈判战略的确立也同样关键。法律谈判根据各方是否注重关系建立及己方利益实现的强烈程度的标准，可以分成四种战略类型，即竞争型战略、共赢型战略、回避型战略和长久型战略。一般情况下，如谈判人员更为关注己方利益的实现，而不注重与对方关系的建立，则应选择竞争型战略；如谈判人员注重己方利益实现的同时，注重与对方长久关系的建立，则应选择共赢型战略；若谈判人员不仅不在意己方利益的实现，也不重视谈判关系的建立，选择回避型战略会更有利于其实现谈判目标；相反地，若谈判人员十分注重与对方长久关系的建立，而对己方利益的实现并不在意，则选择长久型战略是其最佳选择。具体关系如图2-5所示。

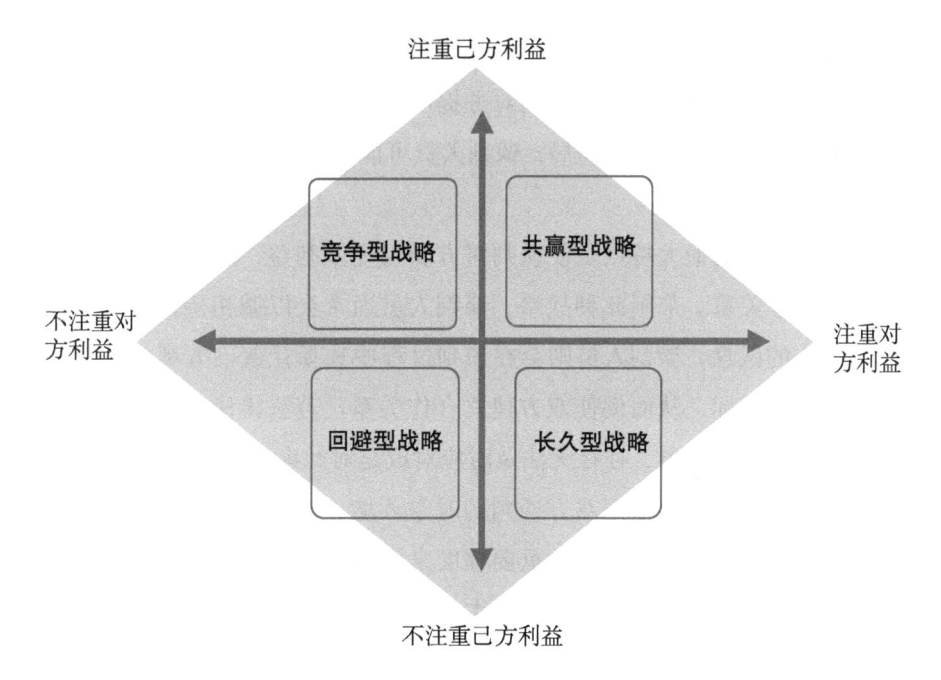

图 2-5 法律谈判战略类型坐标图

1. 竞争型战略

竞争型战略的最大特点是实现己方利益的最大化。在此战略中，谈判人员通常为了使己方获得更多利益，而大肆减损谈判对方的利益。谈判各方之间相互防备，采用一定的策略使对方无法了解己方的真实意图。在谈判过程中，甚至可能采用欺诈、威胁等手段以博得谈判优势。一旦形成谈判僵局，则需要第三人的介入打破僵局，使谈判得以继续。

2. 共赢型战略

谈判人员选择共赢型战略通常是为了实现共同利益的最大化。在此战略中，谈判各方的目标是相互联系的，双方彼此尊重、相互信任，了解彼此的需求，共享已知的信息，共同寻找可替代方案。但一旦形成谈判僵局，则需要引入多方面的协调人员打破僵局。

3. 回避型战略

回避型战略的最大特点是谈判人员对法律谈判的结果没有任何期待，是在无法达成谈判目标，或者达成目标需要付出巨大代价时采用的战略。在此战略中，谈判人员通常会回避谈判对方提出的问题，消极应对谈判对方的需求。在此类谈判中一旦出现僵局，谈判人员可能将选择终止谈判。

4. 长久型战略

长久型战略的最大特点是使谈判对方获得更多利益，从而在双方之间建立长久的合作关系。采用此种战略，谈判人员通常会以诚相待，如果对方也表示出合作的诚意，谈判人员则会在谈判过程中选择让渡己方利益来实现谈判对方的理想目标，从而促使双方建立合作关系。若法律谈判陷入僵局，采用该种谈判战略的一方，往往无法及时应对或是对此束手无策。

首席法律谈判官要根据双方谈判的时空环境、人员情况、实际情况以及己方利益实现与双方关系建立的重要程度来设计法律谈判战略。虽然战略细节设计纷繁复杂，但是战略选择的基本逻辑并不复杂，主要在于确保以下条件的达成：①当事人真实利益的实现；②当事人自身的发展；③符合法律规范；④付出的成本最小。如果同时满足上述四个条件，且具有可操作性，即为合适的法律谈判战略类型。

五、确定法律谈判流程

（一）确定流程的原则

法律谈判流程的确定主要包括谈判时间的安排和谈判议题的确定。议题排序一般应遵循三个原则：逻辑原则、相关捆绑原则、先易后难原则。

1. 逻辑原则

逻辑原则，即依据逻辑上的先后顺序排列。相关议题之间均存在因果关系，有前因才有后果。如索赔谈判，先认定是否违约；然后认定哪些方面违约；接着认定赔偿金额；最后认定如何支付。在这一系列议题中，后面议题的解决以前面议题的解决为基础，类似这样的议题就必须按逻辑顺序排序。

2. 相关捆绑原则

相关捆绑原则，即议题之间具有很强的相关性。如买卖合同谈判，往往是谈质量涉及价格，谈数量也要涉及价格，即谈到所有问题都与价格有关，这样的议题就应依据相关捆绑原则来确定议题的排序。

3. 先易后难原则

先易后难原则，即在议程中，各个主题以可预见难度逐步增强的顺序展开。"对议题进行先易后难排序，谈判比较容易进入状态，比较容易培养起谈判信心和互相信任。"[1] 在谈判进行时，首席法律谈判官要从谈判阻力最小的议题开始，抓住一切机会使谈判朝有利的方向发展。为了避免谈判对方认为己方故意回避问题，可以先把棘手的问题点出来，表明己方了解症结所在，然后再切入容易的议题，以建立互信。

（二）拟订法律谈判议程应当注意的问题

（1）首席法律谈判官要根据己方的具体情况安排谈判议程，保证己方的优势能在谈判时得到充分发挥。

（2）首席法律谈判官安排议程时，要为己方出其不意地运用谈判策略、技巧埋下契机。

（3）首席法律谈判官制作的谈判议程内容要体现己方谈判的总体方案，还要帮助谈判人员掌握谈判进度、己方让步的限度和步骤等。

（三）典型的谈判议程应包含的内容

（1）法律谈判进行的时间和其他时间。若是大型、复杂的谈判，首席法律谈判官可以将谈判分成几次，并确定每次谈判所需的时间及中途休息的时间等。

（2）法律谈判进行的具体地点。

（3）需要列入讨论的谈判问题。列入内容包括对所有谈判讨论事项先后顺序的安排以及每个谈判事项应占用的时间等。

谈判议程的安排与谈判策略、谈判技巧的运用紧密联系。从某种程度上来说，谈判议程的安排也是一种谈判技巧。因此，首席法律谈判官要合理地安排谈判议程以便使谈判能够更顺利地进行。

---

[1] 李子林、薄绍信：《现代谈判之道》，吉林人民出版社2014年版，第63页。

确定谈判议题时，首先要将与本次谈判有关的问题罗列出来；其次，对罗列出的各种问题进行分类，确定问题重要与否，以及与己方的利弊关系；最后，将对己方有利的问题列为重点问题加以讨论，对己方不利的问题尽量回避，这有助于己方在法律谈判中占据主动地位。但回避并不等于问题不存在，因此，还要考虑当谈判对方提出这类问题时，己方采取的应对之策。

六、寻求法律谈判方案 B

法律谈判的过程不可能一帆风顺，谈判陷入僵局时，哪一方能创造性地提出可供选择的替代性方案，哪一方就掌握了主动权。替代性方案不仅要确保维护自身的利益，还要兼顾对方的利益要求。如果认为制订的谈判方案是唯一的最佳方案，那么就可能会失去发现更优方案的机会。相反地，如果在法律谈判准备时期多制订几套谈判方案，那么实现谈判目标的途径也会更多，这时的谈判就如同顺水行舟，一旦遇到障碍，只要及时调拨船头，调整航向，就能准确、顺畅地到达目的地。当然，首席法律谈判官也可以对方案的某一部分进行替代，有如下方式可供考虑。

（1）改变之前商议的时间。例如，重新约定继续进行法律谈判的时间，以便谈判人员充分准备，讨论较难解决的问题。

（2）改变支付的方式和时限。法律谈判双方可以约定在不改变交易总金额的情况下，提高定金额，改变支付方式或者支付时限。

（3）改变交易的形态。法律谈判双方应尽量将各自争利的情况转变为同心协力、共同努力的局面，促成双赢。例如，可以增强交易双方负责人、工程师等人员彼此之间的联系，共同寻求解决途径和方法。

（4）改变承担风险的方式、时限和程度。一般情况下，法律谈判双方应厘清交易的得失情况后，再讨论责任风险的分担问题，否则容易发生争执，使谈判陷入僵局。

第四节　模拟法律谈判——提前调试，有备无患

法律谈判过程潜伏着大量的未知因素，一旦出现，会使情况发生转变，冲击拟订的计划和方案，故只制订详细的法律谈判方案或者谈判计划还远远不够。对于某些关键的或者难度较大的法律谈判，为了对谈判时可能出现的情况做出预先的判断和准备，找出谈判方案和计划存在的潜在漏洞，首席法律谈判官及其团队可以通过模拟谈判来改进或完善谈判的准备工作。

所谓模拟谈判，是指在正式谈判之前，将谈判小组成员一分为二，一部分人扮演谈判对手，并以对手的立场、观点和作风来与另一部分扮演己方的人员交锋，预演谈判的过程。[1]

一、模拟谈判的重要性

模拟法律谈判作为正式谈判前的"彩排"，对谈判人员具有不可替代的作用。

（1）模拟谈判可以帮助谈判人员提高应对突发情况的能力。在模拟谈判中，谈判人员通过一次又一次地扮演自己或对手，能全面掌握法律谈判中可能遇到的各种情况，提高应对各种困难、意外的能力。相比在现实谈判中总结经验、修正错误的事后性，模拟谈判可以帮助谈判人员事先修正谈判中的错误，从而使谈判人员获得较完整的经验。

（2）模拟谈判能帮助谈判人员了解谈判方案是否足够详尽、周密。理论上，法律谈判方案受谈判人员自身主观因素如知识体系、性格特点、谈判经验、理念思维的约束，以及外部环境如法律谈判的时间期限等客观因素的影

---

[1] 卢海涛主编：《商务谈判》，电子工业出版社2013年版，第57页。

响。因此，法律谈判方案的选择不可避免地会出现漏洞和错误。若在正式法律谈判中再检验谈判方案的可行性，就会出现难以补救的后果，因此，需要在正式的法律谈判开始前进行模拟谈判。模拟谈判的形式和内容与正式谈判相近，能够较为全面地检验法律谈判方案是否周密，便于首席法律谈判官及时发现存在的漏洞，及时调整谈判方案。

（3）模拟谈判能够提升谈判人员的谈判能力和谈判技巧。在进行模拟谈判的过程中，谈判人员需要知晓彼此的缺点，并针对对方的缺点提出问题，从中快速找出谈判策略和方案中的漏洞，提升其谈判能力和谈判技巧。

二、模拟谈判的分类

模拟谈判一般可分为如下几类。

1. 全景模拟

全景模拟是指谈判人员基于其预见的谈判过程，通过扮演不同的角色进行的实战性谈判演练。这种类型的模拟谈判虽然效果显著，但需要花费较多的金钱、时间、人力与物力，所以通常适用于大型、复杂、涉及重大利益的法律谈判。采用全景模拟时，应当注意如下两点。

（1）对谈判全过程进行合理想象。采用全景模拟的基础是对谈判过程进行合理而全面的想象。谈判人员需要充分想象法律谈判的整个过程，预见谈判时可能出现的所有情况，演绎谈判各方针锋相对的所有场景，如己方提出某项要求，对方对此可能做出的应答；己方就该应答能够做出的让步以及谈判各方在谈判时可能采用的策略与技巧等。充分想象法律谈判的整个过程，有利于谈判人员更充分、更有效地做好法律谈判的前期准备工作，帮助谈判人员在正式谈判中充分发挥谈判能力和运用谈判技巧，从而实现己方的谈判目标。

（2）尽量扮演谈判中所有会涉及的人物。这包含两方面的意思：一是需要合适的人员扮演所有可能出现在谈判过程中的人物，并对他们的行为方式、在团队中的作用和地位做出合理而充分的预测；二是需要己方具有关键作用的谈判人员扮演对方谈判团队中的重要人物，如对方的顾问、谈判助手及首席法律谈判官等。以上两点能够帮助己方充分预见谈判时可能发生的情形和突发情况，及时发现并完善己方谈判方案存在的漏洞。

2. 讨论会模拟

讨论会模拟是指正式谈判前，对谈判进行集体研讨的方法，通常需要两个步骤：第一步，谈判人员、当事人与其他利益相关人参与讨论会，确定己方谈判目标、谈判战略、谈判策略等，并对对方可能确定的谈判目标，可能采用的谈判战略、谈判方案等做出预测。必须注意记录所有人员提出的观点，不对观点进行评判，并均作为决策的参考意见。第二步，由专业人员就谈判中可能出现的各种情况充分提问，由谈判人员作答，以此激发谈判人员的创造性思维。谈判人员在压力下，通常能制定出更高水准的策略、方法及更灵活地运用谈判技巧。

采用此种方法时，需要谈判人员对谈判方案的可行性与合理性进行全方位、多角度的评析，站在己方对立面提出反对意见，帮助己方完善谈判方案。在国外，运用讨论会模拟法时，讨论人员应善于提出反对意见，决策人员则应善于采纳其反对意见。但在我国，讨论会往往无法取得预想中的效果。原因在于上层领导或决策人员通常不满他人提出反对意见，谈判人员为此通常保留反对意见，这导致我国的讨论会更像是谈判方案制订人员的展示会和表彰会，失去了其应有的效果。

3. 列表模拟

列表模拟是最为简单的模拟谈判方法，通常应用在小型的、涉及利益不大的法律谈判中。谈判人员通过将己方与谈判对方的谈判目标、谈判问题、谈判人员、谈判策略等内容进行比对和整理，制作成表格，在表格中呈现谈判各方的优缺点，并列出己方的应对方案。这种方法的优点是操作简单，不需要花费过多的时间和精力，但缺点也很明显，如表格未经实践检验且思维往往过于单一和主观化，不能够全面充分地分析问题，完善后的方案是否可行也是未知数。

三、模拟谈判应注意的问题

在实施模拟谈判时，为了取得更好的模拟效果，应注意以下几点。

（一）科学地做出假设

1. 做出假设的注意事项

模拟谈判是指谈判人员基于谈判过程中可能出现的假设情形制作谈判方案。因此，模拟谈判以假设作为前提和基础，模拟谈判需要对客观条件、自身形势、对方情况进行假设。为了保证上述三项假设具有科学性，应当遵守如下几点注意事项：①请专业的、具有丰富经验的人员提出假设，以使假设更具有参考性和针对性；②从实践出发，不能凭空想象假设的事项；③假设是谈判人员的主观设想，具有或然性和非必然性，不能将假设作为必然的指导意见。

2. 假设的内容

依据假设的内容，能够将假设分为三种类型：一是对外界客观条件的假设；二是对谈判对方情况的假设；三是对己方情况的假设。

"对外界条件的假设包括对环境、时间和空间条件的假设。"在法律谈判中，基于假设进行的模拟谈判，是为了进一步摸清事实，准确决策，从而在谈判中取得优势地位。"对方在谈判中愿意承受风险的程度，对产品质量、运输方式等方面的要求，都需要谈判人员根据实际情况加以假设。对己方情况的假设包括谈判人员对自身心理素质、谈判能力的自测与自我评价，以及对己方经济实力、谈判实力、谈判策略、谈判准备等方面的评价。"[①]

（二）对参加模拟谈判的人员有所选择

参与模拟谈判的人员应当具有高水平的专业素养、丰富的谈判经验和谈判技巧，敢于表达并且善于表达自己的建议，而不能仅仅把模拟谈判视为一种表演性质的活动。一般来说，模拟谈判的成员一般分为以下三类。

---

① 刘园主编：《谈判学概论》，首都经济贸易大学出版社2012年版，第90页。

(1) 知识型人员。这里的"知识"不仅是指该人员具有静态意义上的理论知识,而且还指其应善于在实践中灵活运用理论,能够基于理论知识,结合现实情况,科学全面地探究法律谈判中可能出现的问题。

(2) 预见型人员。预见型人员善于根据法律谈判出现的具体情形,结合专业知识和以往经验,科学预见法律谈判的发展方向与可能出现的情况。预见型人员通常能提出独到的见解,对谈判方案的改善具有关键作用,从而在模拟谈判中具有不可替代的地位。

(3) 求实型人员。求实型人员具有认真细致的特点,他们思考问题缜密、全面、客观,善于结合实际思考问题,会对模拟谈判中的假设情况积极求证,保证假设情况准确无误。

此外,模拟谈判的人员应当具有较高的角色扮演能力。在进行模拟谈判时,参与成员应对所扮演的人员的谈判习惯、谈判思维等实际情况进行研究,最大限度模仿出该人员在谈判时的行为、动作、思想、情感等,以求达到理想中的模拟谈判结果。

(三) 对模拟谈判的总结

完成模拟谈判后要及时对模拟谈判过程进行总结。模拟谈判的目的在于总结谈判经验,发现并解决谈判方案的问题。所以,谈判人员在模拟谈判结束后应当及时、认真地总结法律谈判团队和个人的行为表现,做出评判并提出改进建议。例如,己方谈判人员对对方谈判人员策略的反应是否灵活、谈判团队之间的配合是否得当等,为之后的正式谈判奠定良好的基础。模拟谈判的总结应当包含如下内容:①谈判对方的谈判观点、谈判风格、谈判精神;②谈判对方的反对意见及己方对此的解决办法;③谈判己方的有利条件及运用情况;④谈判己方的缺点及改进办法;⑤谈判所需要的信息资料是否完善全面;⑥谈判双方各自的妥协条件及可共同接受的条件;⑦谈判破裂的界限。①

---

① 方其主编:《商务谈判——理论、技巧、案例》,中国人民大学出版社2011年版,第92页。

对于某些重要的模拟谈判，可以用摄像机将模拟过程记录下来。其作用在于不但可以矫正自身的举止，还可以发现语言使用的不当之处，据此作为改进的参考。模拟谈判，相互拆招，这都是不可省略的工作环节。"尤其在涉及人员很多的大型法律谈判中，或刻意安排黑脸、白脸上场时更是如此，不进行提前演练，临场时常会'变招不及'。"[①] 法律谈判的战略规划是对谈判的预判和演练，模拟谈判结束后，双方谈判人员应进行自我评估，从而发现问题、进行修正，为法律谈判的实战做好充分准备。

本章附录　谈判计划书范本

关于美丽公司与好味道公司商铺租赁的谈判计划书[②]
（美丽公司谈判团队制）

谈判主题：美丽公司与好味道公司商铺租赁

主方：美丽公司

客方：好味道公司

一、会议时间

2017 年 10 月 24 日

二、会议地点

美丽购物中心办公室

三、谈判小组人员组成

首席代表（决策人）：美丽公司财务经理许经理

[①] 刘必荣：《谈判最重要的 100 个提醒》，广东旅游出版社 2016 年版，第 47 页。

[②] 注：笔者在湘潭大学法学院教授《谈判理论与技巧》课程期间，组织学生进行模拟法律谈判演练并制作法律谈判计划书，在此选取其中一份作为范本供读者参考。

主谈人员（包括技术主谈、商务主谈）：张律师

其他人员：记录人员、财务人员等

四、基本情况分析

（一）谈判双方的背景

1. 我方公司分析

美丽公司开发建设了众多大型商业物业，美丽购物中心是其中之一，中心内高档的中式和西式餐厅较多。根据去年夏天商场客流量增加的实际情况，美丽公司决定在租金中增加设备改造费用，租金较以往年度有所上涨。

2. 客方公司分析

好味道公司是一家经营中式快餐的餐饮连锁企业，刚成立不到两年，获得了消费者青睐，公司拟进行市场扩张，时而出现现金流紧张的情形，因此非常在意新开店铺的房租多少和租金支付的方式。

（二）谈判的项目

（依照主题和目的对谈判内容进行细分，形成多个项目。）

（1）美丽公司商铺租赁的租金数额。

（2）美丽公司商铺租赁的租金支付方式。

（三）谈判目标

1. 最高目标

（1）月租金包括建设成本、运营费用、风险和合理利润在内，达到每平方米200元。

（2）各商铺的租金标准要统一。

（3）支付方式上对方保证租金按期全额支付。

2. 次要目标

（1）租赁期限能够尽量长一点，10～13年。

（2）整个场地尽量租出去。

3. 最低目标

（1）月租金每平方米190元，同时好味道公司给美丽公司提供其他形式的合作利益。

（2）月租金每平方米200元，美丽公司可以在支付方式上进行适当让步。

（3）租赁期限：8～10年。

（四）谈判形势分析

1. 我方优势分析

（1）主场优势。谈判地点设置在美丽购物中心办公室，我方为主场。

（2）商业优势。美丽购物中心依托美丽公司，具有较强的品牌优势和影响力，地理位置优越，客流量大，是招租旺铺。

（3）人员优势。我方的主谈人员由在本地颇有名气的张律师担任，并且其长期处理我方所有租赁经营的法律事务，经验丰富。

2. 我方劣势分析

舆论劣势。近期在美丽购物中心的奶制品专卖店发生毒奶粉事件，消费者向美丽购物中心索赔，纠纷尚在解决之中。

3. 客方优势分析

商业优势。好味道公司成立不到两年就迅速获得消费者青睐，菜品丰富、经营策略得当，具有较好的市场前景。

4. 客方劣势分析

（1）主体劣势。好味道公司的谈判人员第一次来到美丽购物中心所在地区，对周围的交通环境等情况不太熟悉。

（2）人员劣势。客方的主谈人员邓律师是一位拿到律师执照不到一年的年轻女律师，在谈判方面可能缺乏相应的经验。

五、谈判的方法及策略

(一) 开局阶段的策略

谈判的开局阶段是指在法律谈判的准备阶段结束之后,谈判双方进入面对面谈判的阶段。正所谓"良好的开端是成功的一半",开局阶段往往决定了整个法律谈判的方向与思想。在开局阶段可运用以下几个策略。

1. 先声夺人

先声夺人是指运用自身的有利地位以及对方的劣势地位,以求掌握主动权的一种策略。这一策略一方面要求谈判者对自身的优势地位有清晰的把握,避免给对方造成以权压人、过分炫耀的感觉,进而刺激对方,招致反感;另一方面又要深入研究对方的市场地位、经济实力、政治背景以及惯用的策略手段等,全面掌握对方的信息。务必在谈判开局时就奠定我方的优势地位,给对方以压力,促使对方认清情形,尽快达成交易。

2. 挑剔打压

挑剔打压是优势谈判者在谈判中经常用到的一种手段。在谈判初期,优势地位的谈判者可以先用苛刻的虚假条件挑剔对方的产品,使对方感觉到压抑,并产生无望的想法,迫使其自动将姿态放低。在后期的接洽与讨价还价中,优势地位的谈判者们再逐层让步,让对方觉得你已经做出最大让步而接受己方的条件,实现谈判的既定目标。

(二) 磋商阶段的策略

谈判的磋商阶段是各方讨价还价的阶段,它紧随报价阶段而来,与报价阶段一样是整个谈判的关键阶段。在谈判中要想达成协议,双方或者其中一方必须做出让步,这是为达成协议而必须履行的义务。在磋商阶段可运用的策略主要有下面两种。

1. 投其所好

作为谈判中处于优势的一方,全面掌握对方谈判者的信息是十分重要的。通过前期的信息把握或者观察对方运用的谈判策略可以明白对方最在乎的是什么，在谈判中，一旦我方在这一问题上退让，会使对方觉得非常有成就感，当讨论我方关注的问题时，对方更易做出让步。例如，好味道公司今年急于进行市场扩张，打开影响力，需要在地理位置优越的地方开设店铺，因此，在谈判过程中可以抓住对方的这个心理，促使尽快达成合作。

2. 双赢打破僵局

无论是在合作型谈判还是在对抗型谈判中，谈判者都是可以寻找双方共同利益的，甚至有时候，节约谈判时间成本就是双方追求的共同利益。在谈判中，双方均须意识到一旦放任僵局导致失控局面，双方都得付出代价，最好的方式是通过谈判，找寻双方立场的妥协点，打破僵局，促成合作，实现双赢。

（三）成交阶段的策略

谈判的成交阶段是指谈判双方就所谈内容进行充分的讨论和协商后，达成一致意见或达成谈判目的。谈判双方成交的主要形式是签订书面合同或者签订意向书。在成交阶段我们运用的策略主要有如下几种。

1. 最后通牒

最后通牒往往有两种表现方式：一种是利用谈判的最后期限，即谈判的结束期限。双方经过长期的谈判，若始终无法达成一致，对方丝毫不肯让步，为了给对方施加压力，可以向对方发出最后通牒，如果对方在最后期限内不接受既有的条件，我方就宣布谈判破裂。另一种是面对态度暧昧的对手，需要态度强硬地告知对方，如果不一次性给出明确的答复，我方将退出谈判，以此逼迫对方表明态度与立场。

2. 各让一步

在谈判的成交阶段，谈判各方已经就大部分的谈判议题达成一致，如此时采用"各让一步"的谈判策略，既能表达各方达成合作的诚意，也能为各方未来的合作预留空间，有效推动谈判的进程，最终实现己方谈判利益。

（根据谈判的进程及时调整方案。）

六、谈判效果及风险预测

（一）谈判效果预测

经过前期的市场调查和谈判准备工作，我方预测的谈判最终结果是以 200 元每平方米的租金价格成交，在租金支付方式上可能会再做具体约定。

（二）谈判的风险

谈判过程中可能出现僵局，即双方互不让步、进退两难的尴尬局面。此时谈判人员要积极主动地寻求时机化解僵局，此时可以用语言鼓励对方、寻找替代方法、运用休会策略、有效退让、适当馈赠等方式打破僵局。（此部分主要对出现意外情况时处置的方法、策略、合同如何约定做出说明。）

七、谈判议程安排

1. 介绍会议安排和与会人员（包括时长、可能须注意的事项等）

第一次双方会谈由代理律师进行，主要是进行前期意向接洽，表达我方的基本要求，时间不宜过长，注意不做承诺和决定性事项，会谈结束后代理律师及时向财务经理告知谈判情况进行内部商议，并制订相应的下阶段谈判计划。

2. 进行正式谈判

正式谈判时由双方经理和代理律师共同出席，在前期磋商的基础上进一步重点讨论有争议的问题和焦点问题。本轮谈判应全面细致，对商铺租赁涉及的要点问题都进行商榷，确保达成一致。

3. 达成协议

经过正式谈判后，在谈判终局阶段，双方如仍不能达成一致，则应当机立断，放弃合作。在双方就相关问题达成一致意见后，则应尽快敲定具体协议内容，以便后续签订协议。

4. 签订协议

双方应签订书面的合作协议或者意向书。

本章小结

首席法律谈判官及谈判团队成员的"穿着"和"举止"是法律谈判的第一张名片，直接影响着谈判能否顺利进行，因此，首席法律谈判官及谈判团队成员的形象设计必不可少。个人形象设计艺术要素主要包括体形要素、化妆要素、服装款式要素、饰品配件要素和文化修养要素。因此，首席法律谈判官一方面要注重自身的文化积累和沉淀，形成自己独具特色的形象、魅力和气场；另一方面要注重谈判团队成员涵养与气质的培养，在法律谈判中展现自身及团队的魅力。此外，还要注重法律谈判的礼仪和习俗，这不仅体现了对谈判对方的尊重，而且有助于营造和谐融洽的谈判氛围，从而实现法律谈判目标。

在法律谈判进行前收集相关的信息与资料是非常重要的环节。信息收集主要有背景情况调查和主体信息收集两方面，前者包括政治环境、法律制度、商业习俗和宗教信仰与禁忌等宏观内容以及客观事实、法律事实等微观内容，后者包括谈判对方的资信情况、动机需求、谈判人员和最后期限等信息。首席法律谈判官应树立大数据思维，借助互联网等多种媒介渠道收集信息，在相关信息的基础上进行资料分析。通过采用SWOT分析，将与研究对象密切相关的各种主要内部优势、劣势和外部机会、威胁等，通过调查列举出来，对各种因素加以分析形成结论，供首席法律谈判官参考。

在做好信息分析之后，由谈判团队成员就各自负责的板块提出建议或草拟方案，最后由首席法律谈判官确定法律谈判方案。法律谈判方案的内容包括法律谈判的目标、法律谈判的时间和地点、法律谈判人员组成、法律谈判的战略技巧、法律谈判的基本流程、方案B等内容。要结合客观情况以及谈判各方的相关信息综合策划制订谈判方案，并且确保方案具备一定的可操作性。

即便法律谈判方案再好，如果不进行实战演练，也是纸上谈兵。适当的模拟法律谈判确有必要，可以帮助谈判人员提高谈判能力和应对困难的能力，并对法律谈判方案计划进行修正完善。模拟谈判的方式包括全景模拟、讨论会模拟和列表模拟等，进行模拟谈判时要进行科学合理的假设，使之符合实际情况。模拟谈判结束后要做好自我检测和评估，进而对法律谈判方案计划进行调整，使模拟谈判的效果达到最大化。

第三章
知行合一：首席法律谈判官的行为

谈判是综合运用一个人的信息和力量，在多种力量所结成的结构网的张力范围之内去影响人们的惯常行为及反应。

——［美］赫布·科恩

案例思考

我国奥创公司为改变设备陈旧、技术落后的局面，决定和德国盛飞公司合资，成立一个新公司。盛飞公司草拟了一份合同交给奥创公司，要求作为谈判文本。奥创公司聘请顾律师为此次谈判的首席法律谈判官。

顾律师看完盛飞公司草拟的合同后，认为其中很多条款与我国法律相冲突，且多处条款没有基于平等互利原则拟订。于是顾律师根据中国法律重新拟订了一份合同，并告知德方：谈判需以我方合同文本为基础，否则谈判不必继续。德方在收到通知后，立即派人为此事进行会谈。

谈判刚开始，德方菲利普先生便质问："请问你方为何坚持要求使用你们的合同作为谈判基础，而不用我公司的？"顾律师答道："请菲利普先生比较一下两个合同便可知道，盛飞公司的合同内容含混不清，很多条款与中国法律相冲突。而在我方拟订定的合同中，这些问题是不存在的。例如，在贵公司拟订的合同中合同当事人不明，有时是盛飞公司，有时又是盛飞食品厂，这种做法会最终导致该合同权利、义务及法律责任行使与承担的主体不明。另外，奥创公司为有限公司，根据我国相关法律规定，有限公司是不能发行股票的，而贵公司合同却要求发行并自由转让股票，我方质疑合同中这样的条款是否合法有效？类似这样的问题文本中就有33处之多。所以我们认为，以贵公司合同作为谈判的基础文本是行不通的。"

此时，菲利普低下头去看文本，笑着说道："因为没有参加前一阶段的双方接触，加上对中国法律的不了解，导致拟订的合同草案的确不太合适。我方同意以你方的合同文本作为谈判基础。"

接着，菲利普对合同实质性内容进行了提问："合同要求德方保证合资企业技术的先进性。这条能否更改为'德方确保技术的先进性并达到国际标准'？"

顾律师回答道："菲利普先生的意见很具有参考价值。对于该意见是否可以这样理解，首先技术的先进性是必须确保的，这是合作的前提。其次双方共同尽最大努力保证企业的技术先进性达到国际标准。"菲利普考虑片刻后说："可以的。"

顾律师接着问道："请菲利普先生您解释一下，我们先前约定的是在中国国际经济贸易仲裁委员会仲裁，为什么改成了斯德哥尔摩商会？"

"斯德哥尔摩商会是世界著名的仲裁机构，且它能够仲裁国际经济纠纷，而中国国际经济贸易仲裁委员会只能仲裁国内经济纠纷。"菲利普回答道。

顾律师立马说道："不会的，请您看看这份文件。"顾律师的助手拿出一个英文版的中国国际经济贸易仲裁委员会仲裁规则说："您看这份文件中明确写明，该机构可以仲裁国际经济纠纷。"

菲利普接过一看，说道："对不起，是我没有充分了解该仲裁机构的相关规则。我们可以接受你方提出的仲裁机构。不过，请给我们一些时间确认一下。"接着菲利普要求暂停谈判，并与其团队展开了讨论。

不久，菲利普回到谈判桌上，但他又提出了新的要求，谈判面临危机。顾律师早有充分的思想准备，根据推算，德方已经可以在合资企业中取得合理的利润，只要我方能坚守住原有协议，德方会自动退却。因此，顾律师同对方逐条、逐句、逐字地辩论。双方经过旷日持久的协商和讨价还价，最后互相让步，达成了协议。

思考题

1. 顾律师在法律谈判的开局阶段是如何取得主动权的？
2. 为什么顾律师坚持使用己方的合同作为法律谈判的基础？
3. 法律谈判双方在磋商阶段是如何"讨价还价"的？

法律谈判前充分的准备工作是为了在谈判的"战场"上稳操胜券。王阳明提出的"知行合一"要求将探究事物的原理与运用原理解决现实问题紧密结合。本章将讲述的就是法律谈判之"行"，即在具体的法律谈判过程中，如何在开局阶段建立起"连接点"，如何把握第一次报价，如何处理谈判僵局，如何在法律谈判过程中建立"谈判生态圈"。这些都是法律谈判中常见的程序，能否掌握好本章内容，直接关乎"在法律谈判时，你能否即刻整装待发"。

第一节　取得谈判的控制权——法律谈判的开局

法律谈判的开局是指在法律谈判的准备阶段结束之后，谈判双方进入面对面谈判的阶段。前文中已经介绍了法律谈判前期的准备工作，而谈判的开局，即给对方树立"谈判第一印象"的阶段，决定了是否能发挥准备工作真正的功效。

谈判开局阶段，谈判各方均较为谨慎，试图通过初次会晤来探测对方的虚实，验证前期信息调查中的猜测和结论。因此，在开局阶段，谈判各方往往不进行实质性的谈判。但是，法律谈判的开局阶段作为"当面对峙的第一场"，将奠定整个谈判的风格与基调，其重要性不言而喻。就好似斯诺克，第一杆红色球决定了整场球的主动权归属。

一、谈判开局的主要功能

（一）获取新信息

获取新信息是法律谈判开局阶段重要的工作内容之一。虽然在谈判的准备阶段也会涉及对谈判对方信息的收集，但因不同谈判阶段的信息侧重点、精准度以及收集方式有所不同，获取信息的内容也有所不同。在开局阶段敏锐地获取对方信息，可以避免由于信息不充分或者错误导致的错漏。一方在开局阶段了解的信息越多，在接下来的谈判中就将占据更多有利位置。首席法律谈判官及其团队谈判成员通过开局阶段与谈判对方的寒暄沟通，可以分析出谈判对方的谈判目标、优势劣势、性格特点，甚至可以揭开谈判对手的"面纱"，甄别谈判对方真正的决策者。通过开局阶段收集到的关键信息，首席法律谈判官可以及时调整谈判战略思路、谈判目标、策略与技巧，寻找谈判的突破口。

如何获取信息？在法律谈判中，获取有效信息的方式有很多种（见图3-1），其中最常见、最有效的方式就是提问。其一，可直接提问。法律谈判开局，可以直接向对方谈判人员提问，比如，"贵公司最终想要达到什么样的效果""你们对此事有没有决策权""你们什么时候能够给出准确答复"，虽然谈判对手清楚这些看似简单的问题可能会泄露己方的关键信息，但是迫于谈判压力又往往不得不做出简单的答复，而这些答复则可能成为关键信息。其二，友好地邀请对方提出要求。在条件允许的情况下，己方可以将方案的草拟权主动让给对方，或者请对方列出几点主要要求，通过合同草案和要求清单分析出对方的基本立场。邀请对方提出要求，不仅可以充分展现对对方的尊重以及对此次谈判的重视,而且还不会过早地暴露己方立场。其三,通过电话或进餐等友好方式拉近彼此之间距离。通过电话或进餐营造一个较为轻松的环境,轻松的环境有利于收集关键的信息,了解对方的性格及谈判风格;有利于谈判各方建立"连接点",保证谈判友好顺利进行。但值得注意的是,在与谈判对方接触的过程中,应避免泄露己方谈判方案的信息。其四,主动要求添加谈判对方微信等联系方式。在信息爆炸的大数据时代,即时通信以及社交平台,如朋友圈等,可以很好地反映一个人的生活态度与近况。在法律谈判的开局阶段,可以以方便联系与交流为由,主动申请添加谈判对方的微信,更好地了解谈判对手。其五,主动向己方当事人询问。无论在何种情况下,首席法律谈判官都不应该忽略与己方当事人的沟通交流,否则将会遗漏当事人的一些重要信息。在法律谈判中,特别是在纠纷解决型法律谈判中,当事人往往比自己更了解谈判的相关信息。因此,全面了解和掌握法律谈判信息离不开与当事人的良好沟通。

1. 直接提问
2. 友好地邀请对方提出要求
3. 通过电话或进餐等友好方式拉近彼此之间距离
4. 主动要求添加谈判对方微信等联系方式
5. 主动向己方当事人询问

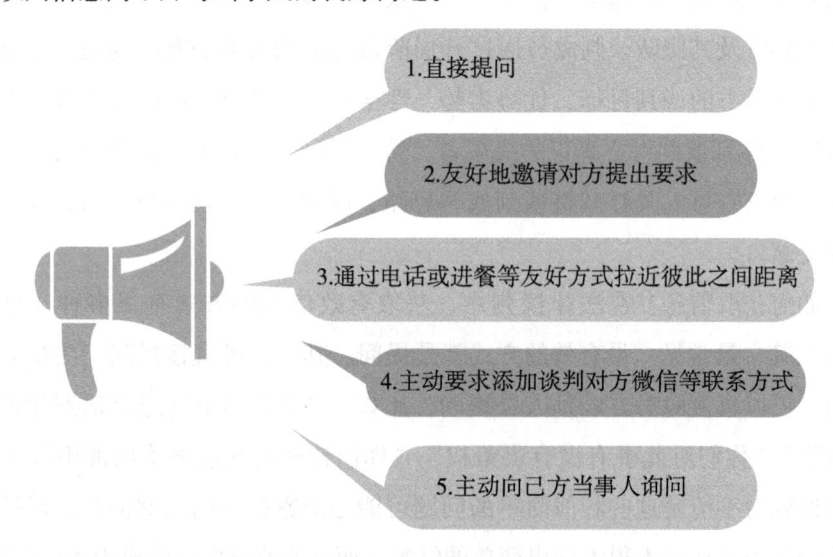

图3-1　法律谈判中获取有效信息的几种途径

(二) 开局的第一步——建立"连接点"

建立"连接点",简言之就是与谈判方建立和谐互信的关系,这是法律谈判对话的第一步,也是开局的第一步。

优秀的首席法律谈判官在此过程中很少运用要求、威胁和最后通牒等极端的谈判手段。首先,强势的谈判手段一般适用于优势地位明显的优势谈判中,而把握强势谈判手段,要求谈判者具有较高的谈判素质。其次,强势谈判还可能使谈判对方当事人望而却步,甚至使其丧失谈判信心,为防止无效谈判耗费大量时间成本,转而寻找其他替代方法或者寻求其他合作伙伴。大多数成功的法律谈判建立在妥协和解决问题的合作基础之上,因此,在法律谈判中营造一种自然、随和但又不失立场的氛围对建立"连接点"十分重要。

1. 建立法律谈判的"连接点"

建立"连接点"其实就是寻找共同点,拉近彼此之间距离的过程。从心理学角度讲,在初次见面时,谈判各方通常通过寻找彼此的相似性来预判对方是敌是友。一般情况下,若双方能在开局阶段就给彼此留下良好印象,将极大帮助双方最终达成一致意见。因此,在开局阶段,很多谈判者往往不谈利益需求,只讨论交流双方的人生观、爱好等,通过寻找彼此的共同点或相似性以快速获得心理认同,进而拉近彼此之间距离,建立良好的"连接点"。

有一项关于相似性原理的调查。该调查请了10个人对一张白纸上黑点的个数进行猜测,然后告知他们是猜大了或是猜小了并据此将他们分为两组(实际上是随机分组),接着请他们各自和参与调查的其他人进行谈判。结果极其具有戏剧性——当谈判者得知对方和自己猜测的是同一类型时,他们往往表现得更具有合作意向。事实上,彼此都不清楚猜测的黑点数,只是根据被告知的结果来寻找与自己在选择上具有相似性的人。可见,在与人交往中,人们会更倾向于与自己有相似之处的人合作。所以在法律谈判的开局中,有必要寻找与对方的相似之处,如双方出生地在哪里,双方毕业的学校,双方是否有共同的朋友、喜好等等。这有利于双方建立初步的"连接点",实现"从无到有"的第一步,达到一种较为轻松和谐的谈判氛围。尽管分歧与争议是不可避免的,甚至可以说其正是法律谈判的意义所在,但在谈判开局从存在共识或者分歧较少的议题入手,能拉近双方距离,营造友好的谈判氛围,推动谈判争议的解决。

案例一

我国一家电脑生产企业 A 公司准备与国内一家电子商品销售公司 B 公司进行合作，于是邀请 B 公司来 A 公司所在地进行谈判。谈判当天，B 公司首席法律谈判官胡律师一脸严肃。A 公司首席法律谈判官彭律师在双方代表均就座后，笑着说道："我跟胡律师既是同乡又是校友，这样的缘分真是十分难得，希望我们这次谈判能够在轻松愉快的氛围里达成协议。"话音刚落，胡律师一改之前的严肃态度，面带微笑地说道："希望我们合作愉快，还请校友多多包涵。"

2. 警惕关键信息的泄露

在打造和谐关系的过程中，需要注意防止己方陷入"泄露惯例"（即总按照套路出牌，对方很容易就预知己方的底牌）。如 A 律师代理原告在处理人身损害赔偿案件时，习惯按照心中底线金额的三倍向被告提出赔偿金额。如此，熟悉 A 律师的被告律师能很容易地猜测出原告方的赔偿金额底线，从而削弱 A 律师在法律谈判中的主动权。

可见，在法律谈判时，虽然要注重友好关系的建立，但是切不可因一味追求和谐氛围而放松警惕，过早泄露己方关键信息。

3. 在法律谈判中建立信任关系

谈判各方信任关系的建立对法律谈判顺利进行有着举足轻重的作用。作为法律人的首席法律谈判官一般秉承公平公正、平等互利的谈判原则，其值得尊敬和可靠的形象是建立信任关系的良好基础。但首席法律谈判官年龄、阅历等因素存在的差异，直接影响各方建立信任关系的难易程度。例如，一位年轻谈判者与一位年长谈判者进行谈判，年长谈判者可能会觉得谈判对手经验不足，稍显稚嫩，因此对谈判对手的信任度大打折扣，而年轻谈判者也可能会因双方在经验、气场上的差距而形成心理上的劣势。因此，在开局阶段，年轻或者处于劣势方的首席法律谈判官应当充分重视此次谈判，做好充足的法律与事实方面的准备，表现得更加自信从容，通过这种开局措施使双方之间建立平等的信任关系。

(三) 界定法律谈判的参数

法律谈判的参数是指在法律谈判过程中谈判各方应当提前沟通或者在谈判方案中应提前界定的一些事项。法律谈判的参数主要有：法律谈判的时间、法律谈判的地点、法律谈判的目标及谈判金额的谈判区间。

法律谈判的参数一般在准备阶段的法律谈判方案中已基本确定，但准备阶段的工作只是在部分信息检索和谈判经验基础上做出的一些预测，并非对方真正的立场。因此，首席法律谈判官需要在开局阶段真正确定法律谈判的参数，这也是开局阶段信息搜集的重要内容。

1. 法律谈判的时间

法律谈判的时间主要是指从正式的法律谈判开局到谈判各方达成合意或者谈判破裂的期间。法律谈判的时间往往与谈判各方的谈判目标及内容有重要联系，如各方谈判目标较为一致，则谈判时间较短；如各方就主要问题的意见分歧较大，则谈判时间可能延长或者提前结束。

(1) 确定法律谈判的时间要遵循互利原则。法律谈判时间选择上要遵循互利原则，这要求在开展法律谈判时应尽量选择对谈判各方都有利的时间，展现谈判各方积极主动、诚于合作的谈判态度。当然，在法律谈判时间的选择上如果难以兼顾双方利益，应当遵循于己有利的原则，即将谈判时间确定的主动权把握在己方。

(2) 选择法律谈判各阶段时间应考虑的因素。法律谈判阶段的时间选择往往对谈判结果有着巨大的影响。其中主要包括开局时间、间隔时间及截止时间的选择。该内容在第二章中已提及，在此不再赘述。

(3) 不可谈判的时间。其一，在己方或对方的谈判准备严重不足时，应当坚决拒绝谈判。当首席法律谈判官认为法律谈判的时间过于紧促，时间压力过大时，应当拒绝开谈，因为仓促的谈判往往会造成主动权的让渡，容易让对方乘虚而入。同理,当谈判对方的准备明显不足时,己方过于主动开始谈判,可能让谈判对方产生心理警戒,导致谈判停滞不前甚至破裂。

其二,天气恶劣时不适宜谈判。天气的好坏也常常会影响法律谈判的进行。如冰雪天气不利于出行,甚至可能引发交通事故;炎热的天气容易让人心情急躁;连续的阴雨天气容易让人产生忧郁的情绪等。恶劣的天气可能影响法律谈判各方的状态,而不良的状态容易滋生法律谈判中不必要的纠纷或者误解。

其三,谈判人员情绪低落或者精神状态不良时不宜谈判。谈判人员如果在长途跋涉后马上进入紧张的法律谈判,往往会因舟车劳顿、身心疲惫而难以集中精力,无法深入交流,甚至可能会因精力不足而未能考虑周全,落入对方的谈判圈套,承诺一些对己不利的条件和要求。因此,谈判人员特别是首席法律谈判官在患病或者精神疲惫、情绪过于低落等情况下,应当推迟谈判。

2. 法律谈判的地点

众所周知,WTO 谈判地点往往选择瑞士这样中立的、环境优雅的第三方国家。这是因为良好的环境可以助人舒缓心情,为谈判打下良好的基础。传统的中国文化注重人情与关系,习惯在酒桌上谈生意、讲情义,但正式的法律谈判往往应该避开类似酒桌或者宴会的场合,选择会议室或者其他办公场所等。法律谈判是一件非常严肃的事情,在地点的选择上应当显示出谈判各方对此次谈判的重视,选择在会议室进行谈判优于酒宴的原因在于:其一,专业性及正式感。会议室一般是进行正式会议讨论的场所,其商务性更强,更能体现谈判各方对谈判的重视。其二,便捷性。一般来说,会议室或者其他办公场所配备了办公用品,如打印机、投影仪、扫描仪等,以便谈判者使用。

无论是主场谈判还是客场谈判,在进行大型的法律谈判之前,首席法律谈判官均需要对谈判地点进行实地考察。熟悉了解谈判地点,才能对接下来的谈判胸有成竹。

3. 金额的谈判目标区间

法律谈判的许多问题最终都集中反映在价格、价值、需求上。法律谈判的实质是谈判各方利益平衡的过程，最直观的表现为价格问题。初次报价是法律谈判开局中的重要内容，它可以确定谈判金额的最低或者最高幅度，为接下来的法律谈判定调。关于初次报价，笔者将会在下一节进行详述。一般来说，确定谈判金额最常用的方式便是主动邀请对方开价，初次报价一般会产生以下三种情形（见表3-1）。

表3-1 初次报价情形

初次报价	产生的结果
卖方提出最初报价为80万元	卖方最高限额＜80万元，买方需支付价格＜80万元
买家提出最初报价为80万元	卖方最高限额＞80万元，买方需支付价格＞80万元
任何一方提出最初报价为80万元	因过于不合理，无可替代性方案导致谈判结束或中断

目标金额谈判区间的确定需要谈判各方的协商，在法律谈判的过程中，目标金额不能达成一致往往成为谈判破裂的根本原因。

二、谈判开局的类型

根据法律谈判准备阶段的信息搜索和谈判方案的制订，首席法律谈判官往往会综合谈判各方因素选择不同类型的谈判开局，主要有竞争型开局、合作型开局、纠纷解决型开局。

（一）竞争型开局

竞争型的法律谈判开局一般出现在优势法律谈判中。竞争型法律谈判一般是一种对抗型或零和型谈判，各方在有限的资源中进行利益分配，因此，一方的获得往往意味着另一方的失去，也必将导致一输一赢的局面。在竞争型开局中，谈判双方往往更注重以事实为依据并据理力争。当己方的事实依据和法律理由足够充分，或者谈判对方占有优势且不愿让步时，可以采取进攻式的开局策略。进攻式开局策略一般采取较为强硬的态度，先声夺人，制造心理优势。与其他类型的开局风格不同的是，竞争型开局的目的是尽可能地采取各种方式使谈判从一开始就弥漫火药味，以削减谈判对方的谈判信心，为当事人争取最大的权益。因此，竞争型开局需要主动掌控谈判日程，将谈判场地争取到己方。相关经验表明，主场的地理优势在竞争型开局中的作用很大，熟悉的环境会很大程度上增强谈判者的信心。

当然，当处于客场时，首席法律谈判官更应当保持镇定。在法律谈判氛围紧迫时，不要轻易做出让步和妥协，也不能泄露谈判底牌。此时可采用主动岔开话题、紧急电话、复印材料、调整灯光等方式以间接削弱对方气势，调整状态，找回自信。同时，首席法律谈判官还可以通过争取坐在会议主持人或者重要领导的位置的方式，形成反客为主的心理优势。

┃案例二┃

美国一家著名的电脑公司 A 公司准备进入加拿大市场，急需找一家加拿大代理商为其销售产品，以弥补其不了解加拿大市场的缺陷。当 A 公司准备与加拿大 B 公司就此问题进行谈判时，A 公司的谈判代表表示其因飞机延误而迟到了。B 公司的谈判代表便抓住这件事不放，想以此获得更多优惠条件。

A 公司代表发现其无路可退，于是说道："我们非常抱歉耽误了你们的时间，但这绝非我方本意。飞机的起飞时间不是我方能够掌控的，希望我们不要再为此耽误宝贵时间，如果因为此事使得你们怀疑我方的诚意，那么，我们只好结束这次谈判。我认为，我们所提出的优惠代理条件很容易在加拿大找到其他合作伙伴。"

B 公司代表听后，沉默许久，因其也不愿失去此次合作的机会，故不再纠缠此事，谈判得以顺利进行下去。

（二）合作型开局

合作型的法律谈判开局适用于竞争与合作并存的法律谈判中。谈判各方在法律谈判中希望通过合作以达到"共赢"的效果。因此，在合作型开局中，谈判各方一般会事先营造一种自然、和谐、友善的谈判氛围，以"合作"和"肯定对方"的方式来取得对方的好感。如在法律谈判中,在谈判文件上添加谈判各方的企业 logo,一方面可以防止谈判文件在传送过程中出现错漏,另一方面也会让谈判对手产生认同感。又如,在与崇尚绿色自然的纸业生产企业合作时,可采用对方生产的绿色环保纸张作为谈判文件的指定纸张,拉近谈判双方的距离,取得对方好感。

(三) 纠纷解决型开局

纠纷解决型开局,即谈判各方基于信任和自愿的原则,采取开诚布公的方式开始法律谈判。使用纠纷解决型开局的前提在于首席法律谈判官能引导谈判各方明确说明自身的利益或者顾虑,即双方都愿意开诚布公地说出自身的想法。在法律谈判中,只有谈判各方都拿出十足的诚意才能共商大计,商讨出一个富于创造力的、让谈判各方都满意的解决方案。开诚布公的开局策略适合长期有业务往来或者合作关系的谈判各方,这样可以在第一时间获得谈判对方的信任感,使谈判对方了解、接纳己方的情况与观点。

例如,在一次厂房买卖的法律谈判过程中,S 律师就采用了开诚布公的开局方式。该律师在与对方进行谈判时,直截了当地向对方表明:"我方愿以市场价购买你方的厂房。同时,据我所知,你方公司一直处于负债状态,近几年生产销售业绩也一直处于下降趋势,如果贵方债权人向法院申请财产保全,通过诉讼执行,到时你方厂房的转手价格或许都达不到市场价。所以,建议你们认真考虑一下我方提出的价格。"

这样开诚布公的方式在很大程度上综合考虑了双方的背景和需求,一定程度上能够让对方更加乐意与己方进行谈判,迅速成交的概率也是最大的。

三、法律谈判开局的注意事项

(一) 百分百的准备是谈判开局的信心源泉

美国前总统富兰克林·罗斯福曾说:"我们感到害怕的唯一事情可能就是害怕本身。"在法律谈判的开局阶段,百分百的准备是谈判开局的信心源泉,充足的准备或将有助于赢得谈判对手的尊重。对于经验不足的首席法律谈判官来说，开局前十足的准备工作可以弥补经验不足的缺陷，而对于经验丰富的首席法律谈判官来说，充分的准备可以让谈判工作如虎添翼。在法律谈判开局前，如果首席法律谈判官对谈判方案进行了充分的论证，寻找到了替代性方案B甚至方案C，那么整个谈判团队对于法律谈判过程的主动把控能力将自然而然增强，也可避免因谈判对方的声望和能力而产生畏惧心理。

（二）避免过早暴露谈判参数

在法律谈判中，有经验的谈判者常常以邀请谈判相对方提出要约的方式来设定己方谈判的参数，包括设定己方谈判的最高限度或者最低限度等。通常来说，提出要约一方在谈判中容易处于劣势地位，因此，在法律谈判中应尽量避免由己方提出第一要约。但是如果出现谈判各方都不愿意提出第一要约的困境时，就需要结合其他的开局策略，迫使谈判相对方基于其他因素的考虑而提出第一要约。即使在法律谈判中明确由己方提出第一要约或者根据谈判策略需要由己方提出第一要约，也应将谈判参数限定在既定范围内，而不能过早地暴露确定的谈判参数。

第二节 法律谈判的博弈——报价与磋商

法律谈判始终是"价值、价格、需求"的博弈。法律谈判的报价和磋商，是谈判各方你来我往、讨价还价的过程。法律谈判的报价与磋商是谈判最核心和最重要的环节之一。

一、法律谈判的报价

报价是法律谈判磋商阶段的第一步，即国际商务谈判中的"发盘"。从合同法的角度上来说，法律谈判中的初次报价就是合同订立过程中的要约程序。

报价对法律谈判的双方均具有法律约束力。一方面，报价对报价人具有法律约束力。报价人作为要约人，向对方发出报价要约后，未经对方同意，不得随意撤销或对要约加以限制、变更和扩张。法律赋予要约这种效力，目的在于保护受要约人的合法权益，维护现实交易安全。另一方面，其对法律谈判的另一方即受要约人也具有法律约束力。《合同法》第21条规定："承诺是受要约人同意要约的意思表示。"受要约人在要约生效时即取得了承诺的权利，其可以依承诺而使合同成立。报价的过程中，必须保证报价的内容是确定的。若经过多次摸底，报价的具体内容仍然无法确定，那么首席法律谈判官应当提醒己方和对方当事人及时确定初次报价，防止谈判进程过度拖延。

报价的撤回与撤销。《合同法》第17条规定："要约可以撤回。撤回要约的通知应当在要约到达受要约人之前或者与要约同时到达受要约人。"首席法律谈判官在法律谈判过程中，当发现自身报价于己不利时，可以发出要约撤回的通知，当要约撤回的通知先于要约或与要约同时到达对方时，则原报价撤回。同时，报价在一定条件下也是可以撤销的。《合同法》第18条规定："要约可以撤销。撤销要约的通知应当在受要约人发出承诺通知之前到达受要约人。"第19条还规定："有下列情形之一的，要约不得撤销：（一）要约人确定了承诺期限或者以其他形式明示要约不可撤销；（二）受要约人有理由认为要约是不可撤销的，并已经为履行合同做了准备工作。"出于保护另一方当事人合法权益的目的，法律规定了对于已经送达对方当事人的报价，只有在满足一定条件时才能被撤销。可见，首席法律谈判官需要注意在合法的前提下灵活报价。

（一）把握报价的时机

初次报价往往决定了一场谈判的基调或最后结果，在具体介绍报价的内容之前，应先了解报价的时机。

首席法律谈判官提出报价的最佳时机，一般为对方询问价格时。谈判对方询问价格意味着其已产生交易欲望，此时报价往往水到渠成。选择何时报价也应当讲究策略，在法律谈判中，首席法律谈判官应当首先让谈判对方充分了解谈判达成一致后将给对方带来的实际利益，待谈判对方对此产生浓厚兴趣后再进行报价，这样才能激发对方的合作欲望。

（二）报价不要超出议价区域

议价区域（zone of possible agreement，即ZOPA），意指议价区域。如果一方的报价超出了议价区域，它就会失去效力，可能会导致激冷效应，即谈判者因为感觉对方缺乏诚意而放弃；也可能导致反向效应，即卖家会以同样"荒谬"的还价应对买家的出价。因此，理想的报价应该在适当的议价区域内。

（三）开出适当高于预期的条件，赢取谈判空间

在与老板讨论薪酬时，你是否总是会提出高于自己心理预期的薪水待遇呢？去商店购物时，你是否总是想要把价格压到你觉得对方能接受的最低价？在茶楼消费发现部分茶点不满意，但你已经消费一部分时，你是否会要求商家把全部的茶点免单，而不是要求部分免单或者换同等价位的产品？

从这些日常生活情境就可以知道，在法律谈判中，因谈判各方对对方的心理价格都不了解，故初次报价会将自己的要求或者条件抬到最高的限度，以赢取谈判空间。以买卖合同法律谈判为例，作为买方，在谈判过程中会尽量要求降低价格，反之，作为卖方则希望尽量抬高价格，这样便形成了谈判空间。初次报价时，首席法律谈判官适当地抬高条件，可以让谈判对方产生"物有所值"的第一印象，让己方在接下来的谈判中获得更大的让步空间，彰显己方的合作共赢意识。开出适当高于自己预期的条件会让谈判对手有"赢"的感觉，而狮子大开口的报价则可能导致谈判破裂，因此，首席法律谈判官应当对"适度"进行把控。

（四）注重锚定效应的运用

所谓锚定效应（anchoring effect），是指当人们需要对某个事件做定量估测时，会将某些特定数值作为起始值，起始值像锚一样制约着估测值。在做

决策的时候，人们会不自觉地给予最初获得的信息过多的重视。①

锚定效应在众多领域的判断与决策问题研究中得到验证，从促销广告用词对购买数量决策的影响，到股市指数变化风险预测，还有一般知识性问题、价格问题、博彩问题、法律判断问题、协商谈判问题，甚至自我效能评估、软件评估等都可能会受到锚定效应的影响。锚定效应产生的根源主要在于参照物在第一阶段——获取信息时发挥的作用，参照物使得与之相近的信息受到更多的重视，人们甚至把参照物本身作为参考因素，因此影响最终答案的产生。故法律谈判过程中的初次报价作为起始值是至关重要的。

(五) 永远不要接受第一次报价

前文已经介绍作为主动进行初次报价的谈判方，报价要高于自己的预期价格，以赢取谈判空间，同时也运用了锚定效应来分析初次报价的重要性。那么作为接受报价一方又应该注意什么呢？最重要的就是——永远不要接受第一次报价。

永远不要接受第一次报价或还价。接受第一次报价通常会让对方产生疑虑。第一种疑虑，报价是否过高，是否还存在谈判空间。例如，买方欲购买10台电脑时，心理预期价格是10万元到12万元，当买方首次出价10万元后，卖方却一口答应，此时，买方肯定会猜测是不是报价太高？是否原本可以将价格降低一个档次，取得更加实惠的价格？是否还可以争取其他的维修、配件的优惠？第二种可能产生的疑虑是，谈判对方是否存在隐情，购买的商品或者服务是否存在瑕疵等。拿破仑·波拿巴曾经说过："对于一位指挥官来说，最不可原谅的行为就是'先入为主'，在没有得到任何的反馈之前就假定敌人会采取某种对策。"② 法律谈判过程中谈判者往往会沉浸在固有的思

---

① 锚定效应 (anchoring effect)，又叫沉锚效应，是指当人们需要对某个事件做定量估测时，会将某些特定数值作为起始值，起始值像锚一样制约着估测值。在做决策的时候，人们会不自觉地给予最初获得的信息过多的重视。详见 https://baike.baidu.com/item/%E6%B2%89%E9%94%9A%E6%95%88%E5%BA%94/11010988?fromtitle=%E9%94%9A%E5%AE%9A%E6%95%88%E5%BA%94&fromid=5726509&fr=aladdin，访问日期：2019 年 12 月 15 日。

② [美] 罗杰·道森：《优势谈判》，刘祥亚译，重庆出版社 2008 年版，第 16 页。

维模式中，认为过低或者过高的价格，谈判对方一定会拒绝，而被拒绝是危险的。在法律谈判中，首席法律谈判官在面对谈判对方的初次报价时，可以采用沉默的战术。当谈判对方因沉默感到不适时，可能会出于打破沉默的意图在无意间做出让步。因此，首席法律谈判官在谈判对手初次报价后，要善用沉默战术，而打破沉默的人往往会"吃亏"。

| 案例三 |

被公认为世界上最会谈判的美国前总统克林顿内阁最重要的政治高参——罗杰·道森说过一个自己亲身经历的关于初次报价谈判的事例。他在担任南加州一大型房地产公司的总裁时，一名比较出名的杂志的广告推销员向他推销该杂志的广告空间，罗杰·道森比较熟悉该杂志的情况，决定在该杂志上刊登广告。当时对方给出的是 2000 美元的较为合理的市场价格，但是由于罗杰·道森是一名热爱谈判的谈判高手，他没有直接答应这个报价，并将价格一直压到 800 美元。他心想，既然能在几分钟之内把价格从 2000 美元压到 800 美元，如果继续谈下去，可能还会有更低的价位。

于是，他运用了"更高权威法"，跟广告推销员说："看起来不错。可是我必须征求一下管委会的意见，我们今晚会有一个会议，我上会讨论后再给你答复。"几天后，罗杰·道森打电话告诉广告推销员，说："这件事情确实让我太尴尬了。你知道我本来完全可以让管委会接受 800 美元的价格，可结果发现我很难说服他们。公司最近的预算情况让每一个人都头疼。他们给了一个新的报价，但是这个价格实在是太低了，我自己都不好意思告诉你。"

电话那边沉默许久，说："他们同意付多少钱？"

"500 美元。"

他说道："可以，我答应。"

罗杰·道森说，就在那一瞬间，他突然有一种被骗的感觉。他认为自己虽然已经把价格从 2000 美元谈到了 500 美元，但仍相信自己完全可以把价格压得更低。

几年后，罗杰·道森在一次演讲中讲到了这件事，然而当时的广告推销员也正好在后排听演讲。罗杰·道森以为广告推销员会对他曾经的行为不满，结果广告推销员反而对罗杰·道森表示感谢，并说："我终于明白到底是怎么回事了，太感谢你了。我以前过于着急想要达成交易了，完全没有想到我的这种做法会对客户产生什么影响。我以后再也不这么着急了。"①

从罗杰·道森的谈判经历中我们可以学习到，永远也不要轻易接受对方的第一次报价，在听到对方的报价后"应当大吃一惊"，并相信自己一定可以获得更合适的价格。适当放慢节奏，惊喜就在后面。

二、法律谈判的磋商与让步

磋商与让步是指谈判开局之后，法律谈判各方就报价和交易条件进行反复协商、交换信息、辩论、逐步缩小双方差距的阶段，或是获取一定利益的过程。法律谈判的磋商从法律角度上看，其实质是双方达成合意的过程，谈判各方在信息交换基础上进行讨价还价，以达成一份能够为各方共同接受的协议。在磋商阶段，首席法律谈判官一方面要尽可能为己方争取最大利益，另一方面需要在谈判过程中满足谈判对方的需求，即在保证自身利益的前提下，以尽可能少的让步，协调与对方利益之间的矛盾和冲突。这个阶段被形象地比喻成"跳舞阶段"，它不但是谈判的实践阶段，而且是谈判主体之间实力、智力和技术的具体较量阶段，是谈判主体求同存异、合作谅解、让步妥协的阶段。对此，首席法律谈判官应当从以下几个方面着手。

（一）全面收集验证对方信息，善于隐匿己方信息

信息收集是磋商阶段重要的谈判工作内容之一。谈判团队需要根据谈判进程补充收集新的信息，同时对开局之前掌握的相关信息进行验证。这一阶段的信息收集，谈判团队可以通过引诱、旁敲侧击、直接询问等方式进行。

---

① [美]罗杰·道森：《优势谈判》，刘祥亚译，重庆出版社2008年版，第20页。

首席法律谈判官应当根据磋商的时机对己方的信息进行适当的披露和隐匿，并针对关键信息制定应对策略，在法律谈判中掌握主动权。信息的适当披露不仅包括对己方信息的披露，还包括对对方情况的披露。通过信息的适当披露，可以向谈判对手展示己方实力，限制对方行动等。

案例四

杰克接受任务到中国谈判。三天后，他乘坐去往北京的飞机，参加为期一周的谈判。飞机抵达北京后，两位穿着讲究的中方接待人员面带微笑地迎接了他，并向他送上见面礼，然后陪同他坐上一辆豪华轿车。他舒舒服服地坐在真皮座椅上，吃着中方特意为他准备的特色点心，心中顿生一种宾至如归的轻松感觉，并煞有介事地大声问道："你们为什么不和我一起吃呢？不是有这么多点心吗？"他们毕恭毕敬地回答道："您远道而来，才刚下飞机，很有必要好好休息，恢复一下精力。"杰克对二人的回答很满意。其中一位中方接待人员问道："杰克先生，您在中国这几天的行程是如何安排的呢？有什么地方是您想参观游览的呢？我们可以安排专车接送您。"杰克很受感动，将手机中的一周行程安排与返程时间展示给他们看。

（二）用"证据"支持立场

法律谈判磋商阶段，优秀的首席法律谈判官一般会用证据来支撑自己的立场或者观点。一方面，法律人高度认同"以事实为依据，以法律为准绳"的法律原则；另一方面，相应的证据和理由可以增加谈判者观点的可信度。例如，在对抗型的法律谈判中，谈判者可就时间压力或者无法做出进一步妥协等问题提出一些证据，增强可信度。同时，一些特定的证据还具有视觉辅助效果，如事故现场或者事故损害情况的照片、公安机关现场记录、医院出具的伤情诊断证明等。当谈判的具体内容涉及我国相关法律政策时，首席法律谈判官应当熟练掌握相关法律法规及国家政策，缘法说理，说服对方放弃不合法、不合理的观点和要求，使争议焦点回到合法合理的范围中来。

"有理有据"有助于首席法律谈判官在法律谈判过程中树立可信的形象,赢得谈判的主动权。

除此之外,在法律谈判的过程中,证据的提供或者展现方式应当尽量直观。如可以采用PPT或者视频、图表等形式,它们往往有言辞描述无法企及的效果。

(三)遵循让步与还价的规则

双方报价之后,就会进入讨价还价的阶段。这一阶段是法律谈判双方之间实力、智慧和技术的具体较量,在该阶段中,双方以求同存异为合作目标。在进行让步与还价前,首席法律谈判官应当了解对方报价的真正目的,判断谈判双方的实力。老子曰:"将欲夺之,必固予之",同"欲取先予",即指如果要想得到什么,就必须先给予对方什么,通过先付出代价以诱使对方放松警惕,再找机会满足己方需求。磋商阶段就是对价格分歧进行讨价还价,相互让步妥协的过程,在此阶段,需要以退为进,以求进退自如。

从合同法的角度说,谈判双方的磋商和接洽是缔约人为达成合意,订立合同而进行的一系列动态行为。这个过程受到要约、反要约等诸多制度规范和约束,可能会产生先合同义务及缔约过失责任的问题。法律谈判双方报价和讨价还价的过程就是不断"发出要约—拒绝要约—重新发出新的要约"的"推拉过程"。当谈判双方对价格的约定达成时,则可以做出承诺,承诺到达对方,则合同成立。

第三节 柳暗花明——打破法律谈判僵局

罗杰·道森认为,所谓僵局,就是指谈判各方就某一个问题产生巨大分歧,且这种分歧已影响到谈判的进展;所谓谈判的困境,就是指谈判各方虽然仍然在进行谈判,但似乎已经无法取得任何进展了;所谓死胡同,就是指谈判各方在谈判过程中产生了巨大分歧致使谈判难以进行下去。① 笔者认为，罗杰·道森所讲的"僵局、困境、死胡同"的实质都是法律谈判僵局，只是复杂程度不同而已。谈判僵局可能会发生在谈判过程中的任何阶段，任何影响法律谈判顺利进行的状态都可以被视作是法律谈判的僵局。谈判僵局一旦出现，就必须立即对僵局产生的原因进行分析，并根据僵局发生的程度采取相应措施，选择有效的谈判方案，让谈判各方重新回到谈判桌上来。

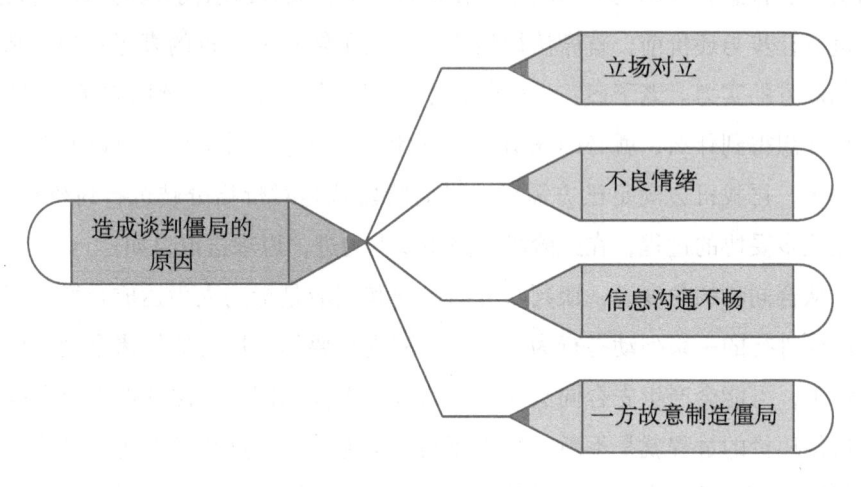

一、造成谈判僵局的原因

造成谈判僵局的原因：
- 立场对立
- 不良情绪
- 信息沟通不畅
- 一方故意制造僵局

图 3-2 造成谈判僵局的原因

（一）立场对立

|案例五|

两个人在公交车靠后的前后相邻的座位上坐着，但其中一人想要拉开窗帘，另一人想关着窗帘。他们为了窗帘的开关问题起了争执，大声争吵。这时，车上的另一位乘客询问其中一人为何坚持要拉开窗帘，其说是为了保持清醒，"防止晕车"；该名乘客又问另一人为什么要关上窗帘，其说是为了

---

① ［美］罗杰·道森：《优势谈判》，刘祥亚译，重庆出版社2008年版，第54页。

"避免被阳光晒伤"。于是这名乘客提出,可以与怕晕车的乘客交换位子,说其座位可以拉开窗帘且没有阳光照射,既可以避免晕车,又可以防止晒伤,同时满足了双方的要求。

在法律谈判的过程中,当谈判各方所持立场观点各异,且均不愿意做出让步之时,分歧就会越来越大,谈判各方的真正需求也因此为双方对立的立场所掩盖。谈判双方可能会争执不下,做出伤害彼此感情的行为,可能会为了维护面子而不愿意主动退步,甚至会以退出谈判相要挟。此时,谈判僵局就出现了,法律谈判因此成了一场双方意志力的较量。在法律谈判实践中,如果谈判双方实力悬殊且谈判因素单一,就很有可能出现单边强权主义。另一种立场对立情形产生的原因是,谈判双方达成交易的心理底线差距过大,彼此认为继续谈判没有达成合意的可能,从而导致谈判僵局的产生。

(二) 不良情绪

"和气生财"是中国的一句俗话,它告诉我们,在与人相处和沟通的过程中,要以平等合作的态度对待对方。因此,在法律谈判过程中,首席法律谈判官需要做好情绪管理,努力为谈判各方营造一个和谐舒适的氛围。法律谈判是谈判各方不断沟通、协调和让步的过程,任何一方的不良情绪都会影响己方谈判团队以及对方谈判团队的情绪,更会发生微妙的"蝴蝶效应",影响整个谈判的进行,最终导致谈判僵局的形成。

(三) 信息沟通不畅

有效的法律谈判依赖于有效的交流。[①] 信息沟通不畅主要包含两个方面的原因:其一是双方在交流过程中,没有听清对方的讲话内容。因此,法律谈判必须选择一个相对安静的环境,避免沟通过程受到影响。其二是由于谈判各方的文化差异,对语言习惯的理解不同,导致信息沟通障碍出现。为了避免这一现象的出现,首席法律谈判官在谈判之前就应当做好相应的信息收

---

① 戴勇坚:《法律谈判的理论、策略和技巧》,湘潭大学出版社2016年版,第179页。

集工作，避开对方文化习俗的忌讳，谨慎注意语言的表达，当出现误解或者理解模糊之时，应当及时沟通和澄清。

（四）一方故意制造僵局

在法律谈判过程中，谈判一方有时为了拖延谈判时间或实现其他谈判目的，故意制造障碍，使谈判陷入僵局，这是一种策略性僵局。策略性僵局虽然可以实现一定谈判目标，但具有高度危险性。其一，谈判一方往往出于探查谈判对手决心与实力的目的，有意给对方制造障碍，迫使谈判对方做出让步，但该策略一旦运用不当或者招致谈判对方反感，则很可能造成谈判的破裂；其二，当谈判对方识破了其故意制造僵局的策略时，可能会降低对僵局制造者诚信度的评价，使制造僵局一方失去主动权。

二、谈判僵局的应对策略

面对僵局，首席法律谈判官应当沉着冷静，灵活采用不同的谈判策略来打破僵局。正确的应对策略可以使整个法律谈判峰回路转，柳暗花明。因此，在谈判僵局中，首席法律谈判官要以相对超脱的心态理性认真地协助当事人分析谈判僵局形成的原因，避免受到谈判各方的情绪影响。同时，首席法律谈判官作为法律方面的专业人士，应全面且充分了解商务谈判相关领域的法律法规及政策，擅长运用法律思维，为解决谈判僵局提出合适的法律意见，对为解决法律谈判僵局所出具的方案进行法律风险防控（需注意事项见表3-2）。

表3-2 处理谈判僵局的注意事项

序号	注意事项
1	舒缓情绪，避免争吵，冷静思考
2	归纳争议焦点，协调双方需求
3	正确认识谈判僵局
4	尊重对方，接受不同的声音
5	坚持人事分离，切忌附带过多情绪
6	坚持公平合理原则

第三章 ‖ 知行合一：首席法律谈判官的行为

（一）暂置策略

┃案例六┃

这是一个在美以谈判中关于运用"暂置策略"的经典案例。

1973年阿以战争爆发后，美国代表前往中东，跟以色列代表说："请坐下来，跟埃及政府谈谈看。如果你们不这么做的话，很可能就会有人发动第三次世界大战。"此时，以色列很多人误以为谈判进入了严重的僵局，说："好吧，我们可以跟他们谈，可我们想首先声明一点，有一件事情是绝对无法谈判的。无论出现什么情况，我们都绝对不会退出西奈沙漠。我们在1967年就占领了这个地方，我们的许多油井都在那里。我们绝对不会退出西奈半岛。"美国代表说："可以。我想我们知道西奈沙漠对你们有多重要了，你们的油井在那里，你们在1967年的时候就已经拥有了这块土地。好吧，那就让我们先把这个问题放到一边，讨论另外一些重要问题吧。"埃及人对西奈地区的态度同样坚决：他们要求以色列一定要从西奈地区撤军。美国通过使用暂置策略，先解决许多谈判中的小问题，并在这个过程中为后面的谈判积聚一些能量。当美国重新把谈判的重点转回西奈地区撤军问题的时候，这个问题似乎就不是那样无法解决了。以色列人最终还是从西奈撤走了军队——虽然他们曾反复重申自己绝对不会撤军。①

暂置策略就是法律谈判各方在谈判核心问题时遇到分歧较大并形成僵局的情形，先将核心问题予以搁置，在其他分歧较小的非核心问题达成合意后，再重新处理争议较大的焦点问题。例如，谈判各方在价格上陷入分歧时应当实施暂置策略，先讨论付款方式、产品质量保修期限、服务条款、运输方式和交货时间等其他分歧相对较小的议题，待小问题都达成一致后，再来集中讨论价格问题。暂置策略缩小了双方的分歧，使谈判各方对对方的合作诚意和经营状况得以充分了解，可适度减轻谈判阻力，打破谈判僵局。

---

① ［美］罗杰·道森：《优势谈判》，刘祥亚译，重庆出版社2008年版，第56页。

（二）场外谈判策略

场外谈判是指在法律谈判僵局出现时，通过更换谈判场地，选择咖啡馆等非正式场合以缓和气氛、交流需求，然后再回到谈判桌上继续进行谈判。类似于谈判中的"三变法"——改变谈判时间、谈判地点、谈判人物。

在正式谈判环境中，谈判各方的首席法律谈判官以及其他谈判人员为了维护己方的最大利益，不免就某个问题据理力争，使得谈判陷入僵局，而场外谈判可以缓解谈判各方的对抗情绪。当双方谈判的火药味较浓时，通过更换一个较为舒适轻松的谈判场所，让谈判气氛变得缓和，让各方谈判人员重回理性友好的状态，待各方达成默契或者情绪平复后，再重新回到谈判桌上讨论具体问题。通过非正式场合的沟通，首席法律谈判官可以更好地了解对方的上限或者下限，寻找共同利益，打破谈判僵局，推进谈判进程。

（三）引入第三方参与谈判

当谈判各方在某些关键问题上无法达成一致，或者无法采用暂置、场外谈判等策略破解僵局时，首席法律谈判官可以考虑引入第三方参与法律谈判，居中调解，解决争议。一般来说，被引进的第三方通常是谈判各方均认可的专业人士或者权威人士，能够保证其公正中立的立场，对双方的争议焦点进行客观评判，提供权威解释和意见，帮助谈判各方找出纠纷产生的原因，寻找共同利益，提供可行性方案。

（四）关注利益，选择替代性方案

在谈判过程中，谈判各方若仅坚持己方的立场观点，忽略双方的共同利益，往往会因各方主观认识的差异而使法律谈判陷入僵局。因此，首席法律谈判官要克服主观上的偏见，从客观、全局的角度看待问题，真正关切谈判各方整体利益，不图一时之快或逞一时之"凶"，不为某些枝节问题争辩不休。在法律谈判陷入僵局之时，一名优秀的首席法律谈判官应该立足全局分析谈判各方的需求，准备替代性方案，主动提出其他解决方案，突破僵局，赢取主动权。

案例七

一家农副产品公司 A 公司准备与某快递物流公司 B 公司进行货物运输的合作，双方就整体价格展开了谈判。物流公司的首次报价为 15 万元人民币/年，A 公司谈判代表认为这个报价超过了 A 公司的年初预算，但 B 公司坚持认为这个价格在物流市场已经是最低价格。双方谈判也因报价悬殊而陷入僵局。

此时，B 公司为了能顺利开展与 A 公司的合作，在对 A 公司的诉求进行分析后，制订了一个替代性方案，即 B 公司在基本运输服务的基础上增加与运输货物相关的配套服务，如冷链仓储服务、物流动态监管服务等，并将基本运输服务的报价降低至 13 万元人民币/年，相关配套服务的报价为 3 万元人民币/年，总体报价为 16 万元人民币/年。实际上，由于相同类型的运输配套服务的市场价是在 3 万元左右，但物流 B 公司拥有独立的服务团队，且团队经过多年的打磨，拥有丰富的经验和成熟的技术，其实际服务成本明显低于市场成本。其后，A 公司认为，13 万元人民币/年的报价符合公司的年初预算，且 B 公司相关配套服务的报价符合市场价，这样还能减少物流风险与其他费用的支出。最后，A 公司与 B 公司签订了合作协议。

（五）披露信息，有效让步

在法律谈判中，适当披露一些"对方非常想知道"的信息，可以给法律谈判增添生机。当法律谈判陷入僵局时，适度地披露一些重要信息，就如同给对方送去一份礼物，能为谈判清除障碍。[①] 谈判就如一个天平，谈判双方站在天平的两端，一旦找到了对方的需求，就如同为己方增添了一块谈判优势的砝码。如在上述"分橘谈判"中，一方只需要橘肉，而另一方只需要橘皮，当双方经过适当的信息披露，了解了彼此的需求后，将对己方不重要的条款进行有效让步，谈判双方才更易达成共识。采取"有效退让"的方法打

[①] ［美］杰勒德·尼伦伯格、亨利·卡莱罗：《谈判的艺术》，陈琛、许皓皓译，新世界出版社 2012 年版，第 158 页。

破僵局的主要策略有如下几种。

其一，用辩证的思维和整体发展的眼光看问题。首席法律谈判官应当认识到在某些问题上稍微做出一些让步，是为了在其他问题上获取更优的条件；虽然在眼前利益上有所牺牲，但是将赢得更为长远的利益；尽管在局部利益上有所失去，但可以保证整体利益的实现。

其二，用换位思考的方式看问题。首席法律谈判官要消除偏见和误解，以对方的角度思考问题，理性分析，对己方提出的一些苛刻条件做出让步。

其三，传达友好信息。首席法律谈判官要及时向对方传递己方主动退让的态度，表明对对方的尊重和合作的诚意，促使对方在己方的关键性条件上做出相应让步。

（六）据理力争，背水一战

▎案例八▎

Y公司常年与某国Z公司进行钢材贸易，多年以来合作一直十分顺利。但近来，钢材的国际市场价格持续走低，且跌幅较大，Y公司便将出口钢材的报价从原来的2600美元/吨下调为2300美元/吨。然而，Z公司仍表示Y公司的报价过高，希望其能降到2000美元/吨，于是其邀请Y公司到其所在国进行洽谈。谈判过程中Y公司认为，以Y公司钢材的质量与信誉，该价格在国际市场上是完全合理的。其次，经过市场调查，Z公司所在国的同类钢铁价格均比Y公司报价高，因此，Z公司要求再降价是不合理的。双方一直僵持在价格问题上，最终，Y公司代表告知Z方代表，其次日便要离开Z公司所在国，若Z公司在他们离开之前仍不接受且不签订协议，那么，Y公司的谈判代表将不再与其进行协商。果然，Z公司谈判代表经过一番考虑后，致电表示，接受Y公司提出的2300美元/吨的报价。

当谈判对方提出的条件明显不合理，或者完全违背己方的谈判合作目的时，或者态度蛮横无理、强加压力时，首席法律谈判官应当临危不惧，明确拒绝接受对方的不合理要求，揭露对方故意制造僵局的不友好行为，以坚决的态度与对方据理力争。如果在己方拒绝接受不合理要求后谈判对方仍然固执己见，首席法律谈判官应当做好足够的心理准备，提出己方合理的条件和要求，明确表示"这是我方的底线，无法再做让步。如果你方不能做出让步，我方情愿接受谈判破裂的结局"。前述案例中，Y公司在说明己方要求的合理性后，发出最后通牒，背水一战，为己方争取了合理权益。当然，这一策略的使用具有一定的风险，首席法律谈判官在使用这一策略来打破僵局时需要考虑以下几个因素。

其一，己方的要求是否合理且无退让的余地。

其二，己方是否已经做好谈判破裂的心理准备。

其三，要以理性温和的方式提出，并给予对方一定的思考、衡量时间。

倘若谈判对方珍惜谈判和合作的机会，认可谈判双方的付出和让步，那么，在己方据理力争、背水一战的努力下，谈判对手才有可能选择退让方案，才有可能打破谈判僵局，甚至加快谈判进程。

第四节　当机立断——法律谈判的终局

在经历了讨价还价、协商让步与交换完全意见后，法律谈判将进入终局阶段，是胜是败，在此一举。在法律谈判实践中，谈判终局阶段处理得不好，"煮熟的鸭子"也会飞走。对于首席法律谈判官而言，谈判终局至关重要，如同临门一脚，关系到整个谈判的目的是否能够实现，也关系到法律谈判前期的准备以及谈判过程中的人力及财力成本是否能够得到相应回报。因此，掌握法律谈判终局中的策略技巧尤为重要。

┃案例九┃

在一次中韩出口医疗设备谈判中，尽管中方已提出合理报价，但经过反复协商，双方仍未达成一致意见，谈判临近尾声，达成协议的希望渺茫。但中方代表并没有表现出不良情绪，而是用一种谦逊恭敬的态度，向韩方致歉："你方此次中国之行，虽未与我方达成协议，但经过几天的相处，我们之间的友谊变得更加深厚，我们之间的感情联系也变得更加紧密。在此期间如有照顾不周之处，还请你们谅解。我方知道你们没有最终决定权，也希望你们能把谈判情况和协商条件反馈给你方负责人，我方随时欢迎你方再与我们展开洽谈。"

中方的态度让韩方深受感动，其原本以为谈判失败后，中方一定会冷眼相待，却没想到中方不仅以热情的态度对待他们，还表示期待再次与其进行洽谈。回国后，他们立即对中方的报价进行了调查，经过多方面的核算和分析，最终确定中方的报价是合理的。之后韩方主动向中方发出邀请函，希望与中方进行第二次谈判。最终在双方的努力下取得了第二次谈判的成功。

一、法律谈判终局的结果类型

（一）谈判成交

谈判成交是谈判各方已经就谈判的事宜达成合意，并最终签订协议。通过法律谈判达成的合同或者协议是受法律保护的，是谈判各方履约的依据。

（二）谈判中止

谈判中止是指谈判各方因为交易期望难以达成一致，谈判一方或双方因主客观原因暂停正在进行的法律谈判。当谈判双方恢复交易期望或者客观上造成前期谈判中止的事由消除后，可以重新启动，继续谈判。谈判中止一般可分为有约期中止和无约期中止。

（三）谈判破裂

谈判破裂是指谈判各方经过长时间的磋商后，仍然不能达成共识且没有达成共识的可能，最终宣告谈判终止。在现实中，谈判破裂往往比谈判成交的概率更大，它是法律谈判中不可避免的现象，也是谈判终局的主要类型之一。谈判破裂一般分为友好破裂结束谈判和对立破裂结束谈判。

二、选择结束法律谈判的契机

选择恰当的时机结束谈判，对于法律谈判的成功有着重要意义。首席法律谈判官应当设置谈判的层级目标，一旦临界法律谈判的底线目标，就应立刻停止谈判，倘若不能适时停止，那么任何谈判技巧都将是徒劳。所谓临界点，是指由一种状态变成另一种状态时应具备的最基本条件。这个"临界点"就是"燃点"。

一般来说，如果法律谈判对方有意达成交易，则其会在语言或者非语言行为上有所反映。首席法律谈判官应当根据谈判对手的语言以及非语言上的表现判断谈判对手的合作意向、谈判结束的契机等。

（一）语言信号

（1）主动向你询问交付的具体时间或者协商交付时间。

（2）向你打听新旧产品及有关产品的比价问题。

（3）对产品的质量和加工提出一些具体的要求。

（4）将成交价格谈得更加详细。

（5）主动要求实地试用产品。

（6）提出了某些反对意见。

（二）非语言信号

（1）表情信号。谈判人员在听的过程中，眼睛放光，精神振奋；面部表情由紧张转为松弛，略带笑意；情感由冷漠、怀疑、深沉变为自然、随和、亲切。这些微妙的表情变化，都预示着对方谈判人员已进入准备成交阶段。

（2）动作信号。坐直身体，双臂交叉，文件放在一边；从静静地听转为动手操作产品，仔细触摸产品；多次翻看产品说明书，甚至按照说明书的指示与实物一一对照；身体由前倾转为后仰，突然站起来。

（3）事态信号。主动提出更换谈判环境与地点，邀请到己方单位进行谈判；为对方引见参与决策过程的其他有关人员；友好地为对方人员安排食宿；介绍主要领导人或决策人出场等。

三、促成法律谈判成交的策略

从理论上说，谈判一方要在最终协议中完全实现当事人的要求是可能的，然而事实上，这样的结果在法律谈判中却很少见。[①] 一般来说，法律谈判的成交必然建立在谈判各方妥协与让步的基础之上。

（一）利用时间压力，发出"最后通牒"

维弗雷多·帕累托认为，在任何一组东西中，最重要的只占其中一小部分，约20%，其余80%尽管是多数，但却是次要的，这一理论被称为二八定律。帕累托的二八定律理论也同样适用于法律谈判，即在法律谈判中，各方

---

① 韩德元、袁飞主编：《法律谈判策略与技巧》，法律出版社2015年版，第212页。

所做出的 80% 的让步都是在最后 20% 的时间里完成的，这就是"谈判学中的帕累托法则"。在法律谈判初期，即使谈判一方提出再多要求，对方也很少会做出让步。因为谈判者们明白，谈判对手很可能会迫于时间压力，做出进一步妥协，甚至答应一些曾经不可能答应的条件。

在这最后 20% 的时间里，让对手做出决定的速度越快，就越有可能得到自己想要的东西；反之，给对方思考的时间越长，如愿以偿的概率就越小。[①]优秀的首席法律谈判官应当充分利用法律谈判的最后阶段，利用时间压力，发出"最后通牒"，但同时也应当考虑以下几点。

1. 时间要素

最后通牒应当在法律谈判即将结束时才使用，即在谈判临近结束，谈判对方已无其他选择或无法投入时间之时才提出。笔者认为，谈判者在初次见面谈判之时便直奔主题，这种做法往往因为急于求成而不利于成交；而在临近对方可能会拒绝己方要求之时才使用终局策略，则可能错过最佳时间，为时已晚。因此，最后通牒的时间不宜过早，更不宜过晚，首席法律谈判应当根据谈判进程把控使用"最后通牒"策略的良机。

2. 杜绝情绪因素

提出"最后通牒"的方式应当是温和且不带任何负面情绪的。有些谈判者在谈判过程中往往采用"你到底卖还是不卖，谈不成我就走了"的强硬式的"最后通牒"，很有可能导致谈判对方因为情绪的影响，直接当场拒绝继续谈判。其实，首席法律谈判官可以采取客观轻柔的"最后通牒"方式，总结前段谈判沟通过程中各方做出的努力，梳理彼此达成的共识，简单陈述己方最后立场和观点。例如，谈判者可以说："在此之前我们已经做出了很多的努力，双方均具有合作的诚意，我们也知道你们的处境，认可你方相关要求的正当性，但也请你方注意，对这个问题我方已经做出了最后让步，请你方谅解。"

---

① 景楠：《五维谈判》，北京师范大学出版社 2017 年版，第 149 页。

3. 给对方选择余地

在发出"最后通牒"前，首席法律谈判官应当结合之前的谈判内容及对方需求，提供至少两种以上存在明显差异的选择方案，需要注意的是，其中一种应当是对方明显不会接受的方案，而另外一种则应当是相对比较合理的方案。既可以体现己方诚意，又可以让对方快速选择的相对合理的方案。

4. 理由充分

作为一名有别于一般商务谈判专家的优秀首席法律谈判官，要运用法律人的理性思维解决商业问题，充分利用事实证据，援引相关法律和政策文件作为说理依据，说明自身要求的合理性，使对方心服口服。

（二）提前做好第二次"让步"

提前做好第二次"让步"要求首席法律谈判官在法律谈判即将进入终局阶段时，亮出第二次的底牌，及时答应谈判对方提出的二次要求。此种做法不仅可以让谈判对方有"赢"的感觉，还可以让谈判成交的条件处于己方可接受范围内。可见，谈判收尾战术运用得当，不仅可以让谈判对方收获成就感，更可以维护己方利益，节省法律谈判时间，促进交易顺利达成。

案例十

A 公司与 B 公司系长期合作伙伴。B 公司的采购经理刘先生有一个习惯，即每次 A 公司业务人员与 B 公司谈妥合作后，刘先生就会出面要求 A 公司的业务人员再给两个点的优惠，致使双方谈判时间拉长。这一问题常常困扰着 A 公司与 B 公司的合作。A 公司新上任的销售经理在了解这一情况后，要求业务员在与 B 公司谈判时提前预留第二次"让步"的价格空间，在刘先生提出再次优惠的要求后，爽快答应对方，双方顺利达成交易。因此，在法律谈判过程中保留自己的底牌，预留第二次"让步"的空间，能迅速推动谈判成交。

（三）激将法

激将法是"三十六计"之一，目的是利用人的自尊心和逆反心理中积极的一面,以"刺激"的方式,激起不服输情绪,从而得到不同寻常的说服效果。在法律谈判的终局阶段,可以用激将法促进交易的快速达成。首席法律谈判官在使用激将法时应看清楚对象、环境及条件,注意掌握分寸,不可过度,也不可过于温和。如使用过度则不仅不能使谈判朝预期的方向发展,还可能产生消极后果,致使谈判双方产生不应有的误会;如过于温和,则又会无法激发对方的情感波动。诸葛亮智激黄忠就是比较典型的成功运用激将法的案例,但如果诸葛亮在黄忠当众立下军令状后仍以语言相激,对黄忠的实力表示不信任,则很可能会使黄忠产生诸葛亮根本看不起自己的误会。

(四)收回条件

收回条件就是在法律谈判中找借口或理由收回己方已给出的某个谈判交易的条件。首席法律谈判官采用收回条件的方式,其目的一般在于使谈判对手陷入两难选择:要么放弃更高要价,要么放弃对方已经给出的潜在利益。收回条件是一把双刃剑,也是一场赌博,使用该策略时一定要注意收回的对象。首席法律谈判官使用这一技巧时,不应收回已经承诺并基本达成一致的重要条件,否则可能会激怒对方,不仅无法达到使对方让步的目的,反而可能直接导致谈判失败。

四、谈判终局之后

(一)祝贺对方

在法律谈判结束之后,谈判双方如果达成合作,首席法律谈判官应当礼貌并且真诚地向对方表示祝贺,告诉对方"你今天很棒""通过这一次谈判合作我收获颇多""相信今后我们还有更多的合作",以此为未来的合作奠定良好的基础。

┃案例十一┃

一位年轻的女士谈起她买车的经历。当她和销售员砍价到了90万元,还想继续往下砍时，对方店长亲自出马了。这时，这位女士开始变得挑剔，嫌弃车没有倒车雷达、没有配套的保修服务，等等。店长对此也心知肚明，同意以80万元交车，但条件是买方必须当场交易才可以此价格购车。这位女士却说需要考虑几天时间，毕竟买车不是件小事。但店长的态度也很坚决，说如果今天无法做出决定，价格将会恢复到90万元，自己已经按照女士的要求降价，做出了让步，如果买家仍不愿购买，那么就是没有购买的诚意，店长表示希望买方能考虑清楚。女士考虑了一会儿，认为店长提出的要求也算合理。于是，这位女士当场决定买下该车。

事后她感觉心里不是特别痛快，于是和朋友讨论了这件事，想知道为什么心里觉得不舒坦。车价确实便宜了，且相比其他同等价位的车辆而言，这辆车的性价比更高，她对这辆车还是很满意的，并不后悔决定买了这辆车。其朋友认为：因为店长的做法使女士觉得有被强迫的感觉，虽然最终达成了交易，却总觉得店长的方法有些欠妥，所以使得她心里有些不舒服。

这则案例中，店长采用了"最后通牒"的方式，利用时间压力让买家在短时间内做出了决定，使得谈判以成交步入终局。买家的需求其实已经被满足，为何最后还是不够满意？因为，卖家没有让买家产生"赢"的喜悦感与成就感。

（二）争取合同起草权

文本由谁起草，谁就掌握主动权。首席法律谈判官可以根据谈判各方协商的内容组织谈判人员，认真考虑合同中对己方有利的措辞，安排条款的顺序或解释有关条款。虽然谈判团队中不乏法律专业人士，认真审核过合同中的各项条款，但在合同履约过程中仍然会出现词意理解的争议。在法律谈判中，首席法律谈判官组织人员率先掌握合同起草权可以拥有以下优势：其一，最初起草者可以控制协议形式；其二，最初起草者可以选择对己方当事人有利的模板和语言，更加熟悉草拟协议的实质内容；其三，非起草方对于合同拟变动之处有解释和说明的义务。大多数情况下，最终合同与原拟订合同的内容不会有太多实质性的变动。

(三) 及时固定合意成果——签订书面合同

1. 合同的形式

《合同法》第 10 条规定:"当事人订立合同,有书面形式、口头形式和其他形式。"合同的订立是当事人之间权利义务产生的基础,当事人必须根据法律规则与原则订立合法有效的合同,这是合同履行的前提。当谈判进入终局阶段,为了防止谈判对方出尔反尔,应当及时根据双方的谈判记录拟订并签订书面合同。依法成立的合同,受法律保护。合同对双方均具有法律约束力,双方应当按照合同约定履行义务,不得擅自变更或者解除合同。

在旷日持久或错综复杂的谈判中,谈判者可能会在正式文件之前,以简要文档(如意向书、协议备忘录、谅解备忘录、框架协议)的形式确认谈判成果,这些文档明确了具体的权利义务,且经过双方同意与确认,应当受到法律保护。随着信息技术与电子商务的发展,通过电子数据传递的文件和电子邮件正在发展成为重要的合同形式。

2. 订立合同的基本原则

(1) 平等原则。《合同法》第 3 条规定:"合同当事人的法律地位平等,一方不得将自己的意志强加给另一方。"平等原则是指法律地位平等的合同当事人,在权利义务对等的基础上,经充分协商达成一致,以实现互利互惠的经济目的的原则。平等原则在当事人之间主要表现为:①法律地位一律平等,即平等主体,没有高低、从属之分,不存在命令者与被命令者、管理者与被管理者;②权利义务对等,即彼此的权利义务相应,享有权利的同时承担义务;③协商一致成立合同,即合同是双方当事人意思表示一致的结果,是双方在互利互惠基础上充分表达各自意见,并就合同条款取得一致后达成的协议。任何一方不得凌驾于另一方之上,不得把自己的意志强加给另一方,更不得以强迫命令、威胁等手段签订合同。

(2) 自愿原则。《合同法》第 4 条规定:"当事人依法享有自愿订立合同的权利，任何单位和个人不得非法干预。"自愿原则是指双方签订合同时，除法律强制性规定外，由当事人自愿约定，遵从双方真实的意思表示，主要包括：①合同订立与否自愿；②订立对象的选择自愿；③合同内容自愿，当事人可以补充、变更合同有关内容；④协议解除合同自愿；⑤自由约定违约责任，发生争议时，当事人可以自愿选择争议解决方式。

（3）公平原则。《合同法》第5条规定："当事人应当遵循公平原则确定各方的权利和义务。"公平原则是指合同双方当事人之间的权利义务要公平合理。主要包括：①订立合同时，双方的权利义务要依据公平原则确定；②合同风险需合理分配；③违约责任需公平合理确定。

（4）诚实信用原则。《合同法》第6条规定："当事人行使权利、履行义务应当遵循诚实信用原则。"诚实信用原则要求当事人在订立、履行合同的全过程诚实、讲信用，不得有欺诈或其他违背诚实信用的行为。诚实信用原则的内涵，一方面是要求当事人在进行民事活动时必须具备诚实、善意的心理状态，另一方面是平衡当事人、第三方和社会利益的客观标准。

（5）善良风俗原则。《合同法》第7条规定："当事人订立、履行合同，应当遵守法律、行政法规，尊重社会公德，不得扰乱社会经济秩序，损害社会公共利益。"善良风俗原则要求合同的内容要符合法律、行政法规的精神和原则以及社会普遍认可的道德行为准则。

3. 合同条款的主要内容

《合同法》第12条第1款规定，合同的内容由当事人约定，一般包括以下条款：①当事人的名称或者姓名和住所；②标的；③数量；④质量；⑤价款或者报酬；⑥履行期限、地点和方式；⑦违约责任；⑧解决争议的方法。

法律谈判各方可以参照各类合同的示范文本订立合同。一般来说，重大的法律谈判结束后，会举行签字仪式以体现谈判双方对此次谈判的重视，显示合同本身的分量及影响力，为谈判各方接下来的合作奠定友好基础。

第五节 温故知新——法律谈判的复盘

一、复盘的意义

"复盘"为围棋术语，又称"复局"，是指对局完毕后，双方棋手重复之前的对局，以加深此次对弈的印象，同时检查棋手双方招法的优劣与得失的关键。因此，复盘是棋手提高自身棋艺的好方法。当前，"复盘"一词被广泛用于股市和企业管理等领域。

在法律谈判领域，复盘是指阶段性谈判结束后，对谈判内容与流程、谈判目标与需求进行回顾与总结，对经验或教训、得失与对错进行反思、调整、优化。笔者认为，复盘的目的在于审视和评价法律谈判的目标是否实现、法律谈判策略和技巧的使用是否得当、对方谈判策略的优劣等，从而总结和提炼谈判经验和策略，提升团队的谈判能力，避免在日后的谈判中犯同样的错误，使己方陷入不利局面与谈判困境。具体而言，复盘的益处如下。

首先，复盘是总结己方经验教训和得失的过程。在法律谈判开局之前，需要设定法律谈判目标、组建法律谈判团队、确定法律谈判流程等，法律谈判是对前述方案的实践过程，而复盘则是将前述方案与法律谈判实际情况进行对照，将应然与实然进行比对的过程。通过复盘，首席法律谈判官可以判断法律谈判目标实现与否以及法律谈判策略技巧的优劣得失。笔者认为，应书面记录复盘过程，整理后的复盘结果可以作为参考案例，为日后的法律谈判提供指引。

其次，复盘是总结和学习对方策略技巧的过程。法律谈判是一个充满策略技巧的博弈过程。笔者认为，在复盘时，除总结己方策略技巧外，还应总结和评价对方的策略技巧，以理解对手行为背后的思维逻辑。在谈判目标未能实现的情况下，学习谈判对方策略技巧尤为重要，通过分析谈判对手策略，为下一次谈判打下基础。

最后，复盘是调整谈判方案和策略技巧的过程。对于为期较长的谈判，首席法律谈判官可以在谈判中期组织团队成员进行复盘，对谈判过程和策略技巧加以分析和总结，尤其应分析对方的策略、揣摩对方的谈判目标，进而根据分析结果调整己方谈判方案和策略。

总之，复盘是一个温故而知新的过程。棋手借复盘提升棋艺，谈判高手也应借复盘提升谈判能力。

二、复盘的方法

（一）复盘的时间

如前所述，对于耗时较长的谈判，可以在谈判中期进行复盘，并根据复盘结果调整后期策略。对于为期较短的谈判，首席法律谈判官可以在谈判终局后组织团队成员进行复盘，总结经验教训。

（二）复盘的参与人员

哪些人应参与复盘？笔者认为，谈判团队的所有成员均应积极参与复盘，在复盘过程中积极发言，分享自身经验并学习其他成员的经验。在复盘过程中，首席法律谈判官应引领团队成员畅所欲言，让复盘具有实质性内容，避免沦为批判大会或者表彰大会。

（三）复盘的流程和内容

笔者认为，复盘的流程可大致分为：第一，回顾谈判目标和方案；第二，回顾谈判过程，总结谈判策略技巧；第三，评价谈判目标的实现情况，分析谈判成功或失败的原因；第四，根据分析调整后期谈判策略，并对复盘记录进行整理归档。当然，首席法律谈判官可以根据谈判的具体情况确定和调整复盘的流程和内容。

三、复盘的评估

复盘的评估是指评估复盘结论的正确与否，其意义在于筛选出真正有价值的结论,指导法律谈判团队策略与技巧的调整与提升。复盘的过程是对过去事实的经验性总结与反思性批判,囿于人类理性思维的局限性,可能需要经过多次、反复的过程才能发现症结,抓住关键。而复盘工作的终点在于找到真正可靠的结论,这有赖于对复盘结论进行评估,它决定了法律谈判团队复盘工作的方向:继续推进或者转变方向。

评估复盘的结论是否可靠,可以借鉴以下四种原则:第一,复盘结论的落脚点是否属于规律性、普遍性的因素;第二,复盘结论是否指向客观外部事物;第三,复盘结论的得出是否经过多次的追问;第四,复盘结论是否经过交叉验证。[①] 如前文所述,法律谈判复盘的目的在于审视和评价法律谈判的目标、策略和技巧,提升团队的谈判能力,而非找到真正的结论。而从某种意义上来说,可靠的复盘结论却能够极大地提高法律谈判复盘目的实现的可能性。

复盘的评估具有时效性。首席法律谈判官在组织团队进行复盘时,需要立即对复盘的结果进行评估,参考复盘结果的价值,决定继续或者终止复盘。一旦错过评估的最佳时机,复盘工作结束,进入实践指导环节,将会极大的增加错误成本。

第六节 谈判生态圈——法律谈判的终极目标

对每一位优秀的首席法律谈判官而言,法律谈判的目标不仅是完成与特定对象的利益交换,还应该是建立一个以谈判为纽带的谈判生态圈。生态圈是一种从宇宙和哲学层面进行定义的新型商业形态。在法律谈判体系之内,各协作主体往往在法律谈判中占据着相关的重要位置,他们不再各自为政,

---

① 陈中:《复盘——对过去的事情做思维演练》,机械工业出版社 2013 年版,第 167 页。

而是有着共同目标，共生共长，形成一个完整的生态圈。法律谈判生态圈中包含自我、他人与社会三重主体。在法律谈判过程中，第一步是与自己进行谈判——了解己方需求，明确己方目标；第二步是与他人进行谈判——通过与对方沟通，实现价值、价格与需求相平衡的目的，促成双方目标的实现；第三步是通过达成交易，创造良好的交易氛围，推进市场经济发展，促进社会福利增加。

一、自我——明确自身需求，实现利益最大化

在合作型法律谈判中，首席法律谈判官要充分认识"先大我，再小我"的重要性，认识到与谈判对手合作相比孤军奋战能够取得更大的成就，就好比"做大蛋糕分蛋糕"。要始终贯彻一种意识——谈判的目的是通过合作得到大于仅靠自己所能获得的成就。当然，这么做并非是要把己方的利益置于次要地位，而是认识到只有将共同利益最大化，才能最大限度满足自身的利益需求。

二、他人——了解对方需求，促成合作双赢

美国的"思想巨匠"史蒂芬·柯维说过："想要被理解，先去理解人。"这个看似简单的步骤在法律谈判中是极具分量的。只有真正了解对方的出发点，倾听对方的需求，为制订一个适用谈判各方的方案而真诚商讨，才能真正达成对各方均有利的合同。

法律谈判过程中，自身利益固然重要，但是一味地占尽对方便宜，可能将谈判对方推至墙角，使谈判天平的一端明显倾斜，最终可能导致谈判失败，让谈判双方为谈判所付出的时间和人力成本付诸东流。因此，要考虑对方的需求和条件，平衡谈判各方的利益。首席法律谈判官有时需将精力集中在双方拥有共同利益且能够达成合意的议题上。笔者形象地将谈判各方可能达成合意的范围称为"蓝色区域"。谈判双方通过各种可能的方式，把各方的利益需求引导至共同的目标层面中，使谈判各方都有利可图（见图3-4）。

第三章 ‖ 知行合一：首席法律谈判官的行为

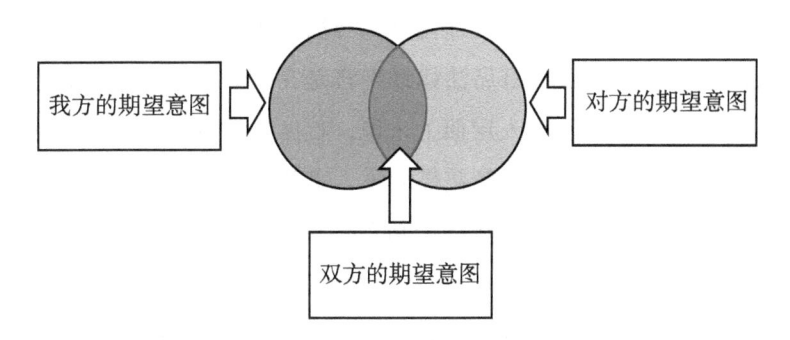

图3-4 谈判双方共同期望意图

│案例十二│

H公司是一家新成立的冷鲜肉销售公司，其产品想进入M超市进行销售。但在H公司与M超市进行谈判时，M超市一直谢绝其入场销售。于是H公司便对M超市的冷鲜肉入场标准进行了调查，发现自己公司生产的冷鲜肉完全符合M超市的入场标准。H公司的谈判代表李明因此向M超市负责人咨询，M超市谢绝H公司冷鲜肉入场的根本顾虑是什么。该负责人的解释是，因其与另一家冷鲜肉销售公司已合作多年，认为该公司的产品质量有保障且价格合理。而H公司才刚刚成立，M超市对H公司的产品质量没有把握。

李明在清楚M超市的顾虑后，决定针对性地给出解决方案。于是，李明提出H公司将为M超市提供冷鲜肉生产过程的实时监控，每周汇报其生产情况，随时接受M超市的质询和检查，并提供每条生产线负责人的联络方式，以保障其提供的冷鲜肉质量。经过考虑后，M超市接受了该提议，并与H公司签订了合作协议。最终，H公司在不必降低销售价格、牺牲自我利益的同时，实现了入场M超市的目的。

三、社会——营造良好交易环境，促进经济发展

世界是一个大的谈判桌，谈判无处不在。法律谈判是一个就双方共同关

心的问题相互磋商，交换意见，寻求解决，从而达成协议的过程。首席法律谈判官的出现是法律服务行业精细化分工与法律服务行业供给侧改革的必然趋势。从个体层面上来说，首席法律谈判官是在代表一方当事人在合法的基础上争取利益最大化；从他人层面上来说，首席法律谈判官是在考虑双方需求，寻求实现己方与他方共同利益最大化，实现"一加一大于二"目标的过程；从社会层面上来说，首席法律谈判官是在积极参与谈判，运用专业知识防范合作过程中可能出现的法律风险，使用各类谈判技巧促进交易的快速达成，将法律元素融入商务谈判，促进与推动社会经济健康发展。

我国正处于社会转型期，社会主要矛盾已经转化为人民日益增长的美好生活需要与不平衡不充分的发展之间的矛盾。法律谈判具有程序简单、成本较低等方面的优势，法律谈判的运用无疑将在缓解我国司法压力方面发挥重要作用。同时，法律谈判的发展也将推动多元化纠纷解决机制的建立，通过最大可能实现各方当事人的利益，从根本上解决纠纷，为维护社会和谐稳定，促进社会经济快速发展提供一个新的视角。

本章小结

法律谈判的开局阶段是"第一场面对面的交锋"，也为接下来的谈判奠定了基调。在初次谈判中，策略选择是十分重要的，它决定了双方的谈判地位，有时甚至直接决定谈判结果。因此，在开局阶段，首席法律谈判官要通过多种方式获取对方信息，适当释放己方信息；与对方建立"连接点"，寻找共同点，拉近距离，建立信任关系，确定好谈判参数。不同类型的法律谈判应当采取不同的开局策略，遵循基本原则，综合考虑，根据谈判形式适时转换谈判开局风格。

谈判中，谈判各方围绕争议焦点针锋相对，无论是在报价阶段还是磋商让步之时，均需要首席法律谈判官具备广博的知识、雄辩的口才、灵敏的思维，牢固掌握谈判的相关知识和原则，灵活运用谈判策略和技巧。

谈判桌上局势瞬息万变，谈判过程中出现僵局是难以避免的。正确看待法律谈判过程中可能出现的僵局，并且巧妙地利用僵局来达成己方的目的，是作为一位优秀的首席法律谈判官应当具备的谈判素养。

在法律谈判的终局阶段，首席法律谈判官应注意选择法律谈判结束的契机，善用时间、情绪等因素促成法律谈判的成交。法律谈判的终局，并不意味着首席法律谈判官工作的结束，首席法律谈判官及其团队还应向谈判对手表示祝贺，积极争取合同起草权，及时固定谈判成果等。

法律谈判中难免出现这样或那样的失误或错误，因此，复盘对于法律谈判意义重大。经验丰富的首席法律谈判官懂得在阶段性谈判结束后，组织人员对谈判内容与流程、谈判目标与需求及时进行回顾与总结，对经验或教训、得失与对错进行反思、调整和优化，以不断调整谈判思路与策略，提升法律谈判团队的能力。

随着市场经济的发展，优秀的首席法律谈判官应当认识到：追求自身利益最大化只是法律谈判的第一重境界；在法律谈判过程中，充分考虑对方需求，寻找双方的共同利益，建立"蓝色区域"，让双方因谈判而获得"一加一大于二"的利益是现代法律谈判的基础要求，即第二重境界；将多元化纠纷解决机制的理念融入法律谈判，建立法律谈判生态圈，为从根本上解决纠纷、实现社会和谐发展保驾护航，是法律谈判的第三重境界，也是首席法律谈判官这一新兴职业的最高价值之所在。

第四章
上兵伐谋：首席法律谈判官的思维与策略

人生说起来就是一连串的谈判。

——［英］莎士比亚

"你在谈判中所有的行为都应明确无误地使你更接近自己在本次谈判中的目标。"

——［美］斯图尔特·戴蒙德

💡 案例思考

H公司是一家外国贸易公司，Q公司是一家中国钢铁公司，H公司在本国及第三国拥有了一块稀土矿产地的采矿权，但H公司没有设备进行开采。经多方筛选，H公司决定与Q公司共同开发这块矿产地，由Q公司负责矿产地的开发并提供资金，H公司每年按比例分成，保证Q公司的最低收益。谈判伊始，H公司的首席法律谈判官亨特提出的最低收益额令Q公司的首席法律谈判官王明十分不满，经过交涉，亨特仍不愿让步。王明感到纳闷，为何H公司坚决不愿让步。其后，王明发现Q公司的领导层曾邀请H公司矿产项目负责人参与本公司举行的签约仪式,且该签约仪式是由省级政府官员主持的。Q公司领导举行该签约仪式的初心是为了坚定双方合作的信心,却没想到使自己陷入了被动中。亨特正是了解了Q公司与H公司合作心切,因此漫天要价,态度强硬,不肯退让一步。

王明发现,亨特所带领的谈判团队中并没有专业的采矿人员,他们对矿产地的情况也并不了解,提出的最低收益额是没有市场依据和技术依据的。于是王明与本公司的技术人员和市场人员进行讨论研究,根据H公司所在国同类矿产地的开采成功率、日开采量以及国际市场稀土矿价格及开采成本,向H公司证明其提供的最低收益额是不合理的,是没有根据的。最终,Q公司决定即使取消签约仪式,也要争取合理的价格和收益,哪怕以减损公司形象为代价。亨特明白了Q公司的决心与态度,在王明团队出具的客观数据面前,一改往时的强硬态度,不再要求王明接受其提出的最低收益额,提出可以继续就最低收益额的问题进行谈判,协商一个双方都可接受的合理金额。王明见亨特改变了态度,借机告诫亨特,只有遵循诚实信用、公平合理的原则,考虑双方的合理利益和共同需求,才能使合作继续进行。

思考题

1. 是什么使得谈判在开局阶段举步维艰?
2. 王明在法律谈判中运用了何种谈判思维?
3. 王明在法律谈判中运用了何种谈判策略?

第一节　破旧立新——拆掉法律谈判思维里的墙

一、法律谈判是一种思维方式

什么是谈判思维呢？谈判思维是谈判者在谈判过程中理性客观的认识活动，也是谈判者对谈判活动中谈判标的、谈判环境、谈判对手及其行为间接的概括反映。而法律谈判的思维就是在前述一般谈判思维的基础上，融入了法律思维的成果。因此，法律谈判思维也是"谈判思维"和"法律思维"的结合。

思维和理念的革新大于策略与技巧的提升。一位成功的首席法律谈判官必须能够正确认识谈判双方在谈判中所处的地位、性质、条件、相互作用的形式和谈判的发展趋势，并根据这些细微的情势变化，结合法律规则原理采取对应的策略——这就是法律谈判的思维。第一个重要的法律谈判思维是辩证思维，辩证思维要求人们客观、全面地看待问题，按照概念、判断、推理、论证四个环节进行全面、合理的推断。其次，在法律谈判中，需要用逻辑思维分析利害关系，说服对方，均衡利益，得到对方的理解并与对方达成一致意见；在遇到各方观点难以达成一致的情形时，还需要从完全不同的角度出发，打破原有僵化的思维模式，提出具有创造性的解决方法。无论是何种类型的谈判，均必须先确立正确的思维方式，再具体运用法律谈判的策略与技巧，以思维理念的革新推动策略与技巧的提升。

二、你就是法律谈判官，谈判无处不在

如果有人问你是否有谈判经验，想必大多数人的回答都是"没有"或者"不确定"。我们之所以认为自己没有谈判经验，是因为我们总将谈判与大型商务活动、政府首脑会议等联系在一起，将其看作是政治家、外交家、企业

家们的专利。其实不然，从我们呱呱坠地时起，谈判就已经开始了，并且一直存在于生活的各个角落。如婴儿为获得食物而哭闹，购物者为获得质优价低的商品而讨价还价等。谈判无处不在，我们需要在思维中拆掉"我们没有谈判经验"这堵"墙"，激励我们将谈判思维运用于日常生活、商业活动，甚至是与自己的谈判中。只有当我们认识到谈判的重要性及普遍性时，才能有意识地将谈判的策略与技巧运用到每一次谈判中去。

三、善假于物——创建"互联网"思维

以我们熟知的两只乌鸦喝水的故事举例。一只乌鸦依靠传统经验，用往瓶子里叼石子的方式来喝水，另外一只乌鸦则使用一根吸管喝水。用吸管喝水的乌鸦显然走在了改革创新的时代前沿，极大地提高了自己的"劳动生产力"。时代在变迁，事物在发展，过去乌鸦喝水扔石子，大家都夸奖乌鸦"机智"，而现在乌鸦喝水还扔石子，则会被视作是老套僵化的行为。如果我们仍然保持守旧的思维，方法跟不上新形势，即使付出再多努力也会被淘汰。因此，法律谈判者必须转变思维方式，革故鼎新。

荀子在《劝学》中讲道："君子生非异也，善假于物也。"随着现代社会经济的发展，电子信息技术已经融入人们日常生活和工作中的每个角落，"互联网思维"也应运而生。互联网思维，就是在（移动）"互联网+"、大数据、云计算等科技不断发展的新背景下，对市场、用户、产品、企业价值链乃至对整个商业生态进行重新审视的思考方式。首席法律谈判官要创建互联网思维，从表面上看是要充分利用好互联网带来的便捷和高效，打破时间、地域给法律谈判带来的障碍，让法律谈判进行得更加畅通；从更深层次看则是要求首席法律谈判官秉承"万物皆可以互联，互联成全生态"的理念，用互联网思维思考问题，遵循"利益共享"原则，建立谈判生态圈。

四、可视化思维——让法律谈判更有说服力

思维可视化是指运用一系列图示技术把本来不可视的思维，如思考方法、思考路径、发展过程及变化等清晰地呈现出来的过程。可视化的"思维"更有利于理解和记忆，可以有效提高信息加工及信息传递的效能。面对海量数据，我们常常望洋兴叹：要么企业自产的大量数据不能有效利用，无法作为决策依据；要么数据展示模式繁杂晦涩，使用者无法快速甄别有效信息。如何将海量数据经过抽取、加工、提炼，通过可视化方式展示出来，改变传统的文字描述识别模式，让使用者更高效地掌握重要信息、了解重要细节，关系到谈判过程中重大决策的制定和发展方向的研判。但可视化思维并不是简单地将证据、观点借助技术手段，通过有声有色的图、表、动画、视频来展现，它有着更深的内涵。

首先，法律谈判的可视化思维是一种换位体验思维，是强调对方体验至上的思维，而谈判对方体验的好与坏一定程度上决定了谈判工作的成与败。对方是否注意到并认可己方的观点，决定性因素就是对方是否体验到了己方所传递的信息。而体验是听觉、视觉、感觉等人体感官的综合反映，要求首席法律谈判官改变过去"我说我的、对方听不听我不管"的落后思维方式，站在对方的立场上，进行更深入的交流，运用可视化思维，有效提升对方的体验效果。

其次，法律谈判可视化思维是一种全面、综合运用信息的思维方式。实践已经证明，在法律谈判过程中对方对于传统的、一股脑儿的、堆砌式的信息传递方式兴趣不浓。要想取得良好的谈判效果，必须对纷繁复杂的信息进行梳理，探求谈判对手的真实需求，立足己方的谈判目标，根据双方谈判优劣势地位，采用合适的策略和技巧，向谈判对手传递信息。唯有如此，参与谈判的人员才会跟随己方的思路，接受己方传递的观点和信息，谈判沟通才能更加顺畅和高效。

第二节　知己知彼——首席法律谈判官的自我管理

一、拥抱自己——站在己方的立场思考

首席法律谈判官采用怎样的策略与技巧才能与对方当事人达成一致，才能说服己方当事人接受其提出的谈判方案，才能在既满足己方当事人要求的情形下，又能对对方当事人的需求加以考虑？这三个"才能"道出了首席法律谈判官在提供法律谈判服务时所遇到的最常见的困境，笔者一直都致力于解决这种困境。三年前，笔者有幸参与了"如何当好调解员系列丛书"的编纂工作，总结笔者20多年法律谈判服务经验，并将谈判学的核心思想"共赢理论"与法律服务相结合，《法律谈判的理论、策略和技巧》一书得以付梓。实务中，许多人都表示，他们非常认同法律谈判中的共赢理论，也对其基本要点存在清晰的认识，但在法律谈判的实践中，他们的委托人或者他们自身却往往会采用代价高昂的"非赢即输"的策略。这种策略主导的谈判即是我们通常说的竞争型法律谈判，在这类法律谈判中，谈判各方的主导思维是非赢即输，谈判方式是对抗的、冲突的和水火不容的。这也是法律谈判最低级的阶段——追求自身利益最大化。

基于此，笔者意识到，运用策略技巧固然能帮助我们"说服"对方，但是如果我们在运用策略之前没有"说服"己方，并将阻碍己方成功的心理障碍变成己方获得成功的手段或契机，很可能会导致法律谈判陷入"非赢即输"的局面。在日常生活中，人们很少会认真地倾听自己，理解自己，而更倾向于寻求别人的倾听和理解。事实上，这也是在法律谈判中，谈判人员难以发现谈判各方在需求上的共同点的重要原因，他们的视线中往往只有各方的利益交换，而忽视了那个真正做出交换决定的人——自己。

(一) 关注自身的潜意识

拿破仑·希尔曾指出:"人类的大脑中存在着两种意识——显意识和潜意识。"潜意识是客观上已经出现但并未为人们所意识到的心理活动过程,是人类心理活动中,不能认知或尚未认知的部分意识。显意识是人们在反复思考后通过做出行动或达到目的而能够体会到的意识。"影响和改变他人,最有效的方法就是直接进入对方的潜意识,或改变其某个观念,或建立起一个新的观念,进而引发其意识层面观念与行为的改变。"[①] 笔者认为,关注自身的潜意识能促进法律谈判的成功,它能够帮助我们全面清晰地了解己方对谈判的真正需求,能够有效防范谈判对手利用己方的潜意识,让己方陷入不利境地中。

1. 区分意识,形成心理暗示

潜意识虽然是头脑意识中很小的部分,但却比显意识强大 100 万倍。心理学界将潜意识分为三种类型:低层潜意识、中层潜意识和高层潜意识。低层潜意识是本能、冲动、驱力、生理机械反应层面的意识;中层潜意识则是平常未储存在意识层面的材料,通过自身回忆、思考、表达所调动出来的意识;而高层潜意识是灵感、智慧、直觉、洞见、悟道等被动式认知功能。

了解和区分潜意识能帮助首席法律谈判官更好地进行法律谈判。在法律谈判时,首席法律谈判官可在决策做出前,判断该决策是否是基于潜意识做出的。如果判断该决策是潜意识做出的,就需仔细考虑该决策的合理性和可行性。久而久之,该方法能帮助谈判人员提升在法律谈判中对不良行为的敏感度,并能帮助其减少不必要的行为,有效降低出错率。

2. 保持头脑清醒,防范对方影响

显意识跟潜意识始终处于非此即彼的状态,二者无法并存。而有 95% 的时间,我们被潜意识所掌控。[②] 一般而言,人每天的大部分时间都是运用潜

---

① 罗杰:《说服》,中国出版集团现代出版社 2016 年版,第 46 页。
② [美] 布鲁斯·利普顿:"潜意识与显意识",http://new-play.tudou.com/v/586317814.html,访问日期:2018 年 5 月 15 日。

意识中的反射内容来处理周围发生的事，正是如此，当大脑长期放空时，若猛然地受到外界刺激，就极易做出潜意识影响下的言行举止。然而对于乐于研究的人，连续的思考使其理性思维始终占据主导地位，所以用潜意识处理问题的时间相对较少，故而犯低级错误的概率也会大幅降低。风险控制是首席法律谈判官的重要工作内容之一，故而首席法律谈判官必须在整个谈判过程中保持大脑处于活跃状态，确保其能进行理性思考，将不可控的因素控制到最低。

在法律谈判过程中，谈判对方可能会不断打断己方思维，如中途接听电话，不时打断己方陈述观点等，让己方不能在短时间内重新恢复显意识思考，增加己方通过潜意识做出行为的概率。在此情况下，首席法律谈判官应当首先说服自己，明确告诉自己这是对方的策略，切忌因此放松警惕。其次，一方面可明确对对方的行为表示反对，另一方面可提前做好录音工作或文字记录，并要求在己方对录音或笔记重新梳理后再继续谈判。

案例一

A 公司销售人员钱某前往 B 公司推销某配件产品。钱某进入 B 公司采购经理张某办公室后，将 A 公司产品宣传资料等交给了张某，随后就开始对配件的性能等进行介绍。张某拉开办公室的窗帘，刺眼的阳光让钱某短暂地中断了介绍。稍作调整后钱某继续介绍产品性能，此时张某打断钱某，说："配件生产地是在本地吧。"钱某下意识地回答："是的，就在本地，离这不远。"于是张某又问道："那为什么你们的配件报价单中还包含了较高的运费？"钱某意识到自己无意识间泄露了谈判信息，只能回答道："关于运费这块，我们可以根据贵公司的情况予以调整。"钱某继续介绍产品信息，但是因为刺眼的阳光以及张某的不断打断，始终不能专心、连续地介绍。张某又提出："本地 M 公司的报价只有你们报价的百分之四十。"此时已经有些疲惫的钱某脱口而出："M 公司与我公司使用的是同一厂商的原材料，成本至少在报价的50%以上。"钱某说完才意识到自己已经陷入了对方的思维陷阱，但为时已晚。最终B公司以较低的价格采购了A公司的配件产品。

3. 谨慎应对谈判对方行为背后的潜意识陷阱

从法律谈判技巧的运用层面来说，从事法律谈判多年的首席法律谈判官通常会利用潜意识设置谈判陷阱。如果谈判人员未及时发现，则很可能踩进对方设置的谈判陷阱中，从而导致整个谈判走向被对方把控。正因如此，研究常见的潜意识陷阱能帮助谈判人员防范该类风险。常见的潜意识陷阱有以下几种类型。

（1）"选择题式"潜意识陷阱。"选择题式"潜意识陷阱在心理学上被称为对比原理，指在之前体验的基础上，同样的事物会给人带来不同的感受。在一个经典的知觉心理物理学实验中，对比原理得到了充分反映。在该实验中，实验员将参与实验的学生分别置于三桶水前：分别是冷水、常温的水和热水。学生分别将一只手置于冷水中，另一只手置于热水中，一段时间后，实验员让学生们把两只手同时置于常温的水中。学生感受到两只手带来的不同感知后，觉得好笑但又困惑。尽管现在两只手均置于常温的水中，但刚刚置于冷水里的那只手如同置于热水之中，刚刚置于热水里的手现在却如同置于冷水之中。由于有之前体验的基础，一旦遇到相似情况，人们就会在心中暗自比较，这种比较会极大地影响我们的判断力。且这份体验的时间相隔越近，对决策者判断能力的影响就越大。在法律谈判中，这种原理是一种典型的潜意识说服技巧，被人们广泛应用，往往会导致人们无法进行理智判断。首席法律谈判官通常会采取封闭的选择题方式，以此干扰对方的判断，诱使对方跌入己方设置的潜意识陷阱，从而实现己方的谈判目的。故而，首席法律谈判官需谨慎考虑谈判对手给出的选择，时刻保持头脑清晰活跃。

（2）"温水煮青蛙式"的潜意识。"温水煮青蛙式"其实就是心理学上的"层递效应"，俗称"进门槛效应"，即指个人在接受他人提出的较为低层次的要求后，为了给他人留下前后一致的印象和认知，通常倾向于接受他人提出的，相比之前更高的要求。① 在法律谈判的过程中，我们不应被这种潜意识影响，从而导致己方的谈判目的无法实现，而应始终坚守己方的底线。

层递效应是十分有效的心理诱导方法。在法律谈判中，如果恰当运用层递效应，能够帮助谈判人员顺利达成预期的谈判目标。谈判经验丰富的首席法律谈判官往往会先与对方就易于取得一致意见的事项进行确认，然后层层深入，诱导对方最终在较难通过的方案上与己方达成一致意见。

（二）寻找自己心中的黑天鹅——真正的需求

在法律谈判前，首席法律谈判官必须明确当事人心中最理想的谈判结果，即所谓的谈判目标或目标值，或是当事人内心真正的需求。明确真正的需求并非一件易事，我们可从以下几个方面去思考。

1. 初始期望值低于对方的预期

首席法律谈判官若在法律谈判开局即说服当事人提出一个对方很容易接受的方案并被对方立即接受，而导致当事人事后始终处于懊悔状态，这种状态被称为赢家的不幸。② 这种心理状态也经常在日常生活中出现。例如，在商场你看中一件衣服，付款后搜到更便宜的淘宝同款，从而懊悔不已。因为人的贪利心理是普遍存在的，作为一名合格的首席法律谈判官，在选择策略时则应注意策略是否符合当事人的心理，是否能使当事人从中获得满足感。首席法律谈判官的工作不仅是为了实现谈判各方利益最大化，更是为了实现谈判各方当事人内心感受上的最优化。

2. 心理预期过高，且缺乏弹性

在法律谈判中，当事人通常从自身利益出发来划分谈判各方的利益，因此可能会将目标设定过高。而首席法律谈判官作为法律谈判方案的最后决策者，需帮助当事人寻求真正合适的目标，降低当事人的心理预期。这一方面能确保首席法律谈判官拥有一个能自己把握的谈判空间，从而更为从容地实

---

① 尹旭升：《谈判心理学》，海潮出版社2016年版，第62页。
② ［美］利·汤普森：《汤普森谈判学》，赵欣、陆华强译，中国人民大学出版社2009年版，第11页。

施谈判的策略与技巧；另一方面也能确保当事人在不满现有谈判局面时，能制订出更丰富、更合理的替代方案以供选择。

3. 心理预期随着对方的让步而发生失衡

在法律谈判过程中，我们通常期望对手能做出让步，但现实情况是，在对方做出让步后，己方的心理预期会因期待对方还能做出更大的让步而有所调整，从而处于失衡状态。必要的预期调整确实可能为己方赢得更大的利益，但无节制的预期调整只会让己方忘却自己真正的需求，从而导致谈判的天平失衡，最终极有可能使得谈判各方都无法取得满意的谈判结果，造成谈判的破裂。

因此，为了明确当事人真实合理的需求，我们需从初始期望值、心理预期以及对方让步程度等多个方面考虑，在己方期望值与对方的预期值间寻找平衡点。寻找真实合理需求的过程，不能一蹴而就，需要首席法律谈判官运用自身丰富的经验，与当事人多方沟通，在明确当事人真实合理需求的基础上，为当事人在法律谈判中争取最大的合法权益，让当事人有"赢"的感觉。

二、对自己负责——学会拒绝

在确定法律谈判方案的过程中，"寻求共同利益"已成为了谈判者寻求共赢局面的第一步，成为了法律谈判思维的基础思想。然而，通过实践我们可以发现，谈判对方大多数情形下并不会考虑己方制订的"寻求共同利益"的方案，更不会考虑己方的利益需求。在众多谈判案例中，存在己方提出"寻求共同利益"的方案后，对方始终拒绝采用此方案，为了避免出现谈判破裂，己方进一步做出新的谈判方案的情形，此时谈判的主动权牢牢掌控在对方手中。笔者认为，此种法律谈判的思路是值得反思的，而其中最关键的技巧在于学会拒绝。

"拒绝"二字在谈判过程中的效果十分显著。在所有法律谈判词汇中，最为有力的工具词语便是"拒绝"。"拒绝"是对对方行动的暂时性不认可，说出"拒绝"后,可以从对方的回应中了解对方的真实想法。因此,在法律谈判过程中,一旦没有实现最重要的谈判目标,便应做好拒绝对方谈判方案的准备。事实上,合格的首席法律谈判官在正式法律谈判的过程中应始终做好拒绝对方的准备。

(一)为何我们不愿说出"拒绝"

我们通常不愿拒绝别人,也抗拒被拒绝。人们认为,拒绝,意味着鸣金收兵,意味着拂袖而去,意味着谈判的终局,拒绝代表着结束,代表着一败涂地。

诚然,人们都希望获得对方的肯定和欣赏,而拒绝往往会导致他人心生不满,甚至在双方间产生嫌隙。就谈判对方而言,拒绝可能会伤害对方,使对方颜面无存;就谈判己方而言,拒绝后会担心己方的拒绝给未来的合作带来隐患。显然,这是一种共赢心理作祟,我们希望用我们的"接受"换来他人对我们的肯定,让他人获得满足感。在法律谈判中,这种以"接受"交换肯定、惧怕"拒绝"的心理,不仅不会换来谈判对手的肯定,反而可能使己方丧失谈判主动权,甚至因为过度的退让而导致谈判破裂。

(二)少谈"也许"

因担心拒绝后可能产生的负面影响,所以我们都不愿直接拒绝别人,但同时又担心过于轻易地接受会导致己方在谈判中毫无回旋余地,于是,"也许"成为许多谈判者在谈判中使用的高频词。"也许"不会伤害别人,也不算拒绝别人,也不会导致谈判的破灭,说"也许",就没有人是失败者。然而,在法律谈判过程中,"也许"二字往往不能取得我们想象中的效果,甚至在某种程度上,它还会导致谈判破裂。

这是因为:其一,双方无法获取任何有用信息。当我们使用"也许"的时候,往往会形成各方不知如何进行下一步谈判的尴尬局面,造成了一种毫无目的、毫无边际的等待。我们无法获取对方的任何有用信息,也无法向对方做出任何实质性的承诺,因为"也许"等于什么都没说。

其二,使谈判者容易受情感因素影响。当我们用模棱两可的话语来回答对方的问题时，我们的行为早已经受到情感因素的影响，但我们自己是无法意识到的。这种暂缓谈判进程的技巧，却通常反映了我们对未确定事项的恐惧心理。

▎案例二▎

W先生的女儿未成年，欲周末晚上去参加朋友聚会，在征求W先生同意时发生以下对话：

"爸爸，我想周末晚上去参加朋友聚会，可以吗？"

"周末晚上的聚会？我先想想，之后再告诉你。"

"好的，爸爸。"

对话中W先生的女儿会怎么想？——"爸爸没有拒绝我，看来还是大有希望。"W先生又是如何想的？——"我不放心未成年的女儿周末晚上独自外出聚会，但是如果直接拒绝，可能会使她因无法参加聚会失信于朋友而伤心欲绝，甚至导致父女关系僵化。因此先稳定住她的情绪，待寻求到其母亲的支持后，再说服其放弃周末晚上的朋友聚会。"

情感因素是我们犹豫不决时帮助我们做出决定的重要推手，生活中有很多类似例子，我们可以将其称为生活中的大智慧。但在法律谈判过程中，我们所扮演的角色与我们生活中的角色截然不同，我们必须避免情感因素影响我们的决定。一个理智的首席法律谈判官需要最大限度地考虑这些问题，摆脱情感因素的影响，使谈判获得成功。

其三，浪费谈判者的时间与金钱。模棱两可的话语，会让双方身心俱疲，使法律谈判停滞不前，无法实现预期的谈判效果。在面对模棱两可的话语时，谈判者会产生大量的疑问：他是在拒绝我方方案吗？我们的条件是否无法达成一致？他是否还在迫使我们做出让步？这将会使谈判变成一个猜谜游戏，使谈判者绞尽脑汁也不得其解。

其四，透支己方的信用和对方的耐心。在法律谈判中，模棱两可地回复对方，虽然能为己方赢得时间优势，但模棱两可的回复很可能会使对方产生误会，一旦最后的谈判走向与对方意会的方向存在偏差，对方则会因此对我方失去信任。另外，对方也会因我方无法做出确定的回复而失去谈判耐心，从而导致谈判的破裂。

（三）谨慎言"是"

在大多数场合，我们通常会对对方的每个问题、每项建议以及每条讨论予以肯定。但一直附和别人真的能帮助我们交流吗？真的能在双方之间建立起真正的信任关系吗？结论是不能。

我们都有在服装店购买衣服的经历。在挑选衣服时，身边通常有陪伴我们、给我们推荐和讲解的导购。对导购而言，他们花费了大量的时间和精力劝说我们购买其衣服。而那些对是否购买仍持犹疑心态的顾客，碍于情面，往往会用漂亮话脱身而不会直接离去。一般而言，他们会夸张地夸赞衣服的样式，并直言本愿购买该商品，但由于某些不可控的缘由暂不考虑购买，请求店家为其保留该商品。买家把这样的行为视为"给双方面子"的行为，而卖家却因此无法明白买家的真实意图，某些经验不足的卖家甚至误以为买家真的会购买该商品而为其保留，最终蒙受损失。

不要一味地相信对方的漂亮话，这可能是对方的陷阱，引诱你进行非理性决策。不要轻易暴露自身的期望，而应谨慎地审视对方的话语，逐步地推进谈判步骤。最为重要的是，不应随意承诺，即使是作为法律谈判的技巧，也应慎用、少用，避免没有"后悔"的余地。

（四）引导双方"拒绝"，推进谈判

如前所述，"也许"和"是"都无法促进谈判的继续甚至会将谈判陷于危机四伏的危险处境，而恰当的"拒绝"才是促进谈判的重要因素。通过拒绝，能从对方的反应察觉对方的想法，逼迫谈判对方采取进一步的实质性行动，从而推动整个法律谈判进程的发展。"拒绝"需要谈判人员承担一定的责任并对拒绝行为做出解释，由此促使双方思考目前的谈判局面，认清当前的谈判形势。如此，双方能及时转向，就有实质性意义的话题进行讨论，继续推进法律谈判的进程。

"拒绝"标志着谈判各方开始真正进入实质谈判。无论是礼貌地拒绝、平静地拒绝，还是引导对方说出"拒绝"都能够促使谈判向实质性方向发展。一般而言，拒绝并不会导致双方针锋相对，相反，它更能体现谈判者的坦率和真诚。引导对方说"不"，就是让对方明确知道，谈判的终极目的在于寻求一个双方都满意的谈判结果。为此，双方需要理性地进行沟通，慎重地做决定，不应急于求成，过分忧虑。而礼貌地拒绝对方，不仅不会得罪对方，反而能够增进双方互信，营造真诚、和谐的谈判氛围。

"拒绝"能够适用于不同的法律谈判对手。面对"拒绝"，经验丰富的谈判对手，可能会假装发怒，甚至利用对方不懂如何谈判，没有谈判的诚意，不值得与之合作等一些过激、挑衅的语言故意刺激对方。面对此种情况，谈判者不必焦虑，实际上经验丰富的谈判者早已习惯在谈判中被"拒绝"，并且把"拒绝"视作法律谈判的必经过程。如果谈判对手经验较少，一般会更直白地拒绝。在法律谈判过程中，首席法律谈判官不仅要学会拒绝，更要在谈判团队中树立敢于说"不"的理念，有效促进双方真实意图的表达，推动谈判发展。

三、管住自己——别让情绪控制你

"情绪，是指人各种感觉、思想和行为的一种综合的心理和生理状态，是对外界刺激所产生的心理反应，以及附带的生理反应，如喜、怒、哀、乐等。"[1] 谈判人员在法律谈判过程中难免会产生各种情绪。本节所说的情绪，是一种相对浅薄的心理状态，它通常会在某些事件中爆发出来，并且相当激烈。情绪会伴随法律谈判过程中谈判人员做出的行为或谈判的结果而出现，其往往会影响法律谈判的过程与结局。在法律谈判中，控制情绪不仅是首席法律谈判官的基本素养，也是对全体谈判团队成员的基本要求，因只有谈判者能有效控制自身情绪，才能游刃有余地运用谈判策略与技巧，发挥其最大

---

[1] 蔡彦敏、祝聪、刘晶晶：《谈判学与谈判实务》，清华大学出版社2011年版，第70页。

的功效。

（一）情绪对法律谈判的影响

在法律谈判中，各方的博弈手段、谈判氛围以及谈判时所处的环境等一系列因素都可能刺激谈判人员各种情绪的产生。一个成熟的首席法律谈判官可以控制自身情绪，实现理性与感性两个层面的结合。首席法律谈判官在控制自己的情绪表达的同时，也需学会了解对方的情绪表达，对对方的行为做出预测，找到如何影响对方的方法。

┃案例三┃

《全城热恋》上映时，众多情侣纷纷前往电影院观看。周末晚上，一位男士携妻子来到电影院观影。购票后，这位男士前往购买爆米花，这时一对年轻情侣拍了拍他的肩膀，友好又抱有歉意地说："这位先生，很抱歉打扰您，我们刚刚在你们后面排队买票，发现你们买了七点场的最后两张票。我们不能在外面逗留太晚，所以想问问您和您太太是否介意和我们换一下票，我们是八点半的场次，位置也很不错。"男士看了看两位年轻人期待的目光，表示答应。回到妻子身边，男士对妻子说："我们需要再多等两个小时左右才能看电影。"妻子听到需要等待这么长时间后面露不悦，疑惑丈夫变动时间的缘由。男士露出温和的笑容说："我和两位着急的年轻情侣换了票，我对他们说，我可爱善良的妻子非常愿意帮助他们，并且祝福他们同我们一样，享受热恋的时光。"妻子听罢，重新露出了笑容。

（二）提升自我的"情绪智商"

人与人之间在情绪的表达上存在差别，其原因在于每个人的表达能力和表达意愿有所差异。有一个学术名词"情绪智商"，是指"人们了解自己和他人的情绪，并利用情绪知识实现积极成果的能力"。[①] 对情绪智商的探究在

---

① ［美］利·汤普森：《汤普森谈判学》，赵欣、陆华强译，中国人民大学出版社2009年版，第95页。

理论上会鼓励我们每个人去了解自己和我们所在意的人的情绪。就法律谈判而言，无论是表达意愿强烈以致流露出过多情绪，还是因表达能力不足，或因谈判技巧的需要而试图压抑情绪的人，都会或隐或现地表露出某种言外之意。这种言外之意往往会为法律谈判提供一些令人振奋的突破口。因此，表达和感受自己与对方的情绪在研究法律谈判的过程中就显得十分的必要。

1. 真实的情绪与策略性的情绪

在法律谈判过程中，谈判人员流露出的情绪，可能是真实的情绪，也可能是策略性的情绪。前者是受前行为影响而产生并通过行为表露出来的情绪，后者是经过精心设计和安排，极富目的性的一种虚假情绪。接收对方情绪时，首先应区分对方情绪是真实性的还是策略性的，以辨别对方的真实意图；流露己方情绪时，如采用策略性的情绪，则应该注意情绪表达的方式、情绪效果的双向性等，避免对谈判产生消极影响。

2. 消极情绪

表达愤怒是表现消极情绪最主要的途径之一，也是威胁对方做出让步的重要方式。在法律谈判中，利用消极情绪假装大发雷霆的谈判人员数不胜数，但我们需要注意的是，法律谈判中的愤怒究竟是"真实的"还是"策略性的"，这往往关乎法律谈判的走向。任由真实消极情绪蔓延、毫不在乎他人感受的谈判人员，在"做大馅饼"方面基本上不会有什么建树，同时在"分配馅饼"方面也无法得到对方的信任和理解。与此截然相反的是，"策略性的"消极情绪的使用更有可能使对方妥协，对方一般会认为只有在到达底牌临界点附近时才会爆发情绪，因而会着重考虑当前临界点的报价，以免谈判"流产"。如果首席法律谈判官"策略性的"情绪控制得好，就能够唤起对手的恐惧感，从而使对方更容易妥协。

首席法律谈判官所表现出的消极情绪对对方产生的效果，会因对方拥有替代方案的多少而有所不同。当对方就该次法律谈判准备了多种替代方案时，就极可能以强硬的方式进行反试探；相反，那些制订替代方案不佳的谈判人员最有可能受到这种情绪的影响，更易因对方的消极情绪而忐忑不安，做出妥协。

3. 积极情绪

毫无疑问,积极情绪或多或少都会对法律谈判产生积极影响。优秀的首席法律谈判官需要给对方留下这样的印象:一个富有积极情绪的谈判人员,一个法律谈判进程的积极推动者。在积极的情绪下,人们处理信息的过程会有所不同。好心情可以催生创造性思维,激发解决创新型问题的能力。与消极或中性情绪的谈判人员相比,拥有积极情绪的首席法律谈判官会更多地运用合作型的策略,更愿意进行信息交流,会尝试提出更多可供选择的方案。

▌案例四▌

欧洲"空中客车"企业是一家大型的飞机制造企业,创办于20世纪70年代。尽管该企业生产的飞机性能优良,可与美国波音企业的飞机相媲美,但创业之初在市场竞争中很难与波音企业等一些实力雄厚的老牌劲旅抗衡,尤其在海外销售方面更是举步维艰。而推销奇才贝尔那·拉弟埃凭借一句打动人心的话语和一张发黄的照片开启其销售谈判,并最终拿下了印度航空企业150架客机的订单,为该企业打开海外市场立下了汗马功劳。

在贝尔那·拉弟埃受聘"空中客车"企业伊始,印度航空企业向海外飞机制造商抛出订购150架客机的招标合同。这笔生意,对新生的"空中客车"企业至关重要。重任在肩的拉弟埃仔细研究后认为,再通过降价同波音企业竞争没有任何意义,只会导致两败俱伤,而且还不一定能赢得合同。因此,拉弟埃决定避开价格厮杀,另谋良策。在精心准备后他信心满满地飞赴印度新德里。接待他的是印航主席拉尔少将。"正是因为您,使我有机会在我的生日这一天又回到了我的出生地。"一见面,拉弟埃就热情感激地说道。这短短的一句话拨动了将军心弦,也一下子拉近了彼此的距离。接着,拉弟埃进一步介绍说,自己出生时,父亲作为法国企业要员正派驻印度。这些介绍,解开了拉尔少将心中的疑惑,确信拉弟埃同印度的"世交"关系并非牵强附会,也使双方有了共同感兴趣的寒暄的话题,使双方越谈越近。拉尔少将决定设午宴招待拉弟埃。在午宴中,拉弟埃掏出一张珍贵的照片,当场献给拉尔将军,原来,那是一张拉弟埃3岁时与印度人民崇敬的圣雄甘地的合照,当年他随父母离开印度回欧洲途中,有幸与甘地同乘一艘船而留下的纪念。在接下来的谈判中,拉尔少将没有拒绝拉弟埃,因为这是他第一次见到带着和圣雄甘地合影的照片前来销售飞机的人,并且自己的国家还是这位销售者的出生地。这种缘分令人倍感亲切,由此而促成了他们之间这单150架客机的购销合同。①

(三) 处理谈判桌上情绪问题的策略

1. 弄清自己传递情绪的目的

优秀的首席法律谈判官首先需要明确自己传达情绪的原因和目的。法律谈判桌上的每一个行为都是有意义的,谈判人员的任何举动都是存在风险的,切忌单纯为了情绪发泄而徒添风险。如果想利用负面情绪施压,那就需要做到有的放矢,切忌盲目释放情绪,否则可能会导致情绪失控以至于出现谈判失控的情形。

2. 降低对方情绪对自己的影响

前文已提及关于"潜意识陷阱"的问题,其实,情绪是最容易被利用的"潜意识陷阱"。人的潜意识是趋于逃避问题的,以至于人们会下意识的为了让他人不再刺激自己而默许对方其他行为,这其实是对方利用情绪给己方制造的"潜意识陷阱"。更为可怕的是,如果默许了此次行为,也就增加了对方在将来不断做出其他消极行为的可能性,从而为未来的谈判增添许多不确定因素。优秀的首席法律谈判官需要审慎对待对方的情绪变化,甄别对方情绪变化的意图,对于真实的情绪予以策略性安抚,对于策略性情绪予以合理的反击,及时应对处理,最大限度地降低对方情绪对自己的影响。

3. 换个角度看情绪远比压抑情绪更有效

当内心出现消极情绪时,理智会警惕自己不要在法律谈判过程中真实表

---

① 蔡彦敏、祝聪、刘晶晶:《谈判学与谈判实务》,清华大学出版社2011年版,第142-143页。

现出这类情绪，以避免谈判失控。人们通常会选择压抑情绪，然而可能会造成适得其反的效果。事实上，我们完全可以换个角度来对待这些消极情绪，带着理解去倾听和感受自己的情绪，选择一个安静的场所待上两三分钟，闭目静思，换种心态，舒缓排解谈判过程中出现的消极情绪。

4. 学会运用情绪的感染力

情绪是可以相互影响和感染的。当一名谈判人员将其情绪传达出来时，对方有可能被这种情绪所感染，并且传达出同样的情绪。情绪的感染力对奠定法律谈判的基调有着独特的作用。如整个法律谈判的基调是积极向上时，那么整个谈判过程大致会朝着积极的方向发展，反之亦然。首席法律谈判官可以针对己方的谈判方案选择于己有利的谈判基调，并通过情绪的传递感染对方，影响对手的谈判节奏。

四、推己及人——设身处地观察你的对手

在法律谈判中，谈判各方的关系会随着法律谈判的进度不断变化发展。因此，合理把控各方关系成为了首席法律谈判官的重要工作内容。那么如何才能将不同阶段下的各方关系控制在己方的理想状态下呢？笔者认为，控制各方关系的关键不在于技巧，而更多在于首席法律谈判官对谈判对手的判断以及对待对手的心态。对谈判对手清晰的判断能让我们大致了解对手的思路，从而掌控住整体局面，而以宽容、理解的心态对待谈判对手，能够让首席法律谈判官更为客观和冷静地分析对手的策略和行为。

（一）换位思考，理解你的对手

在掌握对方重要信息的基础上采取换位思考的方式确定谈判策略是法律谈判团队的首选方案。这需要首席法律谈判官将自己置身于对方的位置或者安排己方谈判团队成员站在对方的角度去思考问题，设想对方会采取哪些策略，采取这些策略时最担心的问题有哪些，最害怕己方采取什么样的应对策略等等。在换位思考中获得的所有信息都将有助于首席法律谈判官谈判策略的制定，但需要注意的是，换位思考获得的信息只是一些假设性信息，对

方内心真正的想法，从某种程度上说，是很难准确判断出来的。因此，换位思考获得的信息可以作为重要参考，但不能作为决定性信息。以下是笔者总结的一些换位思考的角度与方式。

1. 理解对手的感受

无论在谈判中还是在现实生活中，关注他人的感受都能为我们打开一条通向对方的心灵之路。每个人的内心深处都渴望得到别人的理解和关注，哪怕这个人是自己的谈判对手。顾及法律谈判中对方的感受，尊重对方行为和感受上的差异，倾听和理解对方，有利于对方接受并信任己方，对己方报以关注和理解，为下一步的合作奠定良好的基础。

2. 了解对方的思维方式

众多心理学家经过研究发现，利用思维方式说服他人是一种非常有效的方法。一般情况下，人们主要运用三种思维方式或功能获取信息、进行思考：视觉系统、听觉系统和情感系统。根据对方思维方式的差异，我们可以有针对性地制订谈判方案。例如，对方若习惯通过视觉经历进行思考，那么我们可以在需要对方认同或者让步的地方，多采用图表、影像的方式向对方输出内容；对方若习惯通过听觉经历进行思考，那么可以采用直接沟通、多人沟通的方式向对方输出内容。

3. 关注对方的肢体语言

据研究表明，在面对面的沟通中，只有7%的信息是由语言传播的，而由面部表情、身体姿势等肢体语言传播的信息多达55%。由此可见，肢体语言的作用不可小觑。法律谈判中，对方的肢体语言是一个获取对方信息的突破点。当首席法律谈判官对对方的言行举止感到意外，尤其是与自己的认知背道而驰时，就会好奇其真正意图和目的，密切观察对方的肢体语言，往往能帮助自己获得或多或少的真实信息。下一节中会详细介绍了解对方肢体语言的方法。

4. 分析对手的习惯

有经验的首席法律谈判官在接受新的项目后，通常会第一时间了解对方的谈判成员。这是因为首席法律谈判官希望通过了解对方聘请的谈判人员，分析谈判对手的习惯，推测出对方大致会采用的谈判策略。

虽然在法律谈判中谈判策略的选用一般根据谈判项目的具体情况来确定，对手在其他谈判中使用过的策略或技巧，不表示他会在以后的谈判中继续使用，但我们仍然不能忽略这样一个基本事实：个人习惯对个人行为具有强大的影响力，谈判者的习惯潜移默化中影响了其策略的选择与实施。

┃案例五┃

某律师在代理工伤事故索赔案件领域颇有所长，其一贯工作方式是接受当事人委托后向对方发索赔律师函，在律师函中告诉对方，若10日内不与之进行磋商，他就直接提起诉讼要求对方承担巨额赔款。大部分接到律师函的工厂会主动联系该律师，与之磋商赔款事宜。此时，这名律师就会先发制人，并且得理不饶人地提出比当事人预期的最低赔偿更高的赔款，工厂迫于诉讼等压力往往会接受律师提出的要求。对于那些并未主动联系的人，该律师并非起诉而是主动上门意图与对方和解，动之以情希望免去双方诉讼之累。这种情况下，他所能得到的赔款往往能与自己当事人的最低预期持平或者稍低一些。不幸的是，一位与之共事已久且熟知其工作方式的律师成为了对方的代理律师，他的同事在接到该律师的律师函后，告知其当事人说，不用多加理会，对方会主动上门来和解的。果不其然，该律师的同事凭借对该律师工作习惯的了解，最终让他获得较高赔款的目标落空。[①]

（二）掌控对方对满足感的需求

笔者在前文中已提及过"赢家的不幸"这一概念，即己方提出一个方案被对方立马接受，导致事后当事人始终处于懊悔的状态。首席法律谈判官常常会反向利用人们的这种心态制定谈判策略，如在谈判伊始，率先表明立场，

---

① 韩德云、袁飞主编：《法律谈判策略与技巧》，法律出版社2016年版，第48页。

用这种方式设置一个"锚点",在这个基础上展开谈判,给了对方"攻击"的目标。这个"锚点"应该比己方的预期苛刻,这样就避免了被对手牵着鼻子走。己方积极主动,率先提出开局条件,在对方表示拒绝后,坦然接受,然后继续展开深入对话。这么做不仅有机会实现自身利益最大化,同时也使对方获得满足感,使最终的成交条件逼近他们的底线。

第三节　察言观色——法律谈判中的语言信息

▎案例六▎

　　小王接到某公司的最终面试通知,欲前往参加面试。在了解公司以及应聘职位的相关信息之后,小王做了充足的准备工作,欲以自信开放的姿态充分展现自己的能力与竞争力。下午,小王忐忑不安地进入公司的面试会议室,礼貌地寒暄后进入了正式的面试环节。面试官提问时,小王用余光打量他的神色,发现他身体后倾、神色严肃、双手交握平放在桌上。受氛围感染,小王有些紧张,但随后他很快反应过来,临时决定调整自己的面试风格。回答面试官的提问时,小王尽量避免过多地渲染,以更加严谨、务实、稳健的方式简洁、明了、流畅地回应面试官的发问,同时配合相应的手势,以使对方确信。回答了几个问题之后,小王打量发现面试官的神色有所缓和,身体稍稍前倾有所放松。于是,他决定将之前准备的个人工作经历的亮点抛出来吸引面试官的注意,展现自己富于创新与挑战能力的一面,增加自己面试的成功概率。

　　随着面试进程的发展以及面试官表现出来的"言色",小王及时调整自己的语言节奏,从容地回应面试官的提问,适时抛出个人亮点,丰富个人形象与特质,充分展现个人实力与人格魅力,最终获得了面试官的青睐,成功得到了入职机会。

　　谈判其实就是沟通。沟通，是人们分享信息、思想和情感的一种过程。[①]在谈判过程中，各方参与者会使用各种沟通方式来传递讯息，因此，在谈判过程中对各方参与者的一举一动都有必要加以注意并予以分析，借此获得有助于谈判进行的各类信息。这其实就是对对方进行心理分析的一种表现。在法律谈判中，首席法律谈判官要将心理学知识与谈判实践相结合，剖析对方表情、语言、行为和需求的关系，通过对手的人性与心理，摸透对手的真实想法，用最为简单的方式快速赢得谈判的胜利。前述案例中，小王在面试谈判中，通过对面试官面部神情以及肢体语言的分析，判断出对方更加欣赏严谨、稳健的面试风格，与这样的人交涉，想要获得对方的青睐，则需要迎合对方的需求，适时调整自己的风格，使对方产生内心确信，最终攻破其心理防线，取得谈判的成功。

　　法律谈判中，真真假假、虚虚实实，谁也不会轻易暴露出自己的底牌。首席法律谈判官要想了解对方的真实想法，就要将自己培养成一个语言专家。在法律谈判的过程中，首席法律谈判官要学会充分利用和分析谈判中的语言信息。具体来说，法律谈判中的语言信息主要分为两类：肢体语言信息和口头语言信息。首席法律谈判官需要掌握口头语言和肢体语言的特点，并从中挖掘出对方表达的深层次信息。

一、充分挖掘和运用肢体语言

　　20世纪50年代，阿尔伯特·麦拉宾提出了著名的"麦拉宾法则"，也称为"7-38-55法则"：我们评断一个人，根据语言得到的讯息（谈话内容、语词的意义）占7%，从听觉得到的讯息（声音大小、语调等）占38%，透过视觉得到的讯息（外在、表情、动作、态度等）即肢体语言占

[①] [美]桑德拉·黑贝尔斯、理查德·威沃尔二世：《有效沟通》，李业坤译，华夏出版社2005年版，第6页。

55%。① 肢体语言时刻在透露着庞大的信息量。肢体语言又称身体语言，是指通过头、眼、颈、手、肘、臂、身、胯、足等人体部位的协调活动来传达人物的思想，形象地借以表情达意的一种沟通方式。由于肢体语言通常是人下意识的举动，所以它很少具有欺骗性，能更直观、迅速地暴露对方最真实或更深层次的想法。作为身体语言专家，首席法律谈判官需要观察对方的穿衣风格、关注对方肢体动作的变化、解读对方的面部表情。凭借对方肢体语言所传递的信息，分析和判断对方的心理变化，并根据这些变化，有意识地调整谈判的方式和策略，使得谈判朝有利于己方的方向发展。具体可以通过以下几种方式挖掘对方的肢体语言。

1. 注意对方的手

法律谈判中，常见的肢体语言包括谈判人员的手势、体态等。手部肢体语言在谈判中是使用频率较高、运用范围较广的一种肢体语言。如双手交叉表示不耐烦，扭绞双手表示紧张、不安或害怕。在法律谈判中，首席法律谈判官应注意这些细节动作并采取必要的措施，以便更好地实现自己的意图。

2. 从面部表情读出对方的内心

英国心理学家阿盖伊尔等人的研究表明，当语言与非语言信号所代表的意义不一样时，人们更愿意相信的是非语言信号所代表的意义。面部表情是最能直观观察到的一种非肢体语言，研究认为，人类的脸部可以做出250000多种不同的表情。谈判中，我们的目光大部分时间都停留在对方的脸上，所以眼睛所传递的信息，是帮助我们解读对方态度与想法的最佳利器。

首席法律谈判官如何解读谈判对方的面部表情呢？表情丰富且爱笑的人一般属于容易亲近的类型，性格大多外向，比较容易沟通，他们即使面对与自身不合的想法，也会懂得为他人着想而详加考虑。而面无表情的人通常比较冷漠，个性比较内向，因此面对该类性格的对手时，要掩饰自己的真实表情，同样面无表情地对待他，如此才能使对手无招架之力。有些情况下，在

---

① 叶伟巍、朱新颜主编：《商务谈判》，浙江大学出版社2014年版，第143页。

法律谈判中会遇到表情善变的人，这类对手会随着感情的变化而变换表情，时而喜悦、时而遗憾、时而气愤，其内心的感情变化，毫无保留地表现出来。这类谈判者大多自私自利，唯我独尊。面对这样的对手，如果他的表情开始变化，那么，你不妨先确认其想法，适当附和，待其情绪稳定下来之后再慢慢与之交流意见。

3. 从细节察觉对方在说谎

一般来说，说谎者都善于掩饰自己，但只要你细心观察，就会在对方的言行举止中发现谎言的秘密。因为，即便是最高明的说谎者，也会出现"百密而有一疏"的情况。通常情况下，说谎者不外乎是把谎言掩藏在自己的言行举止中，所以只要掌握一些辨别谎言的技巧，我们就可清楚地判断出对手是否在说谎。下面简单地介绍几种说谎者的惯常表现。

（1）撒谎的人喜欢触摸自己。心理学家发现，部分说谎者在撒谎时会下意识地抚摩自己身体的某些部位。说谎者在撒谎时越是想掩饰自己的内心，就越会因为这些细微的动作而暴露无遗。在我们对那些说谎者进行仔细观察之后发现，他们在撒谎时会借助一些身体语言，如触摸自己或用身上的衣物掩口、摸鼻子，还有不断地拉扯自己的衣角等。

（2）虚假的笑容。心理学家杰弗里·考恩说："我们可以说出每块肌肉动了多少次，它们停留多长时间才变化的，对方的表现是真实还是伪装的。"真正的微笑来得快，却消失得慢，因为微笑时牵动了鼻子到嘴角的皱纹以及眼睛周围的笑纹。首席法律谈判官可以通过对手的笑容来判断其内心的真实想法，而说谎者脸上所挂的虚假的笑容是无法牵动眼部的肌肉的。

（3）表情的闪现。一般情况下，人的一个正常的表情呈现在脸上的时间既不会太长也不会太短，大致是几秒钟。而大部分说谎者伪装出的面部表情维持的时间总是过短或过长。一般而言，任何一种表情如果在脸上持续的时间超过10秒钟，则很大程度上可能是假的。

（4）脸色发红。面部是人们最直接展现的身体部位，是人们传递情感信息最重要的部分，也是最容易暴露的部分。有的人在说谎时会因心虚而脸色发红，如果有人将他的谎言识破了，他会更加紧张，甚至会面部充血，整个面部皮肤呈红色。当然，那些善于伪装的说谎者除了上面介绍的几种举止外，还有其他一些表现。例如，平时沉默寡言，突然变得口若悬河；在谈话过程中露出惊恐的神色，却强作镇定；说话时闪烁其词，口误比较多；对你所怀疑的问题，一味过多地辩解，装出很诚实的样子；精神恍惚，不敢与你目光接触。在法律谈判过程中，首席法律谈判官只要能够细心观察对手的言行举止，就很容易判断出对手是否在说谎。

二、着重分析言语表达的信息

语言是人类最重要的交际工具，而汉语更是历史悠久、博大精深。同样的一句话，使用不同的语调或在不同的语境中就会表达出截然相反的意思。首席法律谈判官在法律谈判中要注意认真倾听，不仅要明白谈判对方语言所表达的本意，更要分析其语言中包含的"言外之意""弦外之音"。

1. 以个性调整谈判策略

不同的语言风格可以反映出不同的人的性格。如以下两位律师在表达同一意图时，其运用的语言和语气是完全不同的。通过不同的语言表达风格，首席法律谈判官可以推测出对方的性格，从而为接下来采用的谈判策略和沟通方式做好准备。

具有温和型个性的人会说——这是我和当事人讨论后形成的最后方案，希望你们在5天内确认，如果你们仍不同意这个方案，那我们就只好用起诉来解决了，从过去已有的判决来看，这类官司你们的胜算不大。你看你们还有什么意见吗？

具有攻击型个性的人会说——你们必须在5日内对我提出的方案给予正式的书面确认，否则我即起诉，到时你们肯定会赔偿我方当事人更多的钱，这类官司我就没打输过，好多大律师都败在我手下，你们好好想想吧，别怪我没提醒你们。

同时，我们也要理性的从多角度分析对手。"笑面虎""豆腐心"是民间区别谈判者个性风格的最质朴的称谓。有时候，越是对你彬彬有礼的谈判对手，可能隐藏得越深。

2. 听懂对方的"弦外之音"

中国有句俗语："看人看相，听话听音。"一个会说话、会办事的人，也是一个会"听"话的人。他能听出对方的真实意图，从而说出对方爱听的话，做对方希望他做的事。在法律谈判的过程中，巧妙地说出自己想说的话是一门艺术，同样，巧妙地听出对方的"话外之音"也是一门艺术。有的人只顾自己直抒胸臆，完全不管对方的反应，这是不懂说话技巧的说话人；有的人只听到对方的表面意思，领悟不到对方说话的真正意图，这是不懂倾听的听话人。要会说话，既要会说，又要会听，还要能听出"弦外之音"。曾国藩说，"辨声之法，必辨喜怒哀乐"。人的喜怒哀乐之情不同，说话时的表情，气流的速度和密度、声带的紧张和激烈程度均不同，即使人为地极力掩饰和控制，也会不由自主地有所流露。因此，通过这种方式来观察人内心的喜怒哀乐是比较可行的。首席法律谈判官可以通过观察对方的语言、语气、语调等，判断谈判对方的"弦外之音"，从而采用不同的谈判策略。

3. 读懂对方的言外之意

┃案例七┃

某跨国公司中华大区分公司 A 公司首席法律谈判官带领其团队正在与国内一家实力强劲的 B 经销商进行谈判，双方实力均衡，态度强势，严守底线，陷入鏖战。在近一个月的谈判之后，双方陷入僵局，A 公司决定暂时中止谈判以便进行战略调整。此时，B 经销商谈判团队中的一位年轻人找到 A 公司的谈判团队，表明自己的身份，说明来意：希望 A 公司做出一点让步，自己会努力说服团队在原来报价的基础上降低一点，以使双方尽快结束冗长而疲惫的谈判战役。A 公司谈判团队怀疑这是对方谈判代表的策略之一，目的在于诱使己方率先做出让步，但仍狐疑地表示了答应。

中止时间结束后,双方恢复谈判进程。A公司首席法律谈判官面带微笑地对B经销商谈判代表领导人员说,"贵公司真是人才辈出,相信贵公司在众多青年才俊的努力下一定会获得蓬勃发展",并向那位年轻人投去了赞许与欣赏的目光。B经销商谈判领导人员听毕一头雾水,立马找人进行调查。在查清事情的来龙去脉之后,B经销商谈判团队向A公司谈判团队澄清:"他无法代表团队与本公司的意志,我们还是应当坐下来好好谈谈。"经此一事,B经销商谈判人员的态度有所软化。

上述案例中A公司的言外之意,大概指B经销商谈判团队人员挑选不严格,管理不规范,谈判人员没有找准自己的定位,试图通过一己之力促使对方做出让步以扭转局势。在谈判中,一些看似褒扬的话语实际上可能包含一定的贬义与讽刺意味,甚至可能会成为破局的关键,需要谈判人员仔细甄别,找出其中的"话外之音""言外之意"。此外,言语都是有态度的,不管是在日常的聊天中,还是在一些重要事情的沟通中,都或深或浅地表达了说话人的一些态度,只是很多时候我们并没有注意这一点。因此,识别对方的态度是了解"言外之意"的一个重要途径。

但是,我们在听懂"弦外之音"时往往会陷入"想太多"的困境,从对方的无心之言中也听出了"言外之意"。这种"言者无心、听者有意"的现象也不利于双方的沟通。在法律谈判中要听懂"弦外之音"不容易,一方面要求首席法律谈判官察言观色,洞察全局;另一方面,也是更为重要的,要求首席法律谈判官结合法律谈判的进程与情境,立足于谈判对方的意图分析"话外之音"。

三、认真倾听将有意想不到的收获

|案例八|

某大型购物广场的餐饮楼层,两家餐厅遥遥相对,一家系台湾风味,一家主打闽菜菜系,两家餐厅某些菜品口味相近,自然存在竞争关系。随着两

第四章 ‖ 上兵伐谋：首席法律谈判官的思维与策略

家餐厅入驻时间的增长以及购物广场人流量的增多，其中一家餐厅的热度越来越高，在竞争中日渐拔得头筹。究其原因，其中之一在于，该家餐厅的经理在顾客就餐完成之余，向顾客简要介绍顾客所点菜品的特色与改良经历，言语中透露出对于菜品改良的由衷期待，主动询问并且真诚地听取顾客对于菜品的评价以及改良的建议，在此过程中一直保持微笑并点头示意，沟通愉快时，餐厅常常会为顾客送上小礼物。如若菜品实现了改良，经理会向那位顾客再次致谢，或是在向其他顾客征询改良意见时，主动提到是由那位顾客提出的改良意见，鼓励与倾听更多顾客的声音……

通过这则案例我们可以看出，正是因为该家餐厅的经理能够主动而真诚地倾听顾客的建议，通过点头与微笑给予对方肯定，给予顾客进餐时的满足感以及精神上的成就感，与对方建立了良性的互动关系，最终获得了顾客的青睐。由此可见，你必须专注，必须精、气、神保持高度的统一，才能成功地预见对手的行为。[①]

有一位法国记者曾说："我们在交谈中总会有知音难觅的感觉，其中一个原因就是我们表达了太多自己的想法。"在法律谈判的过程中，如何沟通，沟通什么，哪些不该说，哪些不该问，都是谈判过程中必须注意的。沟通技巧可细化为表达与倾听的技巧。作为一名合格的首席法律谈判官，不仅应注意表达的技巧，还要重视倾听技巧的重要性。

在法律谈判中，有很多谈判人员采取主动进攻或者打断对方话题的策略，他们往往认为只有抓住发言权才能够让对方信服自己的观点。其实不然，倾听是法律谈判不可或缺的一部分，它是双方在谈判过程中收集信息、解决矛盾的最佳途径，也是对谈判对方的一种尊重。因此，在谈判过程中，首席法律谈判官以及谈判团队成员要学会去倾听，了解对方的意图和思考动向，才能据此对己方的方案做出相应的调整和预测，同时消除对方的敌意，拉近关系，促成合意的达成。

[①] 张婵娟：《谈判力：字里行间的心理博弈术》，贵州人民出版社2014年版，第71－72页。

倾听其实也是一种迂回策略。一般来说,有经验的首席法律谈判官会用平稳的心态倾听对方的意见,待对方情绪稳定,发表完相关意见后,再有条不紊地提出己方方案,自始至终把控全局。同时,"言多必失",谈判过程中,过多对己方观点进行解释论证或者对另一方的观点进行反驳,可能会导致对方信息判断失误或招致对方不满,最终导致谈判破裂。在现实的谈判中,很多案例失败的原因不在于双方意见或者目标不一致,而在于一方一味地解说,大量的信息导致对方的判断失误,从而使双方出现了分歧。通过倾听,法律谈判双方可以进行信息的整合,明确谈判分歧,尽快就意见一致的部分达成合意。

倾听中,我们还需注意判断到底谁具有决策权。在法律谈判中,面对需要做出决定的事项,对方说出"我需要问问董事会的意见""我需要请示总部"等表示自己系有限授权的言论之时,我们需要警惕,或许对方说的是实话,也或许对方在有意释放烟幕弹,掩盖其自身拥有决定权的事实。此时,我们可以提问对方:"他们通常会听从您的意见和建议,对吗?"如果对方回答"是",一般来说,就说明这次谈判的决定权掌握在他的手中;如果回答是否定的,说明他可能确实没有决定权。总之,我们需要通过倾听,根据对方是否做出了承诺性、肯定性的答复来判断他是否具有决定权。

四、巧妙发问及善用"苏格拉底问答法"

在法律谈判中要善于发问、巧妙发问,要求首席法律谈判官以提问的方式设计对话,用提问导出需求,学会抛弃破坏性问题,形成问题逻辑链。同时,发问之时,要注意时机和方式,不要总以自我为中心,问题内容要简洁明确。问题本身要倾注情感,多问对方关心的事情,多问对方容易回答的问题。

在表达之时,应尽可能使用正面、积极、肯定的表达,避免反面、消极和否定的表达。戴尔·卡耐基在《人性的弱点》中说道,想要不引起憎恨又不伤害感情而达到预期的目的,第一个信条是:从正面称赞对手。因此,在发问等交流过程中，要时刻注意表达的准确性和适当性（见图4-1）。

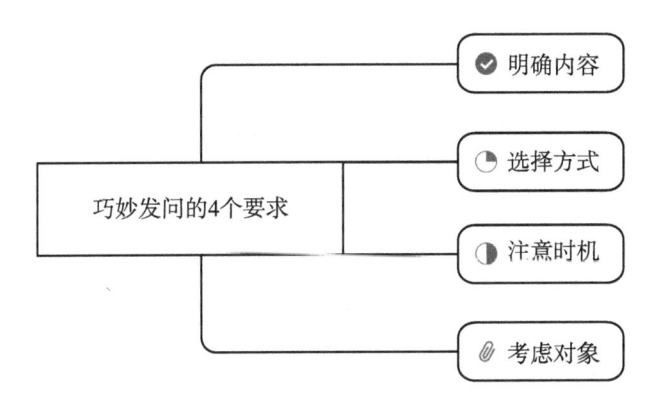

```
巧妙发问的4个要求 ─┬─ ✓ 明确内容
                 ├─ ◐ 选择方式
                 ├─ ◐ 注意时机
                 └─ 📎 考虑对象
```

图4-1　巧妙发问的4个要求

在法律谈判过程中，我们如果问对方"是不是"，此时对方的回答只有两个——"是"或者"不是"。然而，如果我们问对方"你觉得怎么样"，此时，对方的回答可能无法在我们的预测范围内。苏格拉底提出了"苏格拉底问答法"，在他的辩论中，总是以"是的，是的"这样的回复作为表达自己观点的前缀。他扮演着一个提示者的角色——反问对方，通过指出对方自相矛盾的地方，使得对方相信这样的结论完全是他们自己得出来的。他把思考的权利交给了对方。这种做法的好处在于：不伤和气，却让对方支持了自己的观点，更为巧妙的是，这个结论是对方自己得出的。

所以，首席法律谈判官要想使用有效的问答术，第一步就是要让对方说"是"，尽量避免让对方说"不"。这也提示我们，在法律谈判的开局阶段，要先对无较大争议的问题进行讨论，避免一开始就因为争议过大而争得面红耳赤。法律谈判的过程中也要善于摆明道理，提供明确的谈判方案和思路，不要给对方太多的选择，否则将丧失主动权，无法及时根据对方的回答进行下一步的谈判策划。

五、在沟通中利用情绪催化剂

优秀的首席法律谈判官不仅是一名谈判人员，更是一名演技到位的优秀演员。在沟通过程中，时刻需要我们根据不同情况，调动不同的感情和情绪来表达思想。例如，巧妙发怒，引起对方的注意，表示发怒者的决心，进而可以产生胁迫对方退让的效果；抒发忧虑，获得对方的同情，瓦解对方斗志；洋溢喜悦，帮助掌握对方的反应，创造选择和改变话题的自由。以上种种都是我们在沟通过程中，推动谈判快速达成的催化剂。

第四节　借力发力——在优势法律谈判中快速达成合意

在法律谈判中，谈判各方存在的实力差异一般表现在经济实力、政治影响力以及市场影响力等方面。谈判双方存在实力差距的情况是比较常见的，而处于优势一方的谈判者往往在谈判中拥有更多的主动权。"优势谈判策略是指在谈判中处于优势地位的谈判者所制定或运用的策略。"[1] 笔者认为，即便是在己方处于谈判优势时，作为一名合格的首席法律谈判官，制定谈判策略时，不仅需遵循一定的原则，更需要审时度势，根据环境形势、所处的立场以及所需要达到的目标的不同，适时引入新思想、新观念，达成既定的谈判目标。

为了实现谈判利益的最大化，并建立长期的合作关系，优势谈判者们需注意策略方法，抓住机会，切忌松懈和轻视对手，善用一些相关的力量，让它能发挥最大的效益。为此，首席法律谈判官要遵循以下几个基本原则。

其一，谈判是双向的。因为谈判是双向的，所以任何情况下的谈判，绝对不能只考虑自己单方面的利益。在维护己方利益的同时，要兼顾对方的利益。

其二，充分掌握谈判的技巧。谈判所得的每一分钱都是净利，只有掌握

---

[1] 戴勇坚：《法律谈判的理论、策略和技巧》，湘潭大学出版社2015年版，第115页。

第四章 ‖ 上兵伐谋：首席法律谈判官的思维与策略

一定的谈判技巧，才能在谈判中最大限度地保证己方的利益。

其三，不断地实践谈判技巧。只有经常练习，才能真正提升谈判技巧，将理论运用于实践。所以首席法律谈判官要带领谈判团队不断地演练、演练、再演练。

若想要在优势法律谈判中充分利用己方优势地位，进一步扩大己方谈判优势，首席法律谈判官就必须根据具体谈判进程以及个案情况采用合适的策略与技巧，促成双方达成合意。以下为优势法律谈判中常用的几种谈判策略技巧。

一、先声夺人

先声夺人是指在谈判中处于优势地位的一方运用自身的有利地位以及对方的劣势地位，以求掌握主动的一种策略。[1] 这一策略的运用需要首席法律谈判官把握好"质"与"量"的平衡。一方面，首席法律谈判官应当组织谈判团队成员深入研究对手的综合实力以及对方谈判代表的风格与能力，以获得对手的全面信息。在谈判进入正式阶段之后，可根据实际情况直接或者委婉地指出对方在产品或市场等方面的弱势或缺陷。如"市场上做同类产品的公司有很多家""贵公司与其他公司相比并没有太多优势"等，务必做到"戳到痛处""对症施治"，以便在法律谈判开局时就奠定己方的优势地位，给对方以压力，促使对方认清情势，尽快达成交易。另一方面，首席法律谈判官应当对自身的优势与实力有清晰的把握，在策略使用上避免造成"过犹不及"的局面，避免给对方造成过分炫耀、无的放矢、虚张声势的印象，以免招致对方的反感。同时，首席法律谈判官应当注意的是，无论是何种形式的"先声夺人"，优势一方都应当保持礼貌尊重的态度，切忌说出带侮辱性的话语，在维护己方权益的同时，兼顾对方利益和感受，不可一味打压，以免造成谈判劣势一方的反感，从而失去商机。

---

[1] 戴勇坚：《法律谈判的理论、策略和技巧》，湘潭大学出版社2015年版，第116页。

二、消磨策略

"消磨策略,是以谈判者的耐性和韧劲为手段,在自己具有时间资源优势的条件下,通过相持、纠缠、轮番谈判,消磨对方的意志,从而达到本方的谈判目的。"① 该种策略适用于在法律谈判中拥有明显的优势地位,并且时间、人员安排都较为充沛的情况。首席法律谈判官可以组织其谈判团队通过议题安排、时间安排以及人员调度等方式达到消磨对方意志的目的。例如,优势谈判者可以率先安排大量的非重要谈判议题进行多番谈判,调度不同的谈判人员轮番上阵或者把握主场优势,利用对方急于达成交易的心态,故意放慢谈判节奏以消磨对方的意志,最终使对方在优势方发起"总攻"时,身心疲惫、无力应对。需要注意的是,在消磨对方意志的过程中要避免使自己陷入疲惫的状态,最终导致目的落空,浪费时间与精力。

三、分出轻重,抓大放小

谈判中的"分出轻重、抓大放小",是指在谈判中,对于己方在谈判中的付出与收获以及彼此之间的关系,都应有一个全面而具有高度的认识。在谈判中以谈判的根本目的和利益为重,抓住主要矛盾和矛盾的主要方面,不要被谈判中的次要矛盾和矛盾的次要方面所迷惑或牵绊,应当从谈判的大局出发,当舍则舍,当让则让,取其重,舍其轻,从而做出正确的判断与选择,谋求大利与大义,避免因小失大,得不偿失。由于谈判是一种彼此之间你来我往的互动,因此,每一方谈判主体需要在表达、倾听、提问与回应的不断交替过程中即时进行评估与判断。"分出轻重、抓大放小"是首席法律谈判官在谈判中审时度势、做出理性的判断和选择时应当熟谙于心的技巧。

---

① 张强、杨明娜、傅剑波:《商务谈判》,中国人民大学出版社2012年版,第149页。

四、红白脸策略

│案例九│

有一名富商欲向飞机制造商购买飞机 5 架，双方进行多次磋商，飞机制造商始终不肯降价，富商勃然大怒，拂袖而去，言明"不降价就没必要再谈了"。事毕，富商找到一名下属，要他继续参与谈判，务必在预期价格内买下这 5 架飞机。这名下属与飞机制造商谈判时，态度温和，向对方表示："你们已经同我的老板谈过了，相信你们已经知道，他的态度非常强硬。我非常理解你们的难处，希望你们稍稍做一些让步，彼此理解，我们就能愉快地达成合作。"

红白脸策略是谈判主体为说服对方而使用的一种心理战术技巧，指的是谈判主体在谈判中运用截然不同的两种角色风格与特征进行谈判。如今，红白脸策略俨然已经成为最重要的谈判策略之一。[①] 两个谈判者一反一正，一刚一柔，刚柔并济，双管齐下，给对方以鲜明的对比。其中一人在谈判中扮演态度坚决，毫无商量余地的红脸谈判者，而另一人则扮演态度柔和，真诚合作共同协商解决问题的白脸谈判者。

白脸与红脸的谈判技巧运用得颇为普遍，无论是重大的国际会议，还是一般的买卖交易，甚至是在父母对孩子的教育中，都不难看到这一技巧的有效运用。在家庭生活中，面对顽皮的孩子，父母双方经常一个扮"红脸"，一个扮"白脸"来教育孩子。在法律谈判中也是如此，例如，代表同一方的两位谈判人员假装因各自立场不同而产生了内部冲突，其中一个走强硬路线，几乎不打算妥协，而另一个则看起来愿意做一些小的让步。因此，在法律谈判时，如果发现谈判对方的不同谈判成员态度截然相反，首席法律谈判官就应该做出判断：对方有可能正采取这样的策略逼己方就范。

唱"红脸""白脸"听起来简单，但在实际操作过程中却并非那么容易，需要一定的技巧。例如，法律谈判中唱"红脸"的人在渲染负面结果时，需

---

① 王龙：《优势谈判心理学》，天津科学技术出版社 2017 年版，第 42 页。

要控制渲染的程度，不能使用过于激烈的言辞激起听者的反抗意识。为了让谈判效果达到最佳，首席法律谈判官决定采用红白脸策略后，不管是安排"红脸"的威胁，还是"白脸"的抚慰，都需要注意：其一，态度上要和善。即便是威胁，也不能让对方从你身上感受到毫无来由的恶意。其二，理由上要充分。谈判人员可以责难对方，但是应该有充分的理由。其三，手段上要适度。法律谈判者可以根据对方谈判者的性格采用适合的方式，避免法律谈判陷入僵局。

当然，当首席法律谈判官在法律谈判中遇到谈判对方对己方采用红白脸策略时，也有应对方式。首席法律谈判官可以在谈判桌上揭穿他，要求对方说明谁才是真正的负责人，并说明："我本希望采用更加直接的方式来完成一次公平的交易，如果需要继续谈判，我想知道谁才有最终谈判方案的同意权。我不能和没有权力结束谈判的人再继续讨论问题。"像这样，让"谈判拍板者"取代"谈判破坏者"。①

五、钳子策略

│案例十│

"越战"期间，美国前国务卿亨利·基辛格曾经让一位副国务卿准备一份关于东南亚政治形势的报告。这位副国务卿非常认真地完成了自己的工作，而且还对报告做了精心的包装，甚至在皮革封面上烫了金字。结果如何呢？报告很快就被打了回来，而且上面有一行批注："你应该做得更好一些。"这位副国务卿搜集了更多的信息，对报告进行了补充、完善后，又交给了基辛格。他本以为基辛格会满意了，但得到的批示依旧是："你应该做得更好一些。"看到这样的批注，副国务卿感觉自己遭遇了很大的挑战。随后，他召集团队人马加班加点地工作，决心提交一份让国务卿感觉是迄今为止最好的

---

① [美] G. 理查德·谢尔：《谈出你的优势：理性人的谈判策略》，林民旺、李翠英译，机械工业出版社 2007 年版，第 199 页。

报告。两个星期后，报告修改工作顺利完成，副国务卿决定亲自提交报告。他来到基辛格的办公室，说道："基辛格先生，这份报告曾经被您打回来两次。随后，我们全班人马加班加点忙了两个星期，现在总算是修改完毕了。希望这次您不要再打回来了，因为我们发挥出了最高的水平，而且这份报告已经不可能做得更好了。"

基辛格冷静地把报告放到办公桌上，并说道："既然如此，我会看这份报告的。"

在案例中，基辛格使用的正是钳子策略。钳子，顾名思义就是一种能将东西轻易夹住的强大的工具，它有以小博大的神奇效果。法律谈判中的钳子是指控制对方的话术，钳子策略就是用"钳子"———一般指用语言将对方的思想"夹"住，让对方的思路根据己方的钳子转动的方向转动。在谈判中引入钳子策略是一种非常高明的谈判技巧，如在购买商品时，在卖方报出价格后，买方可以说"你还可以做得更好""你本还可给我一个更低的价格"；在买方还价后，卖方可以说"那你到底希望我给一个怎样的价格呢"，从而钳住对方。[①]

钳子策略其实就是如此简单。首席法律谈判官可以根据谈判中的具体情形运用钳子策略，先发制人钳住对方，以保持己方的优势地位。

第五节　另辟蹊径——在劣势法律谈判中寻找转机

劣势法律谈判，是指谈判对方在谈判综合实力或某一专业实力上强于己方，以及对方在某些领域占据主导地位的法律谈判。在劣势法律谈判中，首席法律谈判官应当如何正确运用谈判策略，扭转谈判局势，赢得谈判的主动权？在劣势谈判环境下，谈判人员最主要的是要保持冷静谨慎的心理状态，

---

① 王龙：《优势谈判心理学》，天津科学技术出版社2017年版，第48页。

切忌急躁，坚定信念，加强自我保护意识，扬长避短，发挥自身优势。其实，在劣势谈判中，更能证明首席法律谈判官的价值。较为常见的策略与技巧具体有以下几种（见图4-2）。

图4-2 劣势法律谈判中常用策略

一、沉默策略

中国古语有云："言多必失。"沉默策略是在防御阶段最易操作也是最有效的策略之一。以守为攻，在法律谈判中化被动为主动，是在劣势谈判中经常使用的手段。其具体做法是在法律谈判过程中，处于劣势地位一方始终保持沉默，尽可能地让谈判对方说话，或者多向谈判对方提问，并将话题引向谈判重点内容，以此试探对方的真实想法和谈判底线，针对在大量谈话中捕捉到的谈判对方隐藏的信息，制定出有效的策略。

保持沉默会使对方感到不安，促使对方不断说话，以帮助己方获得有用的信息。在谈判中，言语越多就越可能暴露自己的底线，长久的沉默会使对手手足无措，感觉被己方漠视或遭到己方冷遇，而扰乱其心理建设，从而削弱对手谈判能力。要想在法律谈判中良好运用这一策略，首席法律谈判官需做到以下几点：其一，大量的前期准备。首先，明确该策略在何阶段能进行运用。该策略一般用于报价阶段，对方步步紧逼，而自身处于劣势地位时，可以适当保持沉默，为之后的谈判争取更多可操作的空间。其次，沉默不语并不是保持面无表情，也不是不表现出其他任何肢体语言。在正式谈判开始前谈判团队内部需要统一肢体语言，防止因肢体语言过早泄露己方信息。其二，伺机而动。沉默最重要的还是"言"，谈判者要在沉默中抓住爆发的时机。劣势谈判者首先要沉着镇定，保持冷静的头脑，切忌被对方激怒，在倾听对方发言过程中，要仔细聆听对方的陈述，敏锐地察觉对方故意避开的话题，认真分析，洞悉对方意图，抓住恰当的时机展开回击。其三，利用行为语言。沉默中，我们除了倾听外，还需要观察谈判对方的肢体语言等，同样，谈判对方也会仔细观察我方通过肢体语言表达出来的想法与意图，劣势谈判者可以利用这一点，适时地利用肢体语言有意地将错误的信息传递给对方，混淆视听，最终获得主动权。

二、有限授权策略

有限授权策略是指在法律谈判中为了使对方降低条件，做出让步，转移矛盾或假借自己无权限等理由，故意搁置谈判工作，让对方陷入漫无边际的等待之中，再趁机反攻的一种策略。①

相比独揽大权，权利受限有时候更具有谈判优势。当然这种方法可以运用于任何情势地位下的谈判，并且在己方处于劣势时使用该方法能够发挥更大的作用。在谈判中，仅拥有有限权利的你可以微笑地拒绝对方，而对方又无法因此责难于你。同时，因为你权利有限，使得谈判对方在构建整个谈判框架时，会考虑到你的有限权利。如果对方急于求成，又因你"权利有限"的拒绝而心烦意乱，最后做出不得已的妥协与退让，那么此时这一策略已经帮助你成功地扭转劣势。

有限授权策略优势体现在以下两个方面：一方面，可以帮助己方更好地保护自身的立场。在法律谈判中，因受制于有限权利，谈判对方会做出让步或妥协。例如，谈判者提出当对方出价高于 A 价格时必须请示上级，谈判者

---

① 王军旗主编：《商务谈判——理论技巧与案例》，中国人民大学出版社2014年版，第145页。

自己无权做主。所以在实际谈判中，首席法律谈判官可以坚持在权限范围内进行谈判，拒绝超出权限范围的要求，降低谈判风险，坚定自身立场。

另一方面，可以对抗来自谈判对方的压力。权利的限制有时只是一种谈判策略，而并非真正没有权限。在谈判中，可以通过谎称自己无权限而做出妥协与退让的手段来迷惑对方。通过这一策略，对方往往无法探知权限限制的真假，只好根据己方的要求做出判断，逐渐踩进己方设置的陷阱中。在劣势谈判中，首席法律谈判官应区别于普通社会生活中对权利的重视，清楚在法律谈判中有限制的权利才有助于更好地达成协议。

三、鸡蛋里挑骨头策略

鸡蛋里挑骨头策略是指在法律谈判中，谈判对手的地位和条件处于相对优势，处于弱势的一方为了使对方让步，有意对对方提供的商品或者服务挑刺或者吹毛求疵，以减弱对方的筹码，施加压力，降低对方在谈判中的气场和期望值，缩小自身目标与对方目标的差距。在实施鸡蛋里挑骨头策略的过程中，首席法律谈判官需要注意以下几点：第一，避免对对方的弱点进行全方位的挑剔，避免漫无边际地、无依据地挑剔；第二，避免过于夸张，否则可能引起对方的不满；第三，只能对对方的"弱点"或"缺陷"的本身进行挑剔，不能对对方的立场或者对手本人进行攻击。例如，在进行空调采购的过程中，采购人与投标人对空调价格存在较大的争议，采购人便说："你们的空调质量太差，肯定是用了劣质的制冷剂，质量不好，价格还这么贵，真是无良商家。"这就容易引起对方的反感和抵触。

┃案例十一┃

根据服装流行趋势，针对女性顾客的需求，A服装公司决定上架一批特殊材质的西装外套，预备向B面料商采购一批面料。受市场供求关系以及制作工艺的影响，该面料供不应求，市场反响也相当不错，处于卖方市场的B

面料商在价格谈判时态度有些倨傲。

A服装公司谈判人员及专业人员到B面料商处挑选面料、采购磋商。A公司谈判人员到达后，并未急于开始谈判，而是率先了解接触该类型面料。正式谈判时，B面料商经理如预期所料，态度强势，不愿意在价格上做出让步，始终坚持该报价是最低售价。此时，A公司谈判人员拿起一份面料，不紧不慢地说："这种面料确实目前在市场上供不应求，你们的制作工艺也确实精良。但是，经过我们刚才的筛选和查看，发现有一些问题。"B面料商经理对自己的面料很有自信，显得有些不以为然。A公司谈判人员继续说："第一，你们这批面料色彩纯度稍稍高了一些，无法满足大众女性肤色的需求，制作出来的西装市场接受度会大打折扣；第二，你们这批面料质量存在明显差异，据我们仔细观察，可能由于工期的原因，一部分面料的织造不够紧密，后期制作时报废率会有所提高；第三，我们希望选择更加环保的面料，很显然你们的面料还不够环保。实物与你们的报价相比，我们觉得有些名过其实，希望你们能拿出些诚意来，我们在价格上还可以谈一谈。"B面料商经理听闻后有一些沉不住气了，以商量的语气说："我们这批面料市场反响很不错，看得出来你们也很专业，如果你们订购量大，我们愿意在价格上适当做一些让步。"

以上案例很好地说明了谈判中弱势一方如何正确使用鸡蛋里挑骨头策略，并最终取得谈判成功。

四、制订多重策略

在谈判中，我们也可以如造梦师一般，分多个层次制定策略，并逐步实施。在第一层底线被突破时，如何应对？如何退步？要明白，退步是一件不可急于求成的事情。经学者研究，最好的退步方式是逐步退让，即逐步缩小退让的空间，直至对方认为你已经无路可退，最终达成一致意见。如导购员小红向买方提出的商品价格为300元，而对方希望价格更优惠一些。而该商品价格定在250元刚好能获利，可是如果直接答应对方降价50元，会误导对方认为也许还能降更多。所以小红逐步退让，渐渐缩小退让幅度，最终完成交易，并且从中获利。

古语有云"狡兔三窟"，对于劣势谈判者而言，多重策略的制定尤为重要，技巧性的退让，既能够守住己方最终的底线，还能够显示出劣势谈判者希望达成协议的渴望与诚意，适当的退步与低头可以让谈判对方获得成就感，最终认可你的方案。这种渐进式让步，在高位要价的基础上根据谈判对手的反应逐步退让，降低要价标准，直至双方达到一个"平衡点"。① 这种方式也可被称为让步的"分期付款"。

在使用这一策略时，首席法律谈判官也要注意以下几个方面：首先，应进行全面模拟谈判，事先制定好对方突破每层底线后我方的应对对策。其次，分析对手在底线被我方突破后的应对手段，确定己方新一轮的对策与技巧。最后，根据前期捕捉的信息，抓准对手的真实需求，使对方获得满足感，把握谈判总体进程。

五、博取同情策略

谈判的过程是谈判各方进行综合实力比较的过程。在劣势谈判中，劣势一方的首席法律谈判官或者其他谈判成员通过展示自身的弱点、劣势等，以激起对方的同情心以及恻隐之心，期望对方停止进一步施压，这便是博取同情策略。在实践中，有些劣势谈判者通常不愿示弱，认为一再示弱会让已经处于劣势地位的己方陷入更被动的境地，其实不然，许多商人就经常运用这种博取同情的手法。

博取同情的常见方式有假装可怜，比如说，"若我擅自做出这样的决定，回去后肯定会被处分""我已经无能为力，如果再退让下去，老板会马上辞退我"。如在一次谈判中甲公司与乙公司陷入僵局，为打破僵局，甲公司代表邀请乙公司代表到其下榻的酒店进行洽谈。当乙公司代表进入酒店时，只见甲公司代表面露愁容、声音干涩、显出病态，并表示已经因为对方的压迫

---

① 陈星全：《谈判攻略——销售就是这样谈最有效》，中国财富出版社2012年版，第161页。

而承受了巨大的精神压力,身体不适。这便是博取同情策略的体现。但要注意的是,在使用该策略时,首席法律谈判官切不可因为示弱而放弃个人尊严与人格,表达困难时要有理有据。而且在示弱的同时,不能试图持有"以坦白求得宽容"的心态,将内心想法与既定目标毫无保留地透露出来,那会取得相反的效果。

六、亮底牌策略

"亮底牌"也是在谈判处于让步阶段时实行的策略。即谈判一开始便一次性让步可让予的利益,其特点是"以诚制胜"。一方面,这种率先做出大幅度让步的做法对对方有着强烈的诱惑力,会给对方留下坦诚、友好的良好印象,益于提高谈判效率、推动谈判进程、降低谈判成本。但另一方面,其所带来的风险也是显而易见的——在谈判开始就亮出己方底牌,对方很可能会得寸进尺,认为我方还可以做出让步,可能使己方丧失很多应得利益。所以笔者认为"亮底牌"这一策略不可轻易使用,必须基于对对方的全面了解,审时度势地做出选择。

在"亮底牌"的过程中,虽然直接亮出己方的底线是有助于对方的行为,但是在实践运用时仍要注意亮底线的语气、方法,务必保持诚恳坦率的态度,让对方感知我方已经无法做出退让。

第六节 棋高一着——在均势法律谈判中更胜一筹

在法律谈判中,有时候谈判双方之间势力均衡,没有哪一方实力明显优于另一方。面对这种情况,首席法律谈判官在谈判中所采取的策略应当有所调整。正如犹太商人认为的,"谈判绝不是双方在谈判桌上简单地交换意见,而是一幕精心策划的戏剧,需要积极的准备和非凡的艺术,是彼此之间智慧和勇气的较量，通过调整和妥协，促使双方达成一致，获得基本满足"。① 在谈判各方势均力敌的状态下，谈判者的经验、谈判策略的选择以及在谈判中具体谈判策略的运用就显得尤为重要（见图4-3）。

图4-3 均势法律谈判中常用策略

一、制造满足感策略

莎士比亚说："人们满意时，就会付出高价。"首席法律谈判官应在各方势均力敌的状态下，尽量让对方感到满意，以软化对方的进攻，让对方获得精神上的满足感。具体可以从以下几个方面展开工作：①在谈判行程安排上，特别是在谈判地点定在己方区域时，应该尽量在食宿出行上满足谈判对方的需求，让谈判对方感受到宾至如归；②在谈判过程中营造友好的谈判气氛，释放合作意向，尊重对方，注意倾听对方的发言；③对己方提出的观点，做出合理的说明，让对方理解与信服；④在语言上，善用赞美、欣赏等言语。

二、诱导真相策略

诱导真相策略包含两个方面的诱导：一是在谈判中采取各种手段和方法，

---

① 丁玉书、时永春主编：《商务谈判实务（第2版）》，清华大学出版社2006年版，第257页。

诱导对方透露出真实想法，从而探知对方的真实意图与谈判目的；二是在谈判中诱导对方提出让己方满意的方案，即在谈判中不着重说明自己的想法，而是向对方提出问题，询问对方如何解决这些问题，在对方的想法能够使我方满意后，承认这些想法是对方的真知灼见，让对方认为这些想法出于其本身的真实心意，并将这些想法变成谈判方案。但采用这一策略时，首席法律谈判官要注意以下问题。

（1）在诱使对方透露信息的过程中，不要直接提出问题，而是旁敲侧击地诱导对方，以达到目的。如可这样指出问题："陈先生，今天很荣幸能与各位进行谈判。我们的产品从来不享受折扣，但我今天上午和领导请示过，领导说十分愿意与您合作，为了表现我们合作的诚意，我们可以给您九五折的优惠。"

（2）在促成方案形成的过程中，尽可能地让谈判对方参与，并让谈判对方认为该方案是其自身的真实想法，让对手更愿意与我方合作，但要保证方案能够符合我方利益。

（3）不要让谈判对方在制订方案过程中遇到难以解决的困难。如果谈判对方在制订方案的过程中，遇到了很大的阻力或者困难，则可能会选择舍弃这一方案。因此，既要让对方认为方案是由其主导并完成的，又不可让其面临难以解决的困难，也就是说，己方应帮助对手扫除障碍。

三、"蚕食"策略

"蚕食"一词，语出《战国策·赵策一》中"秦蚕食韩氏之地"，意指强秦侵吞韩国之地，如蚕食桑叶一般，徐徐图之，逐步侵占。蚕食策略运用在谈判中，是指在谈判初期隐藏自己真实完整的要求，随着谈判进程的推进，逐步争取自己的利益，顺顺当当让对方做出一个又一个承诺，直到实现自己全部的真实要求为止。[①]

[①] 戴勇坚：《法律谈判的理论、策略和技巧》，湘潭大学出版社2015年版，第128页。

"蚕食"策略的背后有心理学"层递效应"的支撑。首席法律谈判官最先从小而易的要求提起，让对方更容易接受，从而放松警惕，如果一开始就着眼于最高的目标，很可能使双方陷入剑拔弩张的气氛，不利于谈判的友好进行。在运用该策略时，首席法律谈判官需要谨慎专注，避免被对方察觉意图，导致己方被对方利用而落入对方的陷阱之中，最终功亏一篑。

同时，为了避免谈判对方使用"蚕食"策略，应注意在谈判前列明可让步的条件、己方做出让步需要对方付出的代价以及其他可能出现"蚕食"的任何情况。

四、各让一步策略

各让一步策略是指谈判者愿意以协作、合作的态度与对手进行各方面的洽谈与沟通，在遇到谈判困境时，双方各让一步。在这样的心态下，既能有效促成谈判成功，又为长远的合作预留了空间，以便获取谈判的最大利益。

高水平的首席法律谈判官在谈判伊始就抱着开放与协作的心态去面对对方谈判者，这对法律谈判至关重要。各让一步策略并不是依靠虚假的承诺来实现，而是用诚恳的态度与对手合作，让对方充分感知己方的诚意与实力。双方谈判的基调一旦以协作的方式确定下来，接下来的谈判也会更加顺利。

▎案例十二▎

H公司首席法律谈判官王律师依据当事人的要求向F公司采购一批办公设备，预期报价在35万元以下成交。王律师带领团队在与F公司进行了多轮价格谈判后，F公司坚持报价40万元，双方因此陷入僵局。为了尽快摆脱僵局，王律师采取了以下策略：在新的一轮谈判中，王律师率先表现出希望走出僵局以使双方达成交易的诚意，同时隐瞒了己方采购的真实报价。双方在交谈一段时间之后，F公司表示愿意做出适当让步，把报价降到38万元。为了显示自己的诚意，王律师并未立刻做出承诺，而是当面向H公司去电询问是否接受该报价。挂断电话后，他做出很为难的样子说："我的当事人实在难以接受38万元的报价，我们预期最高报价30万元，中间差价还是挺大的。我们充分相信双方对于此次合作谈判的诚意，您看能否这样，我们不如各让一半，大家都不吃亏，以后还可合作。"这样，H公司与F公司就有极大的可能以34万元的价格成交。

本案例中，其实王律师的底价是35万元，但是他最后却极有可能以更低的价格来达成交易。其成功的原因就在于采用了"各让一步"策略，既以低价达成了交易，又创造了未来合作的可能。

五、"装不懂"策略

"装不懂"也叫"装傻"，即谈判中故意假装稀里糊涂、惊慌失措、反应迟钝的模样，借此逃避一些敏锐的问题或使对方松懈，达到后发制人的效果。

"装不懂"策略可以让你对对方的问题进行更多的思考后再做出应答。合格的谈判者会利用"装傻"策略，让对方重复自己提出的问题，或者假装自己没有权限，需要领导指示，或者让自己的助手对无关紧要、非实质性的问题做出应答，或者假装不明白对方提问的目的，驴唇不对马嘴。愚笨与聪明，往往不仅是通过表面表现出来的，真正的智者在谈判桌上不一定需要表现得果决、能干、敏捷。若表现得反应迟钝，为自己争取到更多的思考时间，反倒更能有效应对对方的问题。

"大智若愚"即指那些善于运用"装傻"策略，有真智慧的人。在运用这一策略时，可以大胆使用"我不知道""请你再说一遍""我做不了主"等语言表示你不懂对方的意图或者没有相应的权限。例如，在谈到某些问题时，若不想发表自身看法，则可以揣着明白装糊涂，反问道："这是真的吗？"又如当条件还不具备、时机尚不成熟时，为了达到最终目的，可以委屈求全，先装迟钝，以此应付对手，拖延时间；还可以把对方的言辞故意曲解成另一种意思，用一些糊涂话化解尴尬，保持愉悦的谈判氛围。

六、欲擒故纵策略

欲擒故纵是兵法三十六计之一。原文为："逼则反兵，走则减势。紧随勿迫，累其气力，消其斗志，散而后擒，兵不血刃。需，有孚，光。"欲擒故纵在谈判中即指谈判的一方虽对谈判内容很满意，且愿意继续谈判，但是却假装对该谈判毫不在乎，隐藏自己急切的心态，表面上似乎只是迫于对方的需求才愿意继续谈判。而在此时对方若急于求成，则会最快地做出让步，甚至可能做出更大的让步，这正是运用欲擒故纵手段取得的效果。在法律谈判中，首席法律谈判官要分析谈判各方的优缺点，不仅要分析谈判各方的实力强弱，更要关注哪方更急于达成交易，哪方更加在意交易是否成功，若一方在谈判中更加积极主动地促成交易达成，另一方则可以运用欲擒故纵策略，漠视或冷淡对方以刺激对方，使对方因急于达成合作而做出让步。

案例十三

某一国内知名电器制造商 A 公司，就电子元件大宗采购与行业内排名前两位的知名国际大厂 B 公司与 C 公司进行谈判。B 公司与 C 公司在电子元件制造领域长期存在竞争关系，且 B 公司目前的市场份额正在被挤占。经过前期磋商，A 公司认为 B 公司的合作条件更为优渥，欲与 B 公司达成合作意愿，但 B 公司的某些条件未能达到 A 公司的预期要求，为了让 B 公司妥协让步，A 公司在谈判中采用了欲擒故纵的策略。

首先，在谈判议程上，A 公司将与 B 公司的谈判置后，利用边角余料的时间进行。在开局后的时间安排上，A 公司采取挤压方式，不断缩短谈判时间。在谈判过程中，公司高层人员不出席谈判，A 公司谈判人员屡屡挑出 B 公司目前产品与市场存在的问题，表现出不温不火的漠然态度。同时在合作意愿上不紧不慢，表示仍然需要再三考虑。

其次，通过非正式渠道，故意让 B 公司知道 A 公司与 C 公司谈判的积极态度。不但将其谈判次序靠前，而且派出公司重要高层人员举行大型的正式谈判，态度积极，释放欲与 C 公司合作的虚假信号。

最终，B 公司决策层在谈判人员的反映下，迫于自身发展形势、竞争态势以及此次谈判合作的多重压力，主动将自身要求降低，以获取更大的竞争优势。A 公司重新进行评估，双方重新进行会谈，最终如愿以偿以较为接近预期目标的条件与 B 公司达成合作。

欲擒故纵策略一般适用于志在必得的交易谈判，首席法律谈判官故意采取各种措施，释放自己对谈判对方满不在乎的虚假信号，从而压制对手开价的想法，确保己方在预想的条件下实现谈判目标。[1] 因此，在谈判过程中己方要保持不冷不热、不紧不慢的态度。例如，在日程安排上，表现出不急于谈判，任由对方安排日期的态度；在对方态度强硬时，不慌不忙，不与对方争论，不回应对方，让对方不能探知我方真实意图，从心理上击破对方。本策略的"纵"是手段，"擒"是目的。"纵"并非消极的纵，而是积极有序的纵，通过"纵"的手段让对方迫切成交的意愿增长而主动退让，达到"擒"的目的。在谈判中，我们要注意以下几点：全面客观评估各方综合谈判实力，态度冷淡但尊重对方，给予谈判希望和实惠但不做出承诺等。

除了上面列举的一些策略外，还有很多可以在实力均衡状态下使用的策略方法。例如：①相互谅解策略——谈判者在谈判中不肆意抬高价格，也不始终保持针锋相对的状态，谈判各方相互理解，相互体谅，共同促使谈判的成功。②埋下契机策略——如果各方无法达成一致意见，谈判即将破裂，不要逞一时口舌之快，破坏各方之间和谐的气氛，使得谈判彻底告终。③利而诱之策略——了解你的谈判对手，投其所好，促使其做出让步。中国人有句俗语，"吃人家嘴软，拿人家手短"，日常中通常通过请客吃饭和赠送礼物向

---

[1] 方其主编：《商务谈判——理论、技巧、案例（第 3 版）》，中国人民大学出版社 2011 年版，第 161 页。

对方表达友好的意思。日本谈判者习惯在谈判中赠送礼物给对方,并将对方赠送自己礼物视作为表达强烈的合作意愿。④走马换将策略——谈判过程中,一方遇到谈判关键性问题或是无法解决的相关问题,假借自己不能决定等理由,替换他人再继续进行谈判的策略。这里的他人一般是领导、同事、朋友和亲属。通过更换谈判主体,探知对方的真实想法,消耗对手的气力。前一阶段的谈判者可能出现了不应该的遗漏和失误,不能达成预期的谈判效果时,可以通过更换主谈人以及时采取补救措施,趁机抓住对方的漏洞发起进攻,最终取得更好的谈判效果。

本章小结

思维和理念的革新大于策略与技巧的提升。一位成功的首席法律谈判官必须能够正确认识谈判双方在谈判中所处的地位、性质、条件、相互作用的形式和谈判的发展趋势,并根据这些细微的情势变化,结合法律规则原理采取对应的策略,这就是法律谈判的思维。首席法律谈判官需要拆掉传统思维里的墙,融入互联网思维,加入可视化思维等,让自己的观点和立场更加具有说服力。

不可否认的是,首席法律谈判官的第一个谈判对手,就是他们自己。作为一名优秀的首席法律谈判官,应该关注和控制自己的潜意识行为,理解自己的选择和处境,善于观察和理解当事人,找到己方真正的需求,为下一步法律谈判的布局与策略做好准备。同时,首席法律谈判官应尝试去了解和理解法律谈判对手,才能在法律谈判的过程中有的放矢,最终达成一致。在谈判过程中,首席法律谈判官需要像中医一样,察言观色,望闻问切,这样才能对症下药,提出完美的谈判方案。

首席法律谈判官在己方处于谈判的优势地位时,要善用一些相关的力量,发挥其最大的效益,使双方满意谈判的过程与结果,未来还可以继续合作。在法律谈判中即使处于优势地位,首席法律谈判官也需要保持谦虚,尊重对方。促成交易并不难，但是也有出现粗心大意、犯低级错误的可能。

　　劣势法律谈判中，首席法律谈判官所代理的一方往往处于一个相对被动的地位，因此，在谈判之前应当明确并坚守自身底线，在谈判中不要被对方牵着鼻子走，同时采取打感情牌、鸡蛋里挑骨头等谈判策略，在客观认识谈判条件的基础上，利用好自身的优势，在谈判中寻找出路。

　　谈判策略纷繁众多，笔者不可能将这些策略一一列尽，而有待于谈判者们在实践中根据情势随机应变，不断总结谈判经验，发现并制定最有效的谈判策略。谈判者在无利可图，甚至是面临亏损的情况下，依然以诚恳的态度与对方合作，并不是他们放弃了谈判利益，而是以暂时牺牲小利来换取长久的合作。在不同的谈判背景和情势下，当我们不知该如何应对时，请记住，沉着稳重，以不变应万变，是所有法律谈判策略的源泉，也是一名优秀的首席法律谈判官应具备的素质。

第五章
未雨绸缪：首席法律谈判官的风险管理

"风险控制永远是第一位的。"

——华尔街名言

💡 案例思考

A国某电子制造公司利用国际国内经济发展的大形势，抓住了数字化与智能化发展的新兴趋势，经过了数年的发展成为了电子制造产业以及人工智能领域的领军企业。为了应对新一轮的开放趋势，结合自身全球化发展战略，该公司率先部署，利用地理位置优势以及文化交流的经验，欲率先打开东南亚国家市场，并以此辐射南亚、西非等地区，逐步开拓国际市场，扩大企业的国际影响力。B国某运输集团是东南亚地区海上航运的龙头企业，在航海贸易运输市场中占据主要地位，与造船以及集装箱制造等一系列的中上游企业有着成熟与稳定的合作关系与合作链条。随着B国新的海上交通要道的开辟以及更大吞吐量的码头的建设，该运输集团有了集装箱装运智能化设备的大量需求，以提高工作效率，增加日均装船率，以减少货物滞留码头的仓储及管理成本。

第五章 ‖ 未雨绸缪：首席法律谈判官的风险管理

谈判在 A 国某电子制造公司与 B 国某运输集团之间进行。经过前期的磋商，双方基本上达成合作意向并以备忘录的形式对前期的谈判成果予以了确认。双方预备达成合作之际，A 国某电子制造公司陷入了国际知识产权纠纷，同时，A、B 两国因为地缘政治因素以及国际贸易保护主义抬头的影响陷入了紧张的局势，两国进出口贸易往来受到极大的冲击。此时，B 国某运输集团谈判团队传来消息，B 国某运输集团谈判团队中的一名重要谈判代表涉嫌商业受贿而被 B 国警方控制，双方交易磋商的信息也不胫而走，B 国潜在的交易第三方开始蠢蠢欲动，两国民众也出于爱国情怀开始纷纷表示抗议，双方的谈判一度陷入停滞……

思考题

1. 是什么因素导致 A 国某电子制造公司与 B 国某运输集团的谈判陷入停滞状态？

2. 首席法律谈判官如何识别、管理以及防控这些潜在的风险因素？

第一节 法律谈判风险的成因及类别

在法律谈判中，风险是难以避免的。了解风险、识别风险、及时对风险予以控制和处理是首席法律谈判官必须具备的基本素质，也是帮助组织建立法律谈判风险预防体系的前提。那么何谓风险？根据百度词条的解释，"风险，就是生产目的与劳动成果之间的不确定性，大致有两层含义：一种定义强调了风险表现为收益不确定性；而另一种定义则强调风险表现为成本或代价的不确定性"。① 从此解释来看，风险与不确定性有着紧密的联系。因此，我们可以将法律谈判风险理解为，在谈判过程中，由各种因素导致的谈判成本或谈判代价的不确定性以及谈判结果的不确定性。

根据是否有收益，谈判风险分为纯风险和机会风险。纯风险是指纯粹只造成损害而不产生任何收益的风险，如洪水等造成货物受损的风险。机会风险是指虽然可能带来损失风险，但是同时也存在收益的机会，如投资某个新兴领域。法律谈判风险根据是否与谈判人员有关可以分为客观风险和人员风险。客观风险是指在谈判前就已经客观存在的谈判风险，一般包括政治风险、市场风险、法律风险、社会文化风险、自然环境风险等；人员风险是指在谈判过程中因谈判人员的素质等原因而产生的风险，一般包括人员素质风险（性格、信息收集、沟通）、技术风险、谈判对手风险（欺诈、窃取、贿赂与暴力、履约不能）等。本节主要从客观风险与人员风险两方面来介绍法律谈判的风险。

一、法律谈判的客观风险

（一）政治风险

经济形态决定着政治格局，而政治又反过来影响着经济发展，二者密不

---

① 引自百度词条，详见 https：//baike.baidu.com/item/%E9%A3%8E%E9%99%A9/2833020？fr=aladdin，访问日期：2019 年 5 月 23 日。

可分,因此,政治风险也是法律谈判特别是跨区域法律谈判中不可忽视的客观风险。一般来说,政治风险是指因东道国政治环境的变化或者是东道国与其他国家政治关系的变化导致外资企业经济利益的不确定性。政治风险可分为一般政治风险与特定政治风险。一般政治风险是指某一区域的管理部门构架、政策与政府行为等对该区域内所有参与者都存在的风险。而特定政治风险是指某区域的政治氛围对特定企业或者特定项目的影响,如某一国家对外来投资企业的特定审查等。

政治风险对谈判项目有着举足轻重的影响。因此,在法律谈判前,一方面要对项目履行地的一般政治风险有着全面的了解;另一方面应针对项目,了解项目履行地政府对投资者或者项目的态度或特定政府行为。

(二) 市场风险

市场风险是指"由于基础资产市场价格的不利变动或者急剧波动而导致衍生工具价格或者价值变动的风险。基础资产的市场价格包括市场利率、汇率、股票、债券行情的变动。"[①] 市场风险涵盖的范围十分广泛,在法律谈判中较为常见的市场风险有利率风险、汇率风险、股价风险、价格风险、经济环境风险等。

1. 利率风险

利率风险是指由于利率变化而导致的谈判各方的损失风险。如中国人民银行根据不同时期的经济发展情况而采取"紧""松"等不同的货币政策便可能使法律谈判产生利率风险。

2. 汇率风险

汇率风险是指由于汇率变化而导致的结汇损失。汇率风险常发生于跨区域谈判或者涉外交易中。

3. 股价风险

股价风险是指由于股票市场股票价格变化而导致的风险。股票价格的波

---

① 参见 https://baike.so.com/doc/3320384-3497216.html,访问日期:2019年5月23日。

动，不仅直接对该上市企业的资产与经营情况产生影响，而且还间接对该企业所在行业领域或者相关行业领域的产品、服务等产生影响。

4. 价格风险

这里的价格风险即狭义的价格风险，也就是撇开了作为资金价格的利率、作为外汇价格的汇率以及作为股票价格的股价的风险问题。此类风险常见于投资规模大、建设周期长的项目中。如在建设工程施工合同约定"本合同期内，除钢材、水泥以外，其他所有人工、材料、设备和机械台班均不进行价格调整。承包人在报价时应考虑人工、材料、设备和机械台班等的变动风险，该等风险已包含在合同价款中。"然而在漫长的施工过程中，人工、材料等费用可能会存在较大的价格波动，这将给承包人带来风险。

5. 经济环境风险

所有法律谈判都受到各区域以及国际经济的影响。经济环境是指企业面临的社会经济条件及其运行状况、运行模式等情况。经济环境是制约企业生存和发展的重要因素，因此，首席法律谈判官应当学会在不同经济环境中寻求突破点，以降低经济环境所带来的风险。

（三）法律风险

法律谈判中法律风险主要包括法律法规的差异冲突、修订废止等导致的风险。此处的法律风险仅指法律法规本身所带来的风险，而不包括谈判各方故意违反法律法规而带来的风险。法律风险往往与政治风险联系紧密，法律一定程度上是政治的反映。因此在法律谈判前，首席法律谈判官应提前了解谈判项目涉及领域的法律法规，从容面对法律法规之间的差异冲突，将法律风险降到最低。

（四）社会文化风险

社会文化风险是指不同区域的社会形态以及文化差异导致的风险，具体包含价值观差异、文化差异、专业差异等。

1. 价值观差异

各个地域之间可能存在价值观差异，而价值观直接决定了人们对好与坏、美与丑、善与恶的判断。因此，不同的价值观对法律谈判将产生不同的影响。

2. 文化差异

这里的文化差异具体是指不同文化背景下语言表达方式的差异，或者同一行为所传递的信息内涵的差异等。如果不了解或者忽视文化差异，很可能会导致法律谈判中对谈判信息的理解错漏，给谈判带来不利影响。

3. 专业差异

专业差异是指不同专业之间存在的差异，如对于一块普通石头，在美术专业人士眼中可能是待打磨的艺术品，而在地质学家眼中则可能是富含稀有金属的物质。可见专业差异也将给谈判带来风险。

（五）自然环境风险

自然环境风险一般是指多变的自然环境给谈判带来的不利影响。自然环境风险主要是指地质作用所造成的不良影响，如地震、海啸、火山喷发等。虽然自然灾害具有不可控性，谈判者可以援引不可抗力免除谈判各方的责任与义务，但是谈判者也应当谨慎对待此风险，寻求可减轻风险的办法，如购买保险等。

二、法律谈判的人员风险

（一）人员素质风险

人员素质风险是指法律谈判中，由于谈判人员的性格、经验、能力等方面的差异给法律谈判带来的损失风险。法律谈判人员素质的高低对法律谈判的成败有着关键性作用，因此，首席法律谈判官应当重视人员素质风险，注重谈判人员的选择、组织以及培训。人员素质风险常见的有如下几种。

1. 谈判人员收集信息的能力不足

优秀的首席法律谈判官都非常重视谈判前的准备工作，而法律谈判前期准备工作中十分重要的一项就是信息的收集，具体包括市场信息的收集、谈判对手信息的收集等。由于首席法律谈判官肩负组织、统筹整个谈判团队的重任，故前期信息收集等大量烦琐工作多由谈判团队中的其他谈判人员完成。因此，谈判人员信息收集能力的强弱直接关系到法律谈判准备的充分与否。谈判人员信息收集能力的不足，可能导致己方收集到的真实信息量少且面窄，甚至可能出现信息收集有误的情形，导致谈判双方的信息不对称。这种信息不对称，会误导当事人以及首席法律谈判官在谈判中的决策，影响对谈判中优劣势地位的判断，阻碍己方替代性方案的制作，影响对谈判对方陷阱条款的判断等。

2. 谈判人员缺乏必要的知识

谈判人员缺乏必要的知识，主要是指谈判人员对具体项目所涉及的专业知识不熟悉，又不虚心向相关专家请教，且没有进行充分的调查和学习。这种情况将给法律谈判带来无穷的隐患。其实，每一个谈判人员储备的知识量是有限的，因此，对谈判中相关知识不了解并不可怕，但是谈判人员应当在法律谈判中充分正视自身的不足，并采取必要的措施。首席法律谈判官应当根据项目需要选择专业工程技术人员、律师、会计师等作为谈判团队成员，在谈判前应当组织其他谈判人员充分与专业人员进行沟通，彼此了解必要的专业术语，并组织人员对外部环境进行全面调查，对项目进行可行性研究等。

3. 谈判人员性格存在缺陷或者不能控制自己的情绪

（1）谈判人员性格存在缺陷。谈判人员的性格具有多面性，这也与谈判者自身教育背景和成长环境息息相关。谈判人员的性格不同，对于相同事务的处理方式也各异。如性格上刚愎自用的人，在谈判中往往会不喜欢听从他人的意见。这样性格的谈判者，一方面可能导致己方方案过于片面，另一方面也可能让谈判对方认为难以合作。又如不勇于担责的人，可能在谈判对手或者当事人施压时，会影响谈判策略与技巧的选择，或者轻易做出承诺等。这些谈判人员性格上的缺陷都可能给法律谈判带来致命性的风险。因此，首席法律谈判官在对自身严格要求的同时，应注重对谈判人员进行性格上的引导与纠偏。

（2）谈判人员不能控制自己的情绪。笔者在第四章提到，别让情绪控制

第五章 未雨绸缪：首席法律谈判官的风险管理

你。一个成熟的首席法律谈判官不应该是没有情绪的冷血动物，而应该是一个可以控制自身情绪的理性和感性个体。情绪如果控制得当可以作为传递信息的工具，反之，则可能会影响法律谈判的进程，使谈判陷入僵局或者导致谈判破裂。有的谈判人员在法律谈判中不能良好地隐藏自身情绪，如流露出急于求成、表现欲强，或者拖泥带水、踟蹰不前等情绪。有的谈判人员则容易受到对方情绪的影响，陷入对方情绪的陷阱，如在对方故意表露出愤怒等情绪时，容易表现出妥协等态度。这些情绪的流露都有可能让己方在法律谈判中错失谈判时机，放弃己方的最佳利益。

4. 谈判人员的沟通能力不足

谈判是一个你来我往的过程，谈判人员的沟通能力直接影响了谈判信息的传达与接收。谈判人员的沟通能力具体体现在：①表达信息的能力；②接收和理解信息的能力；③多种语言运用的能力；④应对不同文化背景、专业背景以及性格的谈判对手的能力；⑤在不同谈判氛围中以及谈判对手情绪下的应对能力。在法律谈判中，基于具体项目的情况以及谈判策略技巧的选择，首席法律谈判官并不会出席所有的法律谈判，因此，谈判人员的沟通能力很可能直接决定谈判的成败。

│案例一│

D公司与F公司约定的谈判日期迫近，而D公司谈判团队中的一名代表因突发事故暂时脱离团队，因此，由一名新聘的年轻律师张律师代替。在前期的资料收集以及模拟谈判中，D公司首席法律谈判官发现张律师年轻气盛，情绪易冲动，谈判风格偏激。为了不破坏整个团队的谈判战略安排，首席法律谈判官及时调整张律师的角色定位，安排其扮演"红脸"角色并在己方存在优势时，乘胜追击发挥作用，但是在开局阶段以及谈判顺利的中后期则要求其保持沉默，配合团队成员，以避免破坏双方友好的谈判气氛，影响交易的达成。

在该案例中，D公司首席法律谈判官及时发现团队成员存在的性格缺陷并及时做出安排，将该风险保持在可控范围内，最终保证整个团队的战略安排得以正常运行。

（二）技术风险

法律谈判往往会涉及技术、设备以及管理经验等技术问题，由于不同区域的技术人员和谈判人员的专业水平存在差异，往往会产生技术风险。法律谈判中的技术风险，一般包括技术标准过高、技术合作伙伴不适宜、强迫性要求三个方面。

（1）技术标准过高体现为两种类型。其一，在技术输入的项目中，即己方引进技术和设备的谈判项目中，有些谈判人员常常对谈判对方提出过高的技术要求。这种情况在发展中国家是较为普遍的。在技术输入时对技术过分奢求可能会导致项目成本的无限制增大或者出现与己方技术规范不匹配的情形，最终给己方带来巨大损失。其二，在技术输出时，因谈判人员对己方技术参数的不了解，导致对谈判对方进行不实的超高技术标准承诺，给己方带来失信或者违约的风险。

（2）技术合作伙伴不适宜的风险在发展中国家引进发达国家先进技术时表现得尤为明显。发展中国家在开展国际经济合作中，常常希望能通过项目引进先进设备以及技术，但是最终结果往往不尽如人意，这很大程度上是因为合作伙伴不适宜引起的。发达国家在很多技术及设备上固然处在世界前列，但是并不是发达国家的每一项技术或者每一个拥有技术的公司都适合合作。在技术合作伙伴的选取上，一方面需要考虑企业的综合能力和技术水平，另一方面也要考虑该企业的信誉情况、资信能力、合作态度以及与己方项目的匹配程度。技术合作伙伴的匹配程度直接决定合作目的的实现。

（3）强迫性要求。强迫性要求是指在商务活动中，一方利用己方的优势技术对谈判另一方予以施压，要求另一方接受不公平合同条款。这种情况在发达国家与发展中国家之间经常发生。在强迫性要求下，发展中国家企业可能面临要么接受公平条件，承受利益上分配的不平等；要么拒绝接受不合理要求，承受机会成本的损失的情况。发展中国家既要谋求发展，又要维护合理利益，在强迫性要求下是难以实现的。

(三) 谈判对手风险

在法律谈判中，因谈判对手的性格特点、处世方式、诚信情况等各不相同，也给谈判带来一定的风险。谈判对手风险主要有：欺诈、窃取、贿赂、暴力、履约不能。

1. 欺诈

从法律上讲，欺诈是指一方存在运用语言、文字或活动等隐瞒事实而告知虚假情况，导致另一方在违背真实意思的情况下实施民事法律行为。在法律谈判中，常见的有合同欺诈、金融欺诈、保险欺诈等。面对欺诈的法律风险，就要求首席法律谈判官组织人员在谈判前做好充分准备，全面收集谈判对手信息，并在谈判中谨慎对待谈判对手的陈述与承诺，如发现欺诈行为，可及时采取停止谈判或者报警等措施。

案例二

H医院系一家民营专科医院，Q公司系一家经营医疗器械生产、加工、销售等业务的公司，H医院因治疗需要拟向Q公司采购一批可溶性止血纱布。因可溶性止血纱布需植入体内，为降低使用风险，H医院严格把关器械资质、来源以及质量控制问题。在与Q公司前期磋商的环节中，H医院首席法律谈判官要求Q公司出示其三类医疗器械经营许可证，Q公司再三表示许可证正在审批之中，会尽快落实，并多次保证自己绝对能获得审批。H医院首席法律谈判官出于对交易安全的考虑，组织谈判成员对该问题进行调查核实。经过调查发现，Q公司因仓储环境不达标无法出示环境设施合格的证明文件，一直没有获得三类医疗器械经营许可证。H医院首席法律谈判官发现事实真相后，认为对方Q公司涉及商业欺诈，决定及时停止与Q公司的磋商谈判……

2. 窃取与贿赂

窃取是指谈判对手为了获得更多真实的谈判信息，而使用偷盗的手段获得谈判信息或商业信息。贿赂是指谈判一方为了实现己方的谈判目的，通过向谈判另一方个体行贿而使其答应一定条件的行为。为了防止己方的商业信息被窃取或者被任意披露，避免己方谈判人员因受贿而做出损害己方利益的行为，首席法律谈判官应对谈判资料的存档与管理予以规范，对谈判团队成员的品行予以调查，对谈判成员的行为予以约束。

3. 暴力

暴力是指谈判一方为了达到谈判目标，而使用暴力手段威胁、恐吓等手段强迫另一方答应其谈判条件的行为。谈判对手如采用暴力手段，不仅对己方身心健康造成极大伤害，而且还可能危及己方谈判成员的生命、自由等。面对谈判对手采取暴力手段，首席法律谈判官应该及时终止谈判或报警，以保障己方谈判人员的身心健康。

4. 履约不能

履约不能的法律风险常常发生在谈判完成并达成协议后。大部分合同都需要一定的履约时间，由此也给谈判带来风险。履约不能的风险包含两个方面：一方面是谈判对手因主观原因拒绝履行合同，在此种情形下谈判对手常常采用拖沓或者寻找合同漏洞等方式拒绝履行合同和承担违约责任；另一方面则是谈判对手在履约过程中确因不可抗力、自身资金短缺或其他客观原因导致无法履约。为避免履约不能的法律风险，首席法律谈判官应当做好谈判前的准备，对谈判对手的资金实力、诚信口碑等进行翔实的调查，重视谈判协议的条款，明晰法律责任，严控法律风险，对主观上拒绝履约的谈判对手坚决按照合同追究违约责任，对于客观上不能履约的谈判对手，根据实际情况予以协商解决。首席法律谈判官应通过合同管控等方式，提高对方主观履约不能的法律成本；做到事前调查，尽量避免客观履约不能的风险。

第五章 | 未雨绸缪：首席法律谈判官的风险管理

第二节 谈判风险的评估

谈判风险的管理流程包括全面收集谈判风险相关信息、进行谈判风险评估、谈判风险的防控和处理、建立谈判风险的预防体系。笔者在第一节已经介绍了谈判的客观风险和谈判的人员风险，为了有效地对谈判风险进行预防和控制，首席法律谈判官需要在全面收集谈判风险的相关信息后，对这些信息进行分析评估。具体而言，谈判风险的评估包括谈判风险的识别、谈判风险的分析、谈判风险的评价。

一、谈判风险的识别

谈判风险的识别是指对影响谈判目标的所有风险进行识别。谈判风险的识别是谈判风险评估的第一步，也是十分重要的一步。法律谈判中涉及的元素很多，而从众多元素中辨别出风险因素并非一件简单的事情，也不可能由首席法律谈判官一人完成。因此，谈判风险的识别应当需要集思广益并采用科学的方法，最常用的谈判风险识别方法包括头脑风暴法、调查法、流程图分析法、SWOT分析法、情境分析法等等。

（一）头脑风暴法

头脑风暴法，即法律谈判团队的全体人员，根据自身在法律谈判中所处的位置以及谈判目标，通过构建出以讨论会为主要形式的自由会议氛围，使得全体谈判成员可以畅所欲言、激发灵感、发散思维，对任何可能的谈判风险进行罗列。运用此方法识别谈判风险，虽然能够较为全面地了解谈判风险，让全体谈判成员都参与其中，启发整个团队的思维，但是也对参与头脑风暴的谈判人员的素质提出了较高的要求。而且因此种方法讨论时间有限，很可能存在识别不全面、论证不充分等情形。针对头脑风暴法的特点，建议首席法律谈判官在谈判准备的初始阶段可以采用此种方法，启迪谈判人员的思维，全面了解法律谈判中存在的风险。

（二）调查法

运用调查法识别法律谈判风险存在两种做法：第一种是专家调查法；第二种是实地调查法。专家调查法是指根据法律谈判项目所涉及的专业领域，选取有经验的专家作为征询对象，通过专家对谈判相关情况进行了解或者调查后给出高频风险点。实地调查法，则是指首席法律谈判官自身或者委派谈判团队人员根据谈判需要，通过现场观察、发放问卷、约谈等方法实地考察和谈判相关的企业、行政主管部门、谈判标的等，再根据实地走访调查情况归纳谈判风险。专家调查法能有效利用专家经验排查谈判风险，而实地调查法则可以通过调查获得第一手资料，准确率相对较高。但是无论是专家调查法还是实地调查法都需要花费人力和物力成本，建议首席法律谈判官综合谈判项目成本选择使用此方法。

（三）流程图分析法

流程图分析法主要是将法律谈判的过程以图表的方式予以全面展示，再对谈判中的每一阶段、每一环节逐一进行分析，找出诱发潜在风险的因素或风险点。用此种方法可以全面分析谈判各个阶段存在的风险，但是需要识别者对谈判的各个流程均有较为精准的了解和把握才能发挥出此种方法的优势。

（四）SWOT分析法

SWOT分析法又叫优劣势分析法，是指通过具体谈判项目中优势、劣势、机会、威胁等的罗列，对各种因素进行系统分析，找出项目存在的主要风险点。运用此分析方法可以较为全面地了解己方在谈判中所处的位置，针对性强，可以较系统地对风险进行识别，但是识别者在列举优势、劣势、机会、威胁的时候不可避免地带上主观色彩，所以可能会影响识别的准确性。

（五）情境分析法

运用情境分析法识别风险与前文中提到的模拟谈判有着异曲同工之妙。首席法律谈判官以及谈判成员将自身带入法律谈判实景，通过预演谈判来发现法律谈判中的风险。在具体运用情境分析法时可以将谈判团队成员分为两组，一组站在己方立场进行思考和谈判；另一组则仅基于对方信息，站在对方立场进行分析，通过两组成员的情境带入全面找寻谈判风险点。此种识别方法因涉及谈判人员的调配，建议在法律谈判准备基本完成后再采用此方法进行风险识别。

风险识别的方法众多，以上仅对几种较为常见的方法进行介绍。在具体操作过程中运用何种识别方法，在哪个阶段使用何种识别方法，则需要首席法律谈判官结合谈判项目，科学合理地进行选择，务必让法律谈判风险能尽量全面、精准地被识别。当然，在运用不同方法完成风险识别后还需将风险识别的结果进行归集、展示，以便进行下一阶段的谈判风险的分析。

二、谈判风险的分析

谈判风险的分析是指对已经识别的风险进行定性、定量的分析，分析风险产生的原因、风险发生的概率、风险可能对法律谈判带来的影响。在谈判风险分析的过程中，可以先对单个风险因素产生的原因、发生的概率以及损害结果进行定性、定量的分析，再将各个风险因素进行整合，对于概率较低的风险暂时予以剔除，对于同类风险予以归纳，对于关联风险点整合起来整体分析其概率以及损害结果，并将分析结果归总以便进行下一阶段的谈判风险的评估。需要注意的是，如果已经识别的风险可能对整个谈判产生重要影响，那么即便其发生概率较低也应当予以重视。

法律谈判风险的分析可以分为客观分析和主观分析。客观分析主要是基于历史数据与资料，利用概率理论，结合大数据情况，对风险情况进行分析，进而得出风险发生的概率和损害后果。此处的历史数据最好选用较近时间周期的数据，如需要也可以适当拓宽周期。主观分析是指谈判人员根据其专业素养与实践经验对已识别的风险进行分析。主观分析常见于收集信息较少或者没有历史数据可参考的情况。我们在分析谈判风险的概率及损害后果时，为了保证分析标准的统一，可以在分析前根据项目需求制定风险可能性以及损害性的衡量准则以及高低标准，如划定极高频率、较高频率、中等频率以及较低频率四个等级，并对各个等级标准进行描述。

谈判风险的分析过程实质上就是对风险信息进行进一步辨别真伪，归纳整合的过程。因此，在谈判风险的分析阶段，主要实现以下几个目的：①已识别风险因素的真伪辨别；②探寻谈判风险的来源，并将同一来源的风险进行归类；③测算谈判风险发生的概率情况；④预测谈判风险可能导致的损害结果；⑤分析各个谈判风险之间存在的联系。最后将前述分析结果汇总以便进行下一阶段的谈判风险的评价。

三、谈判风险的评价

谈判风险评价是结合风险分析结果，根据一定的风险评判标准确定风险等级，为谈判风险的管理与处置提供决策依据。常用的谈判风险评价的方法有风险矩阵法、模糊综合评价法、专家评价法等。

（一）风险矩阵法

风险矩阵法又称风险矩阵图，由美国空军电子系统中心提出，是将定性分析和定量分析结合的一种评价方法。在适用风险矩阵法时，通常将风险事件发生的概率和对谈判的影响程度分级评分，并在二维表格中以行和列的方式排列，再将二者的估计值相乘得出具体的风险值，最后按照风险事件在风险矩阵图中的位置做出评估。风险矩阵法综合考虑了风险发生概率与风险影响程度两方面因素，可以将风险对项目的影响进行最直接的评价。因风险矩阵法具有操作简便且结论相对较客观的特点，所以被诸多风险评估机构青睐。但是风险矩阵法依赖大量的原始数据，需要评价人严格遵照已确定的风险评估机制中关于风险发生的可能性、风险的影响程度等标准，因此如果在操作中出现在定量上缺乏量化的程度，在定性上又缺乏科学的支撑，则可能造成评估结果的失真。

（二）模糊综合评价法

模糊综合评价法主要是以定量表达的评估方法，"基于模糊数学的综合评价方法。该综合评价法根据模糊数学的隶属度理论把定性评价转化为定量评价，即用模糊数学对受到多种因素制约的事物或对象做出一个总体的评价。"① 模糊综合评价法主要运用于原始数据缺失的情况，能较好解决模糊且难以量化的问题，因此，在法律谈判前期信息收集较少的情况下，首席法律谈判官可以选择此评价法对风险进行评估。

（三）专家评价法

专家评价法是聘请专家就已识别的风险因素，利用自身的专业知识、实践经验以及逻辑分析能力等，对单个风险因素的发生概率以及影响程度进行评估，再结合谈判项目，就整个谈判风险进行评价的方法。此种评价方法具有高效便捷的特点，但是整个评价过程依赖专家的专业水准和实践经验，主观性较强，建议可以与其他评价方法结合使用。

风险的评价方法还有很多，如蒙特卡洛模拟法、敏感性分析法、影响图法等，以上仅列举在法律谈判风险评价中常用的三种较为简单实用的方法。首席法律谈判官应当根据谈判项目前期信息的收集情况、谈判项目进行的阶段以及谈判项目的时间压力等选择合适的评价方法，对谈判风险进行综合评价。

第三节　法律谈判风险的控制与处理

在法律谈判中，风险无处不在。有些风险造成损失的同时也意味着高收益和高回报。因此，如何对已评估风险进行控制与处理对首席法律谈判官来说也是一门技术与艺术。

对法律谈判风险予以分类对谈判风险的控制与处理有着重要意义。如对

---

① 参见 https：//baike.so.com/doc/5421682－5659870.html，访问日期：2019年6月20日。

于法律谈判中的纯风险,首席法律谈判官应当根据风险发生的概率和可能的损害后果,确定是否采用完全回避的方式规避风险,而对机会风险,则应当评估风险与机会的概率高低,采取相应措施降低风险或对风险加以利用。对于相对较容易预估的人员风险,可以由首席法律谈判官采用聘请专家、提高谈判成员素质等方法尽量规避,而对于技术标准过高的情形,则应该结合成本控制采用专家人员介入等方式进行处理。

法律谈判中,根据谈判风险的分析结论,我们通常采用回避风险、降低风险、转移风险、保留风险来控制和处理法律谈判中的风险。

一、回避风险

回避风险,简而言之,就是完全避开风险,通过拒绝合作、终止谈判等方式将自身与风险项目予以割裂。采用回避风险的方式处理和控制风险,能较好地杜绝风险,且操作较为简单,但是同时也可能造成机会利益的丧失。因此,回避风险常常用于纯风险,在机会风险中应当根据风险评估结果慎重使用。

|案例三|

A 公司拟购买 B 公司所生产的婴幼儿产品。A 公司聘请 W 女士全权处理购买谈判事宜,W 女士接受委托后立马组建团队着手谈判前期的准备事宜。通过调查发现,B 公司所生产的婴幼儿产品虽然相比市场同类同等级婴幼儿产品价格更低,但是近三年 B 公司均有产品被当地质监局抽查不合格。而且 B 公司近几年存在因产品质量安全等问题被起诉的情况。W 女士进一步调查到 B 公司存在质量安全等问题是因内部监管以及制度等不完善造成的。综合上述情况,经综合评估 W 女士认为 B 公司继续出现产品质量风险的概率较高,且短时间内无法得到改善。婴幼儿产品中质量安全应是首要考虑的因素,鉴于 B 公司目前存在的情况,W 女士建议 A 公司放弃在价格上有优势的 B 公司，终止拟与 B 公司的合作。

二、降低风险

降低风险就是通过系列手段降低风险发生的可能性或者是降低风险带来的损失。降低风险是一种较为普遍的谈判风险的处理方式，常用于机会风险中。利用此种方法，一方面可以保留机会利益，另一方面可以降低风险值。我们常常使用如下几种方式以降低风险。

（一）提高谈判团队成员的素质

在法律谈判中因谈判团队成员素质不高给谈判带来风险的案例比比皆是。在法律谈判中，如发现存在谈判团队成员素质不高可能给谈判带来高频风险的情况时，首席法律谈判官应当及时采取措施。具体可以从以下几个方面入手。

1. 撤换团队成员或加强培训

在法律谈判中，如首席法律谈判官发现谈判团队的人员素质确实无法与项目相匹配，在时间较为紧迫的情况下可以采用及时更换谈判人员的方式以撤换素质不匹配的成员；在时间相对充裕的情况下可采用临时紧急培训的方式让谈判人员在短期内提高谈判能力。

2. 专业的事情交给专业的人员

在法律谈判中，为了避免因谈判人员素质较低而给谈判的信息收集等方面带来风险，首席法律谈判官可选择将专业的事情交给专业机构或者专业人员来处理以降低风险。如在法律谈判中，将信息收集或者调查谈判对手资信财务情况等工作交给专门的企业信息调研公司；将专业技术参数和技术标准的确定交给该领域专家或其他专业人士；将谈判成本的核算交给专业的财务人员等。通过将专业的事情交由专业的人员来处理，以尽量降低因人员素质参差不齐给法律谈判带来的风险。

（二）替代性方案

笔者在第二章就提到，在制订法律谈判的方案时应当制订替代性方案。

制订替代性谈判方案不仅可以给己方更多选择，还可降低谈判中的风险。在制订法律谈判方案的时候，首席法律谈判官就应当考虑不同方案可能产生的影响及其包含的风险点，如在谈判中发现首选方案中风险发生频率较高或者损害结果较大，则可以立马替换成方案二或者方案三。使用替代性方案降低谈判风险，一方面可以使首席法律谈判官更为从容应对谈判风险；但是另一方面也对首席法律谈判官提出了更高要求，要求其更具发散思维，提前准备多套方案。

（三）灵活决策

法律谈判过程中充满了变数，无论谈判前的准备如何充分，谈判过程中都有可能出现突发情况，增大谈判的风险。如在法律谈判中对方突然提出新的附加条件的让步，一方面可能会给己方带来新的利益；但是另一方面却需要己方承担更多风险，此时就需要首席法律谈判官灵活决策。如果在法律谈判中，首席法律谈判官在遇到新的情况和新的风险时，优柔寡断、瞻前顾后，不仅可能丧失机会利益，更可能增大风险。因此，首席法律谈判官能灵活决策也是降低风险的方法之一，但是这里的灵活决策绝不是盲目行事，也不是急功近利，更不是超出代理权限损害当事人利益，而是首席法律谈判官根据对谈判项目的掌控能力和实践经验，在自身的权限范围内对法律谈判中的突发情况迅速评估并进行决策。

三、转移风险

转移风险，是指在法律谈判中对可能由己方承担的谈判风险，以一定方式转移给第三方承担。采用转移风险的方式规避风险存在两种模式：一是纯粹由合作方分担风险；二是借助保险市场或者其他信贷担保工具转移风险。

（一）由合作方分担谈判风险

在法律谈判中，风险的承担并不是非此即彼般简单，有时需要谈判各方相互协商来共同面对谈判风险，因此，谈判风险的承担也成为谈判的重要内容之一。除了在优势地位特别明显的优势谈判中，其他谈判项目中对谈判风险的分担一般秉承公平合理的原则，即由谈判各方共同承担。在国际谈判中，汇率风险是谈判各方都非常关注的谈判风险点。下面笔者以汇率风险为例介绍几种转移风险的方式。

在法律谈判中，特别是在跨区域谈判中，首席法律谈判官一般都不愿由己方独自承担汇率风险，因此常会采用如下几种方式将风险转移给谈判对方。

（1）直接与谈判对方协商，采用己方所在国的货币结算。这种方式操作较为简单，且成本与风险最低，但是如果谈判各方在谈判中的优劣势地位差距不明显，让谈判对方接受这一结算条款相对困难。如果在法律谈判中，根据谈判项目需要或者当事人要求坚持采用己方货币进行结算，则首席法律谈判官应考虑在其他成本承担或者风险承担方面予以让步，才能给予对方承担相应汇率风险的合理理由。

┃案例四┃

中国某外贸公司拟出口一批玩具给某国 B 公司。经谈判，双方采用 EWX（工厂交货）的交货方式，即外贸公司在其工厂将货物交给 B 公司后，由 B 公司承担货物运输的风险和费用，并办理出口结关手续。双方随后就商品购买价格、数量等达成一致，但是关于结算货币的问题双方意见有分歧，外贸公司坚持用人民币进行结算，而 B 公司希望用美元进行结算，谈判陷入僵局。为打破僵局，外贸公司考虑到近期国际市场汇率变动较大，经过系列的成本测算后提出，希望双方采用人民币结算，但是为表达合作诚意，交货方式由 EWX 调整为 FAS（船边交货），即由外贸公司在指定的装运港码头或驳船上把货物交至船边，此时起由 B 公司承担货物灭失或损坏的全部费用和风险，由外贸公司办理出口结关手续。B 公司考虑到外贸公司调整了交货方式，承担了部分运费，因此同意使用人民币结算。

（2）谈判中可以采用多种货币结算的方式。谈判双方为共同分担谈判中汇率风险，可以采用多种货币结算的方式。如买卖双方可以约定，首先由甲国货币支付一定比例交易金额，等交易完成后，再使用乙国货币进行剩余合同款项的结算。买卖是你来我往交替的过程，因此，采用多种货币结算的方式基本可以保证合作各方风险承担的公平性。当然，如果出现某国货币波动特别明显的情况，则需要就该国货币汇率风险的分担进行进一步协商。

（二）利用保险市场和信贷担保工具

在现代商事交易过程中，利用保险市场和信贷担保工具已然成为一种较为普遍的风险转移的方式。

（1）以购买保险的方式转移风险常适用于纯风险中，对于机会风险使用较少。在具体项目中，是否需要购买保险、购买何种险种、向何种机构购买保险较为合适、选择何种档次的保险费以及如何与合作方分担保险费等，都需要首席法律谈判官根据具体情况予以把控，必要时，还需要咨询专门的保险领域的专家。

（2）使用信贷担保工具也是在风险转移中较为常见的，通常此类担保需要由银行做出。如在工程项目中，招标人为防止投标人中标后不按照招标文件要求签订合同，要求投标人提供银行出具的投标保证书。又如在大宗买卖合同签订后，卖方为避免买方不支付货款，要求买方出具预付款担保。使用信贷担保工具转移风险的方式还有很多，如要求谈判对方提供履约保证金等，而是否需要使用信贷担保工具以及以何种方式使用信贷担保工具，都需要首席法律谈判官在综合评估谈判项目的谈判风险后进行确定。

四、保留风险

保留风险是指当风险来临时接受风险。保留风险可能是主动的也可能是被动的。如风险没有被识别或者在评估时被纳入概率低、影响小的范畴，导致谈判人员并未做出应对风险的准备，此时的保留风险则是被动的。而如在法律谈判时就预留了一笔针对不可预见风险的费用，以备法律谈判期间或者合同履行期间的风险支出，则是一种主动的保留风险。在很多情况下，完全回避风险是不可能的，此时主动保留风险不失为一种行之有效的规避风险的方式。

以上介绍了四种控制和处理法律谈判风险的方式。对于已被评估为高概率和高损害的风险，首席法律谈判官可以采用回避风险、降低风险的方式以规避风险；对自然灾害、政治灾害等纯风险则通常采用保留风险和转移风险的方式以处理风险；对收益与风险参半的机会风险，首席法律谈判官常常采用降低风险的方式以保留机会利益。风险越不容易预见，则相应的控制和处理的难度也就越高；而如果风险已被识别或评估，相对的控制和处理方式也会更多。风险是令人厌恶的，但是机会利益却对谈判者有着十足的诱惑力。如何选择法律谈判风险的控制和处理方式，需要首席法律谈判官根据风险的性质与类别进行选择，一方面需要做到尽可能规避风险，另一方面又不可因害怕风险而一味放弃机会利益，回避全部风险。

第四节　建立谈判风险防控体系

法律谈判中风险无处不在，虽然在实践中我们可以通过回避风险、降低风险、转移风险以及保留风险的方式分担或者避免已识别的风险，但是在法律谈判中出现突发性风险事件时，首席法律谈判官或者当事人还是常常会觉得手足无措。为了全面有效地预防谈判风险，提高谈判人员应对突发性风险的能力，应当建立法律谈判风险防控体系。法律谈判风险防控体系应当贯穿于整个谈判过程，具体包括法律谈判前的风险预警、法律谈判中的风险控制、法律谈判成交后的履约管理。

一、法律谈判前的风险预警

法律谈判前的风险预警主要是指在法律谈判前，首席法律谈判官预判谈判中可能发生的风险，并采取必要措施规避风险。法律谈判前的风险预警包括风险的评估、风险的控制与处理。风险的评估，包括风险的识别、风险的分析、风险的评价，具体评估的方法已经在前文中详细论述。而在本部分中，将主要论述在法律谈判前可能存在的风险以及可采取的防控措施。

（一）对己方谈判人员的风险预警

我们在上文中就已详细介绍过因己方谈判人员素质的高低不同可能带来一定风险，如信息收集不全或失真的法律风险、情绪失控或专业能力不足等风险。针对己方谈判人员可能带来的风险，在法律谈判前，提高谈判团队的整体素质是十分必要的。首席法律谈判官应当兼具团队领导者、法律专家、谈判专家和战略专家这四层身份，但是法律谈判的成功不仅有赖于首席法律谈判官，更需要依靠团队成员的合作，因此提高整体谈判团队成员的素质才能从根本上解决谈判人员的素质问题。

目前，首席法律谈判官的工作模式有两种：一种是由企业专设首席法律谈判官的职务；另一种是在谈判个案中聘请首席法律谈判官代理谈判。在由企业专设首席法律谈判官的职务的模式中，首席法律谈判官可以帮助企业建立一支高素质且人员相对固定的谈判团队，以备不同的法律谈判需要；在谈判个案中聘请首席法律谈判官代理谈判的模式中，首席法律谈判官可以根据自身谈判经验和专业领域，挑选财务、商务、技术等专业人员组建一支人员相对灵活的高素质谈判队伍，以配合不同的谈判个案。首席法律谈判官组建高素质的谈判队伍可以从以下几个方面入手。

1. 法律谈判团队成员应具有良好的品行

品行是指一个人的行为品德，品行的高低决定了一个人的自我修养、情绪控制能力，因此谈判团队成员的品行是在选择谈判人员时应当首要考虑的问题。无论是在企业内部组建谈判团队，还是由首席法律谈判官组建较为灵活的谈判团队，首席法律谈判官都应当对谈判中的每一位成员进行品行审查。能坚守原则，不跨越道德和法律底线的谈判人员才有可能在面对谈判中的贿赂、暴力、威胁时，仍能坚定地坚持当事人利益最大化以及合法的原则；能做到不骄不躁、不卑不亢的谈判人员才有可能在面对对方情绪陷阱或者出现突发情况时，沉着冷静，及时反应。因此，首席法律谈判官要组建高素质的谈判团队首先要确保团队中的每一位成员都具有良好的品行。

2. 法律谈判团队成员应具备较高的专业素养

这里说的专业素养是指谈判团队成员各自专注领域的专业素养。组建高素质的谈判团队就要求法律谈判中的每一位成员在各自领域有较高的专业能力，如商务类人员应当对市场行情、营销策略等有着深入的研究，财务人员应对财税知识有很深的了解等。闻道有先后，术业有专攻，不同的法律谈判项目中可能涉及不同专业领域。在企业专设首席法律谈判官的职务的模式中，企业组建的谈判团队应该结合企业涉及的业务领域，在企业财务、营销等部门抽调人员进行培训，以备法律谈判需要；而在个案中聘请首席法律谈判官代理谈判的模式中，首席法律谈判官自行组建的灵活谈判队伍，因谈判项目所涉及的领域不确定，所以需要招揽各个专业的高素质人才，建立人才储备库，以备不同项目需要。

3. 法律谈判团队成员应具备较高的谈判能力

法律谈判团队中的成员作为谈判的参与者应当具备较高的谈判能力，谈判能力包括信息收集和检索能力、沟通能力、谈判策略与技巧运用能力、与团队成员协作的能力等。首席法律谈判官可以根据团队成员的素质情况分阶段培训，以提高成员的谈判能力，并在不断的谈判实践中增强团队成员的默契度。

4. 法律谈判团队成员应具备较高的综合能力

要组建一支优秀的法律谈判团队，仅具备专业素养和谈判能力是不够的。因为谈判项目涉及的领域非常广阔，这就要求谈判团队成员应当具备综合能力，这里的综合能力包括观察能力、实践能力、思维能力、整合能力和交流能力等。一个人的知识储备总是有限的，较高的综合能力一方面能让谈判者在谈判中观察到更多信息，另一方面也能让谈判者能适应各种谈判环境，应对各类突发状况。

（二）对谈判对手的风险预警

法律谈判永远不可能由一方完成，在谈判中对谈判对手或者对方的谈判团队不熟悉等也有可能给谈判带来风险，因此，需要首席法律谈判官在法律谈判前组织人员对谈判对手的情况进行调查,以减少谈判对手给法律谈判带来的风险。

1. 法律谈判对方当事人情况不明的风险

在谈判前以及谈判过程中首席法律谈判官应组织人员全面收集谈判对手的基本情况,包括谈判对手的资信情况、经济实力、文化背景、违法记录、谈判中不良行径记录等。如对谈判对手信息收集不全或者存在错误信息的情况,很可能造成过高或过低估计对方实力、掉入对方欺诈或其他陷阱、自身方案与对方需求偏差过大、未能尊重对方文化习惯等风险。

2. 法律谈判对方团队情况不明的风险

谈判中信息收集的内容也包括谈判对方团队的情况,具体而言有人员组成、人员的专业背景、谈判风格、决策权限等。如对谈判对方团队不了解,就无法预测对方可能运用的策略,从而掉入对方各种策略陷阱。全面了解谈判对方团队的情况,就能提前对谈判对手的谈判风格进行研究,对固定化且有漏洞的谈判风格加以利用,在谈判对手援引权力有限等策略时能辨别真伪。

3. 法律谈判中涉外因素所带来的风险

如谈判中存在涉外因素,法律谈判人员应在法律谈判前针对涉外因素进行准备,如考虑谈判是否需要必要的审批手续、谈判的时间成本、文化差异、翻译人员的准备、国际商事规则和习惯等。

(三) 法律谈判标的及合同履行地的风险预警

在法律谈判中,对谈判标的的考察也是至关重要的。谈判标的是谈判的核心要素,也是整个谈判围绕的中心。因此,在法律谈判中应当提前了解谈判标的的性质、合法性等,并对合同履行地的政治环境、经济环境以及文化差异等进行全面考察。只有确保谈判标的的合法性,重视合同履行地的考察,才能有效避免谈判标的在谈判中不明晰以及违法的风险,避免因政治动荡、经济环境、文化差异给合同履行带来的阻力。

(四) 对技术内容的风险预警

在许多谈判项目中都需要考虑技术参数,因此,在涉及技术内容的谈判中,首席法律谈判官应当提前针对技术问题进行准备。技术风险包括技术标准过高、技术合作伙伴不适宜、强迫性要求等内容，笔者在前文中已详细介绍。首席法律谈判官在涉及技术内容的法律谈判中，除需要考虑前文提及的技术风险外，还应注意谈判人员专业配比不合理的风险、谈判技术后期维修维护的风险等。技术风险涉及内容相对专业且各不相同，笔者在此无法进行一一列举。要在各类涉及技术内容的法律谈判前做到全面防范技术风险，首席法律谈判官还需要向各领域专家进行请教，提前知晓各类技术项目所应注意的技术问题。

(五) 价款及结算的风险预警

法律谈判中的价款风险以及结算风险也是常见的风险，需要首席法律谈判官在法律谈判前就予以重视，并制订应对方案。价款及结算风险主要由价格风险、汇率风险、利率风险等市场因素引起。因此，在法律谈判中，首席法律谈判官应组织人员提前对谈判中可能涉及的价格因素、汇率因素、利率因素、股票因素等进行调查，提前制订出对己方有利的几套方案，以便及时应对对方提出的不同的价款及结算条件。在法律谈判中，价款及结算风险涉及的因素不限于利率、汇率等，还可能包括价格约定不明所带来的风险、价格支付节点约定模糊所带来的风险等，这些都需要在具体项目中将风险排查清单予以完善。

二、法律谈判中的风险控制

(一) 避免违法行为与内容以实现风险控制

法律谈判的重要原则之一就是合法性，而合法性首先就要保证合同标的的合法性，进而要求首席法律谈判官及谈判人员确保谈判中的谈判行为、谈判的内容的合法性。因此，在谈判中需要防控的首要风险便是违法风险。这里的合法性风险不仅包括谈判内容和己方谈判行为应当在合法范畴内，还应当警惕谈判对手为追求谈判目标进行非法行为，如对方存在商业欺诈、暴力威胁等。一旦在法律谈判中发现谈判对方存在违法违规的情形，首席法律谈判官应当立即予以指出，采取终止谈判、调整方案或者报警等措施。只有将法律谈判的谈判程序以及谈判实体内容都控制在法律范畴内,才能有效确保法律谈判的合法性。

(二)增强合同保障条款以实现风险控制

在法律谈判中,谈判各方多针对价款条款、支付条款等进行磋商,而常常忽视保障性条款的磋商。合同保障条款具体可以包括担保条款、违约责任条款以及免责条款。保障条款的完备能有效保证己方的合法权益,增加违约方的违约成本,是法律谈判中不可忽视的谈判点之一。

1. 担保条款

担保条款,即在谈判中采用一定方式为谈判对方的资信、合同的履行等进行担保,具体存在以下几种形式。

(1)定金。定金是为保证协议的履行,由一方预付给另一方一定数额的货币。定金能有效保证协议的履行,在协议全面履行后,定金则可进行回收或抵扣。如支付定金一方不履行协议,则其无权收回定金;如接受定金的一方拒绝履行协议,则其应该双倍退还定金。

(2)履约保证金。履约保证金,是当事人在合同中约定,一方当事人缴存给对方一定款项作为履行合同的担保,在缴存一方出现违约行为,且该违约行为属于双方当事人约定的履约保证金的适用范围时,则接受缴存的一方当事人可依双方之约定,扣除部分或全部履约保证金,以督促缴存一方当事人全面履行合同义务的担保方式。

(3)保证人担保或抵押等担保条款。保证人担保是指采用第三人担保的方式进行担保。抵押是指一方当事人为表示一定履约的意向,向另一方提供财产保证,如房产抵押等。

前述合同的担保条款能有效保证谈判对方对合同的履行,在对方不履行合同时能通过扣除定金、保证金或拍卖抵押物等方式以降低己方损失,是在谈判中规避风险的重要措施。

2. 违约责任条款

违约责任条款通过增加谈判当事人的违法成本威慑当事人履行合同,因此它有着举足轻重的作用。对于违约责任条款的谈判首先要注意违约责任的明确性，即明确违约责任的大小、违约的情形，杜绝"如违反约定，追究违约责任"此类简单的约定；其次是确保违约责任的合法性，即违约责任的约定应当符合法律法规；最后要注意违约责任与侵权责任的竞合。在违约责任与侵权责任竞合时，要根据项目情况进行选择。

3. 免责条款

在法律谈判中经常也会涉及免责条款，特别是在保险谈判中，保险公司常常会列举大量的免责情况以免除自身风险。因此，免责条款也是法律谈判中不可忽视的谈判点。首席法律谈判官应当谨慎对待免责条款，明晰己方需免责的条款，了解对方提出的免责条款的范围，对己方不利的免责条款切不可因追求谈判利益而轻易允诺。

（三）以备忘录形式实现防控风险

|案例五|

某文化公司A公司与某影视公司B公司签订了一份"合作框架备忘录"，内容约定双方共同从事某项影视剧的拍摄与宣传，并且双方对于其真实有效性均做了肯定的意思表示。之后，由于某些原因，双方合作失败，B公司拒绝返还保证金，协商无果的情况下，A公司将其诉至法庭。审理过程中，B公司对该"合作框架备忘录"的合同性质提出抗辩，认为其不具有合同效力。法庭经过审理认为，该会议备忘录虽以备忘录的形式出现，但对双方合意的内容进行了确认，系双方的真实意思表示，在不违反法律的情况下，具有合同效力，对各方均有拘束力。[1]

备忘录是一种录以备忘的公文。在法律谈判中应注重发挥合同备忘录的作用，将重要谈判内容以备忘录形式记录下来，能有效规避风险。备忘录分为个人备忘录、备忘录协议以及计划性备忘录。个人备忘录主要是指个人根

---

[1] 刘瑛：《重新定义合同：从商业意图到法律文件》，法律出版社2019年版，第8-9页。

据习惯以及谈判内容的重要程度将法律谈判信息记录下来，具有一定私密性。备忘录协议是法律谈判各方对谈判中已经达成一致的谈判内容以备忘录的形式确定下来，如法律谈判最终达成一致，则备忘录中的内容将直接被写入合同。计划性备忘录则是将计划所做事情提前进行规划，拥有良好的记录计划性备忘习惯的首席法律谈判官能较好地对整个谈判的过程进行统筹。合同备忘能有效规避和处理法律谈判中已经发生或者可能发生的谈判风险，由此要求首席法律谈判官以及谈判成员做到如下几点：①注重谈判中过程文件的整理，善用个人备忘录以及计划性备忘录及时进行记录和规划；②及时将谈判中已确定的内容与谈判对方签订备忘录协议；③注意谈判中各类备忘录的整理和归档。

三、法律谈判成交后的合同履约管理

谈判成交后，谈判各方会根据谈判情况订立谈判合同或者协议。大多数合同都有一定的履行期限，而在较长的履行期限内可能出现履约不能的情形。履约不能分为两种情况，即主观履约不能和客观履约不能，笔者在前文已经进行过详细介绍。为保护法律谈判成果，确保谈判项目的顺利进行，首席法律谈判官应当帮助组织建立履约管理制度以确保对履约的监管，规避履约不能的法律风险。

（一）建立履约合同进度管理制度及质量管理制度

要建立健全履约管理制度，首先就需要建立完善的履约合同进度管理制度和质量管理制度。合同进度管理制度是围绕合同进度而设置的管理制度。质量管理和验收制度是针对合同中质量和验收程序的制度管理，在质量上对项目风险进行把控。通过合同进度管理和质量管理，全面掌控合同的履约进程，一旦发现一方当事人存在故意拖沓或者其他未按照合同约定履约的情形，应该立即汇报并组织相关部门采取必要的预警措施，防止风险的扩大。

（二）建立合同收支管理制度

在合同履行过程中，应当建立项目收支和管理制度，在付款程序中增加

合同管理人员进行审核的环节，一方面按照合同约定付款，另一方面催收到期的欠款。项目收支情况的管理，不仅应当审核收支的费用，还应当根据合同约定管理资金的流向。如在某合同中明确约定某进度款项专门用于材料设备的购买，则还应当审核当事人确有将资金用于材料设备的购买。在合同履约过程中一旦发现有未按合同履约的情况，财务人员可拒绝付款。通过合同收支管理，能在合同存在履约不能风险时，及时做出反应，切断财务上的风险。

（三）委派专人管理项目履约

在合同签订、修改、履约过程中应当实行责任人制度。责任人不仅应当对合同的谈判记录、往来邮件文书、合同修改情况等进行登记，还应当对合同的履行情况进行监督。专人对合同履约的管理，应当从签约时就开始，一直持续到合同履行完毕且确定无违约或其他损害风险。

（四）加强履约培训管理

合同管理人员素质的高低直接影响合同履约管理质量的高低，因此，应当加强对合同管理人员的培训。通过培训，让合同管理人员了解组织文化以及合同管理的重要性，增强自身思想道德水平和自我约束力，提高合同分类及管理能力。只有合同管理人员的素质提高了，才能真正发挥出合同履约管理制度的优势。

（五）建立信息与档案管理

在合同履约管理中，还应当加强信息与档案的管理。完善信息与档案管理，要求组织建立合同管理的台账制度，将合同根据一定的分类标准予以归类存档，登记每个合同的履约情况、履约进度以及责任人。合同归档不仅涉及合同本身的归档，还应包括谈判文件、来往邮件等的归档。良好的信息与档案制度，可以帮助企业在履约风险发生时，第一时间了解合同资料及背景，并准备救济所需要的相关材料。

（六）完善检查与监督管理

定期对合同进行检查与监督是履约管理中重要的环节。合同管理部门应当组织人员对合同进行检查，将合同履约过程中存在的问题及时汇报、整改，并将检查和处理结果记录在档案中。合同管理部门的上级机构也可以根据职权定期对合同履约进行检查和监督。平行部门之间要加强配合，共同提高合同履行监督的效率。

（七）建立评估管理机制

企业或其他组织应当建立合同管理的后期评估制度，以年度等为评价周期，评估总结合同管理中容易出现的问题，针对合同管理中的漏洞或者是容易出现的问题，采取有效措施加以改进。

四、建立法律谈判风险防控的复盘机制

虽然法律谈判中的风险具有多样性和不确定性，但是首席法律谈判官仍应从大量的谈判实践中总结各类风险发生的概率、时间以及相应的处理措施，这就要求建立法律谈判风险防控的复盘机制，及时总结归纳防控风险的经验。

法律谈判风险防控的复盘机制是指在每一场谈判后，首席法律谈判官组织谈判人员就谈判中存在的问题、发现的风险因素及时总结，并讨论出可行性的解决思路。法律谈判风险防控的复盘步骤可以参照笔者在第三章介绍过的复盘步骤，即回顾目标、评估结果、分析原因、总结经验、复盘归档五个步骤。虽然法律谈判风险防控的复盘机制是法律谈判整体复盘的一部分，但因其复盘主要针对的是谈判风险，所以有其特殊之处。

（一）法律谈判风险防控的复盘成功的要素

法律谈判风险防控复盘如要取得成功，除了前文提及的复盘的方法外，还需要具备如下几个要素。

1. 实事求是

实事求是的态度是改进法律谈判的客观基础，任何法律谈判风险的复盘都离不开这一基础。通过对法律谈判的情况客观地分析，才能真正查找出谈判风险出现的客观原因。

2. 自我反思

在法律谈判风险防控的复盘中，不仅要分析客观因素，同时也不能忽视

主观因素。首席法律谈判官尤其应该带头进行反思，敢于否定自己，分析成功和失败的主观原因。

3. 集思广益

在法律谈判风险复盘时，应当集思广益，尽可能召集谈判相关人员，必要时还应当邀请专家，广开言路，让众人畅所欲言，将发现的问题都进行分享，启迪思维，运用集体智慧最大限度发挥复盘的效果。

4. 深入探讨

深入探讨是指在法律谈判的复盘中不流于形式，对风险产生的深层原因予以分析；不局限于就事论事，而是要找出相应的"规律"，寻求更为广泛的指导性。

5. 综合总结

综合总结是指在每一场复盘后，将复盘中发现的问题综合归纳，并针对发现的问题寻求解决的方案。综合总结中最关键的一步就是寻求解决方案，学习以往的成功经验，摒弃以前的错漏之处，扬长避短，革故鼎新。

(二) 法律谈判风险防控的复盘应避免的雷区

1. 浮于表面

风险发生的原因很多都较为复杂，但是许多谈判人员可能会在复盘时"蜻蜓点水"、浮于表面，这样得出的结论也将是片面的甚至是错误的。

2. 推卸责任

推卸责任也是风险复盘中常见的雷区，是指在复盘时，一旦发现存在的问题，谈判人员不积极寻找失败原因及应对措施，而是对自己的责任闭口不谈或者推脱给他人。以这样的心态对法律谈判的风险进行复盘是封闭的，也是与复盘的本意背道而驰的。

3. 主次不分，不成体系

法律谈判风险多而杂，因此在谈判中复盘的组织者应当有体系地针对主要问题组织复盘人员详细分析，而不纠结于细枝末节。如果在法律谈判风险的复盘中，拘泥于小问题或者次要矛盾，反而忽视了关键问题或者主要矛盾，不仅浪费人力、物力，而且可能得出片面或者错误的分析结论，对下一次谈判造成不利影响。

4. 忽视成功经验

在法律谈判风险复盘中，往往对失败的经验较为重视，但是常常忽视成功的经验，这也是复盘的误区。谈判风险防控成功的经验和失败的经验同样重要，将成功的经验总结推广，也能为下一次谈判提供有效指导。

（三）法律谈判风险防控的复盘的终极目标

1. 形成法律谈判风险指导体系

法律风险具有多样性和不可控性，首席法律谈判官组织人员对谈判中风险防控进行复盘时应当根据风险特点进行归纳总结，侧重归纳普遍风险清单和个案风险清单、风险的类别、风险识别的方法、风险概率高低的评判标准等。通过对谈判风险的全面的总结和复盘，最终形成谈判风险的指导体系，指导未来法律谈判中风险的评估和处理。

2. 建立法律谈判风险防控的知识体系

成功的法律谈判风险复盘能发现谈判风险防控中存在的不足和漏洞，并总结处理谈判风险的规律。复盘的最终目标并不是对单个法律谈判案例的回顾，而是要借助复盘，最终形成风险防控的知识体系。风险防控的知识体系包括常见风险集、风险处理知识库、风险防控培训体系等。通过风险防控的知识体系，推介风险防控复盘方式，为首席法律谈判官的培训以及具体谈判项目的开展提供完备的素材。

五、法律谈判风险的多元救济

│案例六│

A公司与B公司订立物流服务协议后，由于纸张原浆价格的上涨以及污水处理与排放要求的提高，造成造纸产业成本骤增，纸箱制造产业随之提高价格。物流公司受其影响，在没有与A公司协商的前提下提高单价，使得该季度A公司的运输成本极大提高。

第五章 ‖ 未雨绸缪：首席法律谈判官的风险管理

A公司发现B公司的违约行为后，主动提出与其协商谈判解决问题。在谈判过程中，B公司态度坚决，表明其由于情势的变更，价格上涨有着充分的原因，双方谈判破裂。于是，按照合同的约定，A公司对B公司提起违约之诉，在法官的主持下，双方再一次回到谈判桌前，就价格问题进行磋商……

在法律谈判中，虽然通过采用不同的措施可以有效防止风险的发生或者降低风险的概率，但是没有任何一种方法可以将风险完全避免。当法律谈判双方出现不能调和的争议，或者出现一方拒绝履约等风险时，就需要采用协商、调解、仲裁、诉讼、再谈判等多元的方式来解决问题。

（一）协商的救济方式

协商的救济方式是指在法律谈判中，谈判各方采用相互沟通、协商的方式解决各方存在的冲突和争议。协商相对于谈判而言，是一种非正式的、片段式的谈判。协商的形式各样，如见面会谈协商、电子邮件往来协商、电话沟通协商等。协商的救济方式广泛地存在于各种商事交往中，是一种操作简便、成本低廉的自力救济方式，适用于各类冲突极小、争议范围较窄的争议中。

（二）调解的救济方式

调解的救济方式是指在争议发生时，引入中立第三方居中调分止争的救济方式。调解的救济方式具有当事人自愿、第三方介入、便捷灵活等特点。中国目前调解主要的形式有人民调解、法院调解、行政调解、商事调解、律师调解等。

（三）仲裁的救济方式

仲裁的救济方式是指根据当事人订立的仲裁协议，自愿将争议交由约定的仲裁机构，按照一定的仲裁程序进行裁判，并受该仲裁裁决约束的一种救济方式。仲裁的救济方式虽然也是引入中立第三方解决争议，但是其与调解相比却有所不同，比较显著的差异如需要当事人约定仲裁协议、仲裁裁决具有强制执行力等。

（四）诉讼的救济方式

诉讼的救济方式是指在谈判合同履约过程中，如当事人之前发生争议，当事人通过向有管辖权的法院起诉另一方当事人以解决争议或者纠纷的救济方式。诉讼的救济方式相对调解等救济方式，要花费的时间成本和费用相对更高，一般用于采用了协商、调解后等仍无法调和的争议。

（五）再谈判的救济方式

法律谈判的再谈判是指当事人在谈判或者履约过程中发生争议，当事人使用协商、调解、仲裁、诉讼等救济方式解决争议，在解决争议的过程中当事人又重新回到谈判桌前就合作或者争议进行谈判的一种方式。再谈判的过程，其实就是"从利益对抗体到利益共同体、从静态利益观到动态利益观、从切片性思维到综合性思维、从向后看思维到向前看思维"的过程。

在谈判过程中当事人面对冲突、争议或僵局要沉着应对，积极利用协商、调解等救济方式寻求解决的思路。而在谈判达成合意后，要注意在合同中明晰争议解决条款，明确管辖机关以及纠纷解决地。在合同履约过程中，一旦发生争议，首先要秉承"先礼后兵"的解决理念，先选择操作简便、成本较低的争议解决方式，再考虑仲裁、诉讼等成本较高、流程较长的解决方式。再谈判也是法律谈判的多元救济方式中重要一环，通过协商、调解、仲裁、诉讼等救济方式的压力，让各方当事人重新回到谈判桌前通过友好方式协商解决问题。法律谈判的救济是当事人维护自身合法权益的最后一道屏障，因此多元救济方式是法律谈判争议解决的必然要求，也是法律谈判风险防控的重要一环。首席法律谈判官不但应在法律谈判中善用多元救济方式，而且要给服务组织树立多元救济的理念，用创新与开阔的思维解决纠纷与争议。

第五章 ‖ 未雨绸缪：首席法律谈判官的风险管理

本章小结

法律谈判中存在各种不确定性与风险，首席法律谈判官需要保持对风险的高度敏锐，掌握了解风险、识别风险、及时控制和处理风险的基本素质与能力。

法律谈判风险的客观方面主要来源于政治风险、市场风险、法律风险、社会文化风险以及自然环境风险等，主观方面主要来源于己方谈判人员存在的素质风险、技术风险以及对方谈判人员存在的法律与道德风险。谈判过程中，首席法律谈判官需要全面收集谈判风险的相关信息并进行识别与分析，进一步辨别真伪、归纳整合，根据一定的风险评判标准确定风险等级，对风险进行完整评估。控制与处理风险对于谈判官来说也是一门技术与艺术。首席法律谈判官需要在评估结果的基础上因事而化，因时而动，灵活采用不同的控制与处理方法。

除了具备应对风险的基本素质之外，首席法律谈判官还应当具有高屋建瓴、防患于未然的意识。谈判过程潜伏着许多未知因素，触发后一旦处理不当，则可能倾覆谈判全局的优势。为了全面、及时、高效地处理与应对突发性风险，首席法律谈判官应当组织建立贯穿谈判全过程的谈判防控体系，以风险预警、风险防控、风险管理、事后复盘等机制联动防控，有效应对各种突发性风险事件。

当无法及时将风险中心控制、处理在谈判环节时，首席法律谈判官需要构建与掌握多元、立体的纠纷解决思维与手段，灵活、创新地运用协商、调解、仲裁、诉讼、再谈判等纠纷救济方式，充分维护己方当事人的合法权益。

法律谈判过程风起云涌，瞬息万变。首席法律谈判官作为掌舵者，需要具备敏锐的风险意识，掌握科学高效的风险评估、风险处理乃至风险防控的方法与手段，才能在法律谈判浪潮之中岿然不动，为顺利实施谈判方案、实现谈判目标保驾护航。

第六章
利剑出鞘：首席法律谈判官的实践

你在谈判中的所有行为都是应明确无误地使你更接近自己在本次谈判中的目标。

——［美］斯图尔特·戴蒙德

第一节 买卖中法律谈判的实践应用

一、买卖典型案例指引

中国某公司（买方）首席法律谈判官王华林与美国某公司（卖方）首席法律谈判官罗杰在深圳某写字楼，围绕进口水泥管机械设备买卖进行了一场谈判。

谈判伊始，美方首席法律谈判官罗杰首次报价 800 万美元，比实际卖价高出许多。因中方首席法律谈判官王华林早已在谈判开始前对国际行情进行了充分而详细的调查，他直截了当地表示，这个报价不能作为谈判的基础。此时，罗杰明白利用对方不了解行情获利的目的已落空，于是他立即介绍其产品质量过硬，声誉良好，以此来证明报价的合理性。但王华林已经对美方产品的性能、质量等特点及其他同类产品的有关情况了然于心，他问道："请问贵国与其他国家产品相比有何优势呢？请问在贵国还有多少生产此类产品的工厂呢？"该问话实际传递了两点信息：其一，中方对相关产品非常了解；其二，中方对合作工厂有选择权。王华林话音刚落，罗杰与其助手要求暂停谈判，表示需要向公司进行咨询。过了一会儿，罗杰连忙笑着解释道："不好意思，经过咨询我们了解到这个价格是很久之前敲定的，至于目前是否已有变化，我们需要回去请示总经理。"

在此次谈判中，美方首席法律谈判官罗杰不断试探中方的谈判底线和谈判态度，同时也掌握了中方主谈人的谈判风格。从中方的角度来说，在谈判伊始便向对方展示了己方的实力，化被动为主动，让美方受到了打击。此次谈判对双方来说都是成功的，因为双方互相传递了信息，加深了对彼此的了解。

第二轮谈判开始后，罗杰再次向中方报价："我们在重新估算成本并请示了总经理之后，决定削价80万美元。"美方认为这个削价的幅度是不小的。王华林对此表示同意，但与其期待的价格仍有差距，他并不能接受。为避免因轻易接受对方虚实不清的报价而陷入被动，慎重起见，王华林一边要求己方工作人员继续反馈该产品最新的国际报价，一边仔细分析美方的最新报价。

经过分析发现，美方报价存在不少水分，在对方报价的基础上，王华林提出中方的期待价格为700万美元，但遭到对方回绝。在谈判结束时间迫近之际，王华林决定使用具有决定性效果的一招，其郑重地向对方指出："首先，我们提出的价格在国际市场上已是最高价格。其次，根据我国外汇管理规定，我们所能提供的外汇有限，增加部分需要另行审批。如果贵公司仍不愿接受，那我们只能到此为止，改日再谈。"

他接着说道："日本、德国还等着我们的邀请。"说到这里，他让助手把外汇使用批文和德国、日本的电文传递给了罗杰。罗杰阅后感受到了来自潜在竞争第三方的压力，陷入挣扎境地：要么降价达成协议，要么谈判就此告终。美方经过再三考虑，最终接受了中方的报价。

正如富兰克林的观点所表明的那样："最好是尽自己的交易地位所能来做成最好的交易。最坏的结局,则是由于过于贪婪而未能成交,结果本来对双方都有利的交易却根本没能成交。"

二、买卖中法律谈判案例分析

(一) 法律谈判的前期准备

在买卖合同法律谈判中,前期准备占有重要地位。双方谈判是否和谐顺利,很大程度上取决于是否拥有充足的前期准备。

1. 做好信息收集工作

在法律谈判开局前,首席法律谈判官需要组织谈判成员全面收集信息,同时对己方收集和掌握的相关信息进行验证。首席法律谈判官可以委托专业领域的专门机构进行调查工作,调查了解相关市场行情、对方的产品质量、对方的信誉等。案例中,买方在法律谈判前已充分了解了国际市场行情,并深入研究了卖方产品的性能、质量等特点以及其他同类产品的有关情况,为己方化被动为主动创造了有利条件。

2. 确定对己方有利的谈判时间和地点

买卖双方在正式进入法律谈判之前,应当确认合适谈判的时间、地点。谈判的地点不同,谈判的氛围、谈判的优劣势地位也不尽相同。例如,在某一方的国家或地区进行谈判,则该方取得主场优势;在办公区域谈判,谈判气氛则较为严肃而紧张等。案例中,买卖双方在深圳某写字楼进行谈判,即在买方所在地进行谈判,买方取得了主场优势,从而一定程度上掌握了主动权。

(二) 法律谈判的开局与中期磋商

1. 应从争议较小的问题切入谈判

谈判开局时,应从争议较小的问题切入,有利于营造和谐的谈判氛围。案例中,双方就价格问题分歧较大,因此在法律谈判的开局阶段,双方可以围绕非价格问题进行谈判,例如,对支付方式、交易地点、交易时间等其他问题进行谈判,避免谈判伊始即陷入紧张的气氛,阻碍谈判进程。

2. 在磋商过程中应收集与验证对方信息并适当披露己方信息

信息收集在磋商阶段尤其重要。同时，在磋商阶段，首席法律谈判官应当适时、恰当地披露己方的信息，取得主动权。如此，既可以展现己方的实力，又可以影响对方行动。案例中，买方在卖方大幅度削价后并未轻易接受，而是继续收集该产品最新的国际报价，并结合卖方产品质量进行估价，发现卖方报价虚高，避免了不必要的损失。此外，买方通过向卖方适时展示己方的信息，给予对方一定压力，进而掌握了谈判的主动权。

3. 善用报价和还价策略

（1）合理使用报价策略。在初次报价时抬高预期条件，可以让报价方在接下来的谈判中赢取主动权，争取较大的让步空间，彰显己方的合作共赢意识。案例中，卖方第一次报价远高于市场价格。在买方拒绝首次报价后，卖方转移话题，转而介绍产品的特点及质量，以进一步解释报价高的原因，实际上是使用了价格解释策略。

（2）合理使用还价策略。如前文所述，永远也不要轻易接受对方的第一次报价，在听到对方的报价后"应当大吃一惊"。案例中，买方基于前期收集到的市场信息，果断拒绝了卖方的第一次报价，让卖方利用信息不对称而获利的目的落空，由此逐渐掌握法律谈判的主动权。

4. 灵活使用有限授权策略

有限授权策略是指在法律谈判中一方为达到降低对方条件，迫使谈判对方让步或修改承诺条件的目的，采取转移矛盾，假借自己不能做主、上级没有授权等理由，故意将谈判工作搁浅，让对方陷入无尽的等待，再趁机反攻的一种策略。案例中，在买方已拒绝己方首次报价的情况下，卖方以"请示总经理"为由中断了第一次谈判，赢得了回旋的余地。

5. 灵活使用欲擒故纵策略

欲擒故纵策略是指在法律谈判中一方虽然希望达成交易，但是却表现出对谈判内容毫不在意，以此隐藏自身的真实想法。此时，法律谈判对方若急于促成谈判，则可能会做出让步，这正是欲擒故纵的结果。案例中第二轮谈判时，买方运用了欲擒故纵策略，向卖方表示己方对该法律谈判已失去兴趣，并披露出竞买方的存在，迫使卖方做出让步。

(三) 法律谈判的终局与签约

买卖合同谈判的终局通常有三种情况：谈判成功、谈判中止、谈判破裂。法律谈判是否进入终局阶段主要从谈判各方是否就争议关键点达成一致意见、谈判各方达成的协议是否满足对方或己方设定的最低目标来判断。

为了促成法律谈判的成功，首席法律谈判官需要运用正确的谈判策略。案例中，临近法律谈判终局阶段，卖方不愿接受买方的报价，买方利用时间压力，发出最后通牒，表明买方报价在同行中已经为最高，且还有其他国家的公司有意与其进行磋商，迫使卖方最终接受其报价。

虽然买卖双方就争议关键点达成了一致，但是否能够成功签订合同仍然是个未知数。谈判成功最终以合同的形式呈现，合同内容应当符合谈判时确定的事项。买卖合同中首先要注意审查对方是否具有主体资格，有无无权代理等情况；其次要注意格式条款的规定；最后在制定条款时要注意明确权利义务的分配、支付时间和方式、质量检验标准、货物风险承担等问题，这将在下文进行详细论述，在此不再赘述。

(四) 买卖合同法律谈判中的常见风险

1. 前期信息了解不充分的风险

(1) 对政治、市场等环境未充分了解的风险。商品买卖往往在一定的市场条件下进行，其法律谈判是否能顺利进行受多种因素的影响。除了市场供求关系之外，政治、文化等风险因素在买卖合同法律谈判中的影响也不容小觑，尤其是在跨国或跨地区的谈判背景下，其影响更加突出。首席法律谈判官在跨地域买卖合同法律谈判时，应事先对相关国家或地区的政治与文化环境进行分析及预测，如是否具有局部战争、地缘冲突、贸易限制与外汇管制等情况或趋势以及己方国家或地区对该标的的法律评价，买卖标的是否符合己方国家或地区的社会伦理及宗教习俗等。在了解相关信息的基础上，对存在或可能产生的谈判障碍，采取灵活的应对措施，及时终止谈判或采取其他规避、转移风险的措施。

(2) 对买卖标的、谈判对手情况未充分了解的风险。买卖合同法律谈判中，买卖双方因信息不对称，买方一般处于较弱势的被动地位。在大宗或大型商品买卖中，为了减少信息不对称带来的不利影响，买方首席法律谈判官应当在法律谈判前期、开局阶段乃至谈判过程中，组织成员全面收集、了解有关信息并关注其变化动态，如买卖标的的数量、质量、价格（包括相关市场均价）及其权利状况等，以及卖方的经营管理、财务资信、合同履约、社会评价等情况，以减少受到欺诈的可能性，避免造成较大的损失。若己方信息搜集能力不足，必要时则可以委托专业公司或人员进行。

2. 买卖合同中权利和义务约定不明的风险

买卖合同中经常出现因为买卖双方经验不足或一方故意诱导而导致合同内容存在漏洞的情形，如合同内容约定不明、内容缺少以及文字表述有歧义等情形，买卖合同权利义务约定不明主要包括支付方式和时间不明确、质量约定不明确、履行地点不明确、付款期限不明确、违约责任不明确、付款方式不明确、履行方式不明确、计量方法不明确、检验标准不明确、货物风险承担不明确等种类。文字表述不当则包括对合同关键性术语、名词等缺乏明确解释或者文字表述有歧义等。为减小甚至避免该类风险，买卖双方应严格审查合同内容，保证双方权利义务对等，条款约定明确清楚，文字叙述清晰无歧义。

三、买卖相关知识

(一) 买卖的概述

如前文所述，法律谈判能够产生一定的法律后果。在买卖合同谈判中，谈判各方通常将谈判结果固化为买卖合同。根据《合同法》的相关规定，买卖合同是出卖人转移标的物的所有权于买受人，买受人支付价款的合同。买卖合同的内容除可以包括合同的一般条款外[①]，还可以包括包装方式、检验

[①] 《合同法》第12条第1款规定："合同的内容由当事人约定，一般包括以下条款：（一）当事人的名称或者姓名和住所；（二）标的；（三）数量；（四）质量；（五）价款或者报酬；（六）履行期限、地点和方式；（七）违约责任；（八）解决争议的方法。"

标准和方法、结算方式、合同使用的文字及其效力等条款。

关于买卖合同的规定主要体现于《民法总则》第6章第3节、《合同法》第9章以及《最高人民法院关于审理买卖合同纠纷案件适用法律问题的解释》（以下简称《买卖合同司法解释》）。根据《合同法》第174条的规定："法律对其他有偿合同有规定的，依照其规定；没有规定的，参照买卖合同的有关规定。"此外，《买卖合同司法解释》第45条第1款规定："法律或者行政法规对债权转让、股权转让等权利转让合同有规定的，依照其规定；没有规定的，人民法院可以根据合同法第一百二十四条和第一百七十四条的规定，参照适用买卖合同的有关规定。"

（二）买卖合同之主要事项

1. 标的物交付与所有权转移

《合同法》第133条规定："标的物的所有权自标的物交付时起转移，但法律另有规定或者当事人另有约定的除外。"

2. 标的物风险负担

《合同法》和《买卖合同司法解释》关于标的物风险负担规定：①原则上，标的物毁损、灭失的风险，在标的物交付之前由出卖人承担，交付之后由买受人承担，但法律另有规定或者当事人另有约定的除外。②因买受人的原因致使标的物不能按照约定的期限交付的，买受人应当自违反约定之日起承担标的物毁损、灭失的风险。③出卖人出卖交由承运人运输的在途标的物，除当事人另有约定的以外，毁损、灭失的风险自合同成立时起由买受人承担。出卖人出卖交由承运人运输的在途标的物，在合同成立时知道或者应当知道标的物已经毁损、灭失却未告知买受人，买受人主张出卖人负担标的物毁损、灭失的风险的，人民法院应予支持。④当事人没有约定交付地点或者约定不明确，依照《合同法》第141条第2款第1项的规定标的物需要运输的，出卖人将标的物交付给第一承运人后，标的物毁损、灭失的风险由买受人承担。⑤出卖人按照约定或者依照《合同法》第141条第2款第2项的规定将标的物置于交付地点，买受人违反约定没有收取的，标的物毁损、灭失的风险自违反约定之日起由买受人承担。⑥出卖人按照约定未交付有关标的物的单证和资料的，不影响标的物毁损、灭失风险的转移。⑦买受人因标的物质量不符合质量要求致使不能实现合同目的而拒绝接受标的物或者解除合同的，标的物毁损、灭失的风险由出卖人承担。⑧当事人对风险负担没有约定，标的物为种类物，出卖人未以装运单据、加盖标记、通知买受人等可识别的方式清楚地将标的物特定于买卖合同，买受人主张不负担标的物毁损、灭失的风险的，人民法院应予支持。

3. 标的物检验

《合同法》以及《买卖合同司法解释》关于标的物检验规定：①当事人约定检验期间的，买受人应当在检验期间内将标的物的数量或者质量不符合约定的情形通知出卖人。买受人怠于通知的，视为标的物的数量或者质量符合约定。②约定的检验期间过短，依照标的物的性质和交易习惯，买受人在检验期间内难以完成全面检验的，人民法院应当认定该期间为买受人对外观瑕疵提出异议的期间，并根据《买卖合同司法解释》第 17 条第 1 款的规定确定买受人对隐蔽瑕疵提出异议的合理期间。约定的检验期间或者质量保证期间短于法律、行政法规规定的检验期间或者质量保证期间的，人民法院应当以法律、行政法规规定的检验期间或者质量保证期间为准。③当事人没有约定检验期间的，买受人应当在发现或者应当发现标的物的数量或者质量不符合约定的合理期间内通知出卖人。买受人在合理期间内未通知或者自标的物收到之日起两年内未通知出卖人的，视为标的物的数量或者质量符合约定。"两年"是最长的合理期间。该期间为不变期间。对标的物有质量保证期的，适用质量保证期，不适用该两年的规定。④出卖人知道或者应当知道提供的标的物不符合约定的，买受人不受前述通知时间的限制。

4. 买卖合同的解除

除《合同法》第 94 条规定的解除合同事由外，《合同法》第 148 条规定："因标的物质量不符合质量要求，致使不能实现合同目的的，买受人可以拒绝接受标的物或者解除合同。"《买卖合同司法解释》第 25 条规定："出卖人没有履行或者不当履行从给付义务，致使买受人不能实现合同目的，买受人主张解除合同的，人民法院应当根据《合同法》第九十四条第（四）项的规定，予以支持。"

（三）特殊情形的买卖

1. 标的物所有权保留

根据《合同法》第 134 条的规定："当事人可以在买卖合同中约定买受人未履行支付价款或者其他义务的，标的物的所有权属于出卖人。"根据《买卖合同司法解释》第 34 条的规定："买卖合同当事人主张《合同法》第一百三十四条关于标的物所有权保留的规定适用于不动产的，人民法院不予支持。"此外，《买卖合同司法解释》第 35 条至第 37 条规定了所有权保留情形下出卖人的取回权和买受人的赎回权。

2. 一物多卖情形的处理

《买卖合同司法解释》第 9 条规定："出卖人就同一普通动产订立多重买卖合同，在买卖合同均有效的情况下，买受人均要求实际履行合同的，应当按照以下情形分别处理：（一）先行受领交付的买受人请求确认所有权已经转移的，人民法院应予支持；（二）均未受领交付，先行支付价款的买受人请求出卖人履行交付标的物等合同义务的，人民法院应予支持；（三）均未受领交付，也未支付价款，依法成立在先合同的买受人请求出卖人履行交付标的物等合同义务的，人民法院应予支持。"《买卖合同司法解释》第 10 条规定："出卖人就同一船舶、航空器、机动车等特殊动产订立多重买卖合同，在买卖合同均有效的情况下，买受人均要求实际履行合同的，应当按照以下情形分别处理：（一）先行受领交付的买受人请求出卖人履行办理所有权转移登记手续等合同义务的，人民法院应予支持；（二）均未受领交付，先行办理所有权转移登记手续的买受人请求出卖人履行交付标的物等合同义务的，人民法院应予支持；（三）均未受领交付，也未办理所有权转移登记手续，依法成立在先合同的买受人请求出卖人履行交付标的物和办理所有权转移登记手续等合同义务的，人民法院应予支持；（四）出卖人将标的物交付给买受人之一，又为其他买受人办理所有权转移登记，已受领交付的买受人请求将标的物所有权登记在自己名下的，人民法院应予支持。"

3. 分期买卖

根据《买卖合同司法解释》第 38 条的规定，分期付款是指买受人将应付的总价款在一定期间内至少分三次向出卖人支付。根据《合同法》第 167 条的规定："分期付款的买受人未支付到期价款的金额达到全部价款的五分之一的，出卖人可以要求买受人支付全部价款或者解除合同。出卖人解除合同的，可以向买受人要求支付该标的物的使用费。"《买卖合同司法解释》第 39 条第 1 款规定："分期付款买卖合同约定出卖人在解除合同时可以扣留已受领价金，出卖人扣留的金额超过标的物使用费以及标的物受损赔偿额，买受人请求返还超过部分的，人民法院应予支持。"

4. 样品买卖

根据《合同法》第 168 条和第 169 条的规定，凭样品买卖的当事人应当封存样品，并可以对样品质量予以说明。出卖人交付的标的物应当与样品及其说明的质量相同。凭样品买卖的买受人不知道样品有隐蔽瑕疵的，即使交付的标的物与样品相同，出卖人交付的标的物的质量仍然应当符合同种物的通常标准。《买卖合同司法解释》第 40 条规定："合同约定的样品质量与文字说明不一致且发生纠纷时当事人不能达成合意，样品封存后外观和内在品质没有发生变化的，人民法院应当以样品为准；外观和内在品质发生变化，或者当事人对是否发生变化有争议而又无法查明的，人民法院应当以文字说明为准。"

5. 试用买卖

根据《合同法》第 171 条的规定："试用买卖的买受人在试用期内可以购买标的物，也可以拒绝购买。试用期间届满，买受人对是否购买标的物未作表示的，视为购买。"《买卖合同司法解释》第 41 条规定："试用买卖的买受人在试用期内已经支付一部分价款的，人民法院应当认定买受人同意购买，但合同另有约定的除外。在试用期内，买受人对标的物实施了出卖、出租、设定担保物权等非试用行为的，人民法院应当认定买受人同意购买。"《买卖合同司法解释》第43条规定："试用买卖的当事人没有约定使用费或者约定不明确，出卖人主张买受人支付使用费的，人民法院不予支持。"此外，《买卖合同司法解释》第42条规定了不属于试用买卖的四种情形。

第二节　股权转让中法律谈判的实践应用

一、股权转让典型案例指引

沃克公司是一家中小型绿色食品公司，由于经营理念有误，片面追求多元化发展，忽视了专业化经营，使得公司核心业务发展不力，经营陷入了困境。W公司是一家实力雄厚的大型饮料公司，W公司希望通过收购沃克公司，凭借沃克公司的产品及其品牌信誉，丰富产品种类，增强核心业务竞争力，提高W公司非碳酸饮料市场的占有份额，扩大W公司的规模及知名度。

W公司在企业收购方面有着丰富的经验。近年来，W公司为拓展业务成功地实施了若干起企业收购案，且被收购企业后期运作良好。W公司作为收购方，具有谈判地位上的天然优势。同时，沃克公司面临经营困境这一事实对W公司的谈判也是极为有利的。

在开局阶段，W公司的首席法律谈判官唐尼对沃克公司的首席法律谈判官比尔及其团队的到来表示欢迎，双方先就一些中性话题进行了讨论，如沃克公司现有的产品销售渠道与公司内部组织的管理等，并对收购价格这一敏感话题暂且搁置。唐尼在谈判过程中一直在观察比尔的谈判方式，并将观察到的细节记录下来，以此分析比尔的心理状态。比尔着装得体、言语简洁，谈判时立场鲜明，善于运用谈判技巧且态度强硬，说明其目标明确、充满信心，已为本次谈判做了充分准备，确立了内部清晰的谈判目标和计划。因此唐尼认为，不宜与其硬碰硬，可在了解对方此次谈判的真正目的后，以热情耐心的态度与之协商。

在相互了解之后,唐尼提出收购计划:以 1 亿美元收购沃克公司并承担沃克公司 3.2 亿美元的债务,并提出,若沃克公司取消这项协议而另觅合作伙伴的话,W 公司可获得 3.6 亿美元的赔偿金。但比尔一直不愿接受唐尼所提出的条件,其认为沃克公司产品的发展前景良好,对 W 公司提高市场竞争力有着重要的帮助作用,应至少以 2 亿美元的价格收购。唐尼经过对比尔谈判方式、态度及目的的分析,结合前期了解的沃克公司的负债情况与经营状况,并综合自身公司现有的经济实力与产品发展布局,得出结论:沃克公司急需一家像 W 公司这样有实力的大公司作为支撑者帮助其走出困境。为进一步说服以比尔为首的谈判对手,唐尼在谈判中分析了其他与 W 公司相似的饮料公司的背景,向其传递出 W 公司是其走出困境的最佳选择的讯息。接下来唐尼进一步抓住对方谈判心理,在谈判陷入紧张氛围时,适时表示愿意做出一定的让步,以 1.2 亿美元的价格进行收购以实现双方的合作共赢。在唐尼的环环设计与步步为营之下,最后,比尔基于公司利益与发展前景考虑,接受了 W 公司提出的收购条件,双方达成收购协议。在收购协议起草的过程中,唐尼抓住协议起草的主动权,根据双方协商的内容,认真考虑协议条款的措辞与顺序安排,尽力保障己方的最大利益。

最终,唐尼通过充分的准备、科学的数据分析,稳扎稳打,以达成合作为出发点,坚守核心利益底线,逐步占据了主动位置,充分控制了谈判节奏,最终顺利实现收购计划。

二、股权转让中法律谈判案例分析

股权转让法律谈判主要是指股权出让方和受让方为实现筹集资本、产权流动重组、资源优化配置等,针对转让的股权等进行磋商,明确法律谈判各方权利义务的过程。

(一)法律谈判的前期准备

1. 做好信息搜集工作

优秀的首席法律谈判官"不打无准备之战"。在法律谈判前,首席法律谈判官应采用多种方式收集谈判对方以及谈判标的的相关信息，占据信息制高点，掌握法律谈判主动权。W公司收购沃克公司时，对沃克公司的经营发展困境以及己方的优势等信息进行了详细的收集与分析，进一步巩固强化了己方的天然优势地位，并设计相应的谈判方案，为己方实现谈判目标打下了良好的基础。

2. 制订合适的谈判方案

法律谈判方案的制订，是决定法律谈判成败的关键工作。制订法律谈判方案需要完善以下几个内容：法律谈判的目标、法律谈判的时间和地点、法律谈判人员组成、法律谈判的战略技巧、法律谈判风险的预测、法律谈判的基本流程、方案B等。案例中，沃克公司对该次谈判做了充分的准备，确立了清晰的谈判目标和计划。沃克公司前期充分的准备以及事宜的谈判计划，也使得W公司放弃采用硬碰硬的策略，转而以热情耐心的态度进行协商，因此也避免了沃克公司在W公司占据明显优势地位的情况下溃不成军。而W公司也在谈判前对沃克公司做了充分的了解，针对沃克公司的情况制订了完备的谈判方案，并且根据谈判中收集的信息以及谈判对手的情况，及时调整谈判的策略与方案，把握法律谈判的节奏。

（二）法律谈判的开局与中期磋商

1. 科学确定法律谈判议题的顺序

首席法律谈判官应对法律谈判议题进行难易的排序，在谈判开局阶段，先从争议较小、相对简单的议题开始洽谈，这有利于谈判各方迅速进入状态，建立谈判信心以及信任感，也可以一定程度上降低谈判磋商阶段陷入谈判僵局的可能。案例中，在法律谈判的开局阶段，W公司选择了中性话题，如沃克公司现有的产品销售渠道与公司内部组织管理等问题，使谈判各方在法律谈判初期建立了较为友好的关系。

2. 充分运用察言观色技巧

在谈判过程中，谈判各方会使用各种方式来传递讯息，因此，首席法律谈判官在法律谈判过程中，应对法律谈判对方的言行举止加以注意并进行分析，借此获得更多谈判信息。案例中，W公司的首席法律谈判官唐尼自开始即通过仔细地观察和试探，了解到沃克公司的首席法律谈判官比尔已经为谈判做了充分准备，并且有了明确的目标，因此，唐尼根据观察和分析的情况及时调整了己方的谈判方案。

3. 合理运用共赢型战略

共赢型战略的最大动因是通过实现共同利益的最大化，进而实现自身利益的最大化。在共赢型战略中，己方目标的实现与谈判对方目标的实现是密切相关的。案例中，W公司谈判团队合理运用共赢型战略，紧紧抓住谈判对方的核心需求，始终以达成合作为出发点，以核心利益为底线，适时通过让步来换取对己方更重要的其他利益，最终实现合作共赢。

（三）法律谈判的终局与签约

在法律谈判终局阶段，如谈判双方对谈判内容达成共识，双方应以合同的形式将谈判结果固化下来，首席法律谈判官还应争取合同起草的主动权，并对合同条款予以斟酌。案例中，谈判双方在交易达成一致后，及时签订了收购合同，W公司的首席法律谈判官唐尼抓住协议起草的主动权，根据双方协商的内容，认真考虑协议条款的措辞与顺序安排，尽力保障己方的最大利益，以掌握主动权。

（四）股权转让法律谈判中的常见风险

（1）不及时办理或者拒绝办理股权转让变更登记手续的风险。根据《合同法》相关规定，股权转让合同自成立时生效，但股权转让合同的生效并不等同于股权转让流程的完结。股权转让合同的生效是指法律意义上的股权发生转移，即受让方获得股东身份，拥有了法律意义上的控制权利和对企业的支配力，而股权转让流程的真正完成需要在工商行政管理部门进行相应的股东变更之后，受让方才能真正实现股东身份的公示。根据《中华人民共和国公司法》（以下简称《公司法》）的相关规定，转让股权后，出让方公司应当对公司章程及股东名册做出相应修改，并依法办理股权变更登记。若出让方或者公司拒绝履行或怠于履行变更义务，受让方可以起诉等方式维护己方权利，但需要付出较高的时间和金钱成本。为减小甚至避免该项风险，可以采用以下几种方法：一是在签订合同后，受让方按照合同约定的时间节点督促出让方及时办理登记手续；二是提高逾期办理工商变更手续的违约责任；三是股权转让款采用分期付款的方式，即在完成工商变更手续后再付清全款；四是可以约定由第三人或者第三方机构如银行等暂时保管股转价款，在办理工商登记后再由第三方将款项交予出让方。

（2）转让股权的瑕疵风险。在股权转让法律谈判中，作为受让一方的首席法律谈判官需要提前对受让股权进行调查，确保股权无瑕疵。若股权存在瑕疵，将不仅影响转让股权的质量和价值，使受让方遭受巨大的金钱损失，还可能导致股权转让合同被确认无效或者被撤销。常见的股权瑕疵有：股东未出资、股东未全部出资、股东抽逃出资、股权被设定了相关担保、股权为该股东与第三人共有、股权被采取司法强制措施、股权交割前负有债务或可能存在潜在债务等情形。受让方一般可以采用以下几种方式避免该类风险：第一，谈判前对公司情况、受让股权等进行充分的调查，尤其需要了解商业风险评估、资信状况、诉讼风险等，若受让方自身调研能力不足，还可以委托专业公司进行风险评估；第二，要求在合同中约定无过错方不承担责任，无过错方因股权瑕疵遭受损失的，可以向过错方追究责任，并且要求出让方就股权瑕疵问题提供担保；第三，尽量选择分期付款的方式支付款项。

三、股权转让相关知识

（一）股权转让之概述

我国关于股权转让的规定主要体现于《公司法》第三章"有限责任公司的股权转让"和第五章第二节"股份转让"。谈判双方就股权转让达成一致后，通常会以股权转让协议的形式将谈判结果固化下来。根据《合同法》第44条第1款的规定，股权转让合同自成立时生效。此外，《买卖合同司法解释》第45条规定："法律或者行政法规对债权转让、股权转让等权利转让合同有规定的，依照其规定；没有规定的，人民法院可以根据《合同法》第一百二十四条和第一百七十四条的规定,参照适用买卖合同的有关规定。"

(二) 有限责任公司的股权转让

(1) 有限责任公司股权转让之限制。根据《公司法》第三章的相关规定,有限责任公司的股东之间可以相互转让其全部或者部分股权。股东向股东以外的人转让股权,应当经其他股东过半数同意。股东应就其股权转让事项书面通知其他股东征求同意,其他股东自接到书面通知之日起满30日未答复的,视为同意转让。其他股东半数以上不同意转让的,不同意的股东应当购买该转让的股权;不购买的,视为同意转让。

(2) 有限责任公司股东之优先购买权。经股东同意转让的股权,在同等条件下,其他股东有优先购买权。两个以上股东主张行使优先购买权的,协商确定各自的购买比例;协商不成的,按照转让时各自的出资比例行使优先购买权。人民法院依照法律规定的强制执行程序转让股东的股权时,应当通知公司及全体股东,其他股东在同等条件下有优先购买权。其他股东自人民法院通知之日起满20日不行使优先购买权的,视为放弃优先购买权。

(3) 公司章程对股权转让另有规定的,从其规定。

(三) 股份有限公司的股权转让

(1) 转让方式。根据《公司法》第五章第二节相关规定,股东持有的股份可以依法转让。股东转让其股份,应当在依法设立的证券交易场所进行或者按照国务院规定的其他方式进行。

(2) 记名股票与无记名股票的转让。记名股票由股东以背书方式或者法律、行政法规规定的其他方式转让;转让后由公司将受让人的姓名或者名称及住所记载于股东名册。无记名股票的转让,由股东将该股票交付给受让人后即发生转让的效力。

(3) 股份有限公司股权转让之限制。发起人持有的本公司股份,自公司成立之日起一年内不得转让。公司公开发行股份前已发行的股份,自公司股票在证券交易所上市交易之日起一年内不得转让。公司董事、监事、高级管理人员应当向公司申报所持有的本公司的股份及其变动情况,在任职期间每年转让的股份不得超过其所持有本公司股份总数的百分之二十五;所持本公司股份自公司股票上市交易之日起一年内不得转让。上述人员离职后半年内,不得转让其所持有的本公司股份。公司章程可以对公司董事、监事、高级管理人员转让其所持有的本公司股份做出其他限制性规定。

(4) 上市公司的股票,依照有关法律、行政法规及证券交易所交易规则上市交易。

第三节 商业地产租赁中法律谈判的实践应用

一、商业地产租赁典型案例指引

2009年1月2日,A公司(以下简称出租方)作为甲方,B公司(以下简称承租方)作为乙方,签订《房屋租赁合同》,主要约定如下。

(1) 甲方同意将其×××房产出租给乙方,租赁房产的计租面积为13500平方米,租赁期限为15年,租期自2009年2月28日起算。

(2) 甲方同意乙方将租赁房产用于开办大型超市。如果乙方改变租赁房产的经营业态及用途,应事先征得甲方书面同意。

(3) 无须另行征得甲方同意,乙方有权将不超过租赁面积百分之五十的租赁房产转租给其商业合作伙伴。

(4) 乙方对租赁房产的结构进行改动时,需经甲方书面同意。乙方应在进场装修前将装修方案送到甲方备案。

因经营不善,承租人决定将涉案房产转租给第三人。2017年3月20日,第三人C公司(以下简称次承租人)作为甲方,承租人作为乙方,双方签订《协议书》,主要约定为:其一,甲方实际租赁面积约5600平方米;其二,乙方委托甲方对其余租赁房产进行经营及物业管理。此后，次承租人将涉案房产分租给多家服装经营者，从而在涉案房产经营服装城。虽然承租方与次承租人之间签订的《协议书》约定租赁面积仅为5600平方米（未超过涉案房产租赁面积的百分之五十），但其他证据材料表明涉案房产的分租户所支付的租金全部归次承租人，因此有整体转租之嫌。

次承租人的装修工人于2018年4月2日进驻涉案房产，但多次遭到出租方的阻挠。承租方于2018年4月15日向出租方发函，称承租方定于2018年4月2日起对涉案房产进行装修，但该函并未告知转租事宜，亦未告知进场装修的主体系次承租人。在收到承租方的前述函告后，出租方仍以不具备身份证明文件为由阻止次承租人的装修工人进入涉案房产。

承租方于2018年6月2日向出租方发函，其中载明"贵司多次阻挠次承租人C公司的装修工人进场装修，以致工期已延误两个月之久。贵司的行为已给我司造成重大的租金损失和预期租金收益损失等，并致使我司现在面临次承租人的索赔。因此，我司诚邀贵司派代表于2018年6月9日上午9点出席在我司大会议室召开的协商讨论会，就贵司阻挠我司装修一事进行协商谈判。如贵司不派代表出席本次会议，届时我司将向法院起诉以维护我司的合法权益！"

在谈判开局阶段，承租方首席法律谈判官刘律师开门见山地说："上周发给贵司的函告已经表明本次会议的召开原因。显然，在次承租人C公司进场装修期间，贵司曾多次阻拦，致使我司无法正常使用租赁场地，而C公司也无法如期进驻开业。贵司有所不知，C公司为此已经多次向我司投诉，拒付这几个月的租金并要求赔偿。因此，我司希望贵司能允许工人进场装修，并赔偿因贵司无故阻挠而导致的租金损失。"

出租方首席法律谈判官高律师回应道："在装修工人进场的时候，我司管理人员要求装修公司出示身份证明文件，但是工人们拒绝出示证明文件。我司阻止施工人员进场装修实属合理的管理行为。贵司2018年4月15日发出的函告中明明写的是由贵司进行装修，为何现在又说是次承租人进行装修？

虽然《房屋租赁合同》约定不超过租赁面积百分之五十的转租无须经我司同意，但是贵司并未向我司出示贵司与次承租人之间的租赁合同，而在4月15日的函告中也并未告知转租事宜，再加上装修工人含糊其辞，我司有理由怀疑贵司的转租面积已超出《房屋租赁合同》的约定。现在，我司要求贵司出示贵司与次承租人之间的租赁合同。"

承租方刘律师同意出示承租方与次承租人之间签订的《协议书》，并向出租方代表说道："我司的转租行为完全符合合同约定，《协议书》约定的租赁面积仅为5600平方米，并没有超过《房屋租赁合同》约定的转租面积。"

出租方高律师实际上是有备而来。此时，高律师出示了涉案房产的现场照片和视频光盘，并说道："从这些照片和视频可以看出，租赁房产上已经挂有服装城的标语，而且贵司或者次承租人已经将我司的租赁房产整体装修成若干个小商铺，贵司转租面积显然已经超过租赁房产的百分之五十。同时，我司在拍摄照片时发现目前已有许多服装店进驻营业，再加之服装城的标语，我司认为贵司已改变经营业态。综上所述，贵司已构成根本违约。考虑到贵司非法转租、改变经营业态且装修方案未报备，我司认为贵司已毫无诚信可言，现在我司依法依约行使合同解除权，要求解除贵司与我司签订的《房屋租赁合同》。同时，我司要求贵司支付相当于八个月租金的违约金。"此外，出租方还要求承租方拆除非法建筑、将涉案房产恢复原状并腾空后交还给出租方。

承租方刘律师接着说道："我们对贵司刚刚出示的照片和视频资料的真实性不予以确认，我司的转租面积并未超过《房屋租赁合同》的约定。在没有确凿证据的情况下，贵司不得以非法转租为由解除合同。虽然我司在改变经营业态和装修时没有向贵司报备，但贵司刚提出的相当于八个月租金的违约金实属过高，毫无计算依据，我司亦不予以认可。"出租方高律师回答道："我司提出的违约金的计算依据是，我司在合同解除后另行招租将存在空档期，而且我司将按惯例给之后的承租人几个月的免租期。因此，相当于八个月租金的违约金是合理要求。"

双方对于改变经营业态和装修未报备这两个问题争议较小，但对于转租行为是否构成违约僵持不下，且各方均认为己方因对方的行为遭受了重大经济损失。承租方遂将争议诉至人民法院。立案法官认为案件有进行早期中立评估的必要，因而建议当事人进行早期中立评估。双方接受了立案法官的建议。法院选配的中立评估员首先召开了简短的预备会议，让当事人了解评估会议的目的、流程和规则等。中立评估员接下来召开了正式的评估会议。在评估会议上，中立评估员发现双方对是否构成整体转租这一点争议最大，于是要求承租方提供转租面积的图纸以及次承租人与分租户之间签订的租赁合同。中立评估员最后根据会议情况和承租方的补充材料撰写了评估报告。

评估报告分析指出，"虽然承租方与次承租人之间《协议书》约定的租赁面积仅为 5600 平方米，但该《协议书》同时约定其余租赁房产的经营管理由次承租人负责。此外，转租面积图纸和次承租人与分租户之间的租赁合同表明，涉案房产整体已被分割为若干个小商铺，所有分租户支付的租金全部归次承租人所有，可认定承租方与次承租人之间名为委托管理，实为整体转租，该行为已违反《房屋租赁合同》的约定。其次，承租方与次承租人在未征得承租方事先书面同意的情况下在涉案房产中经营服装，已明显改变了涉案房产的经营业态及用途，且未依约报备装修方案。承租方的上述违约行为符合《合同法》第 94 条第 1 款第（四）项、第 224 条规定的可以解除合同的情形。同时，《房屋租赁合同》系因承租方违约而提前解除，会给出租方造成一定的租金收益损失，承租方应当承担一定的违约责任。"根据前述分析，评估报告判定出租方占有优势。

在评估结果公布后，出于降低时间成本和经济成本的考虑，双方同意申请法院安排特邀调解员进行调解。调解员通过评估报告了解了案例的争议点，决定先通过与各方的私下会议了解各方需求，再组织双方进行面对面的协商沟通。

调解员首先询问出租方行使合同解除权的原因，出租方回答道："我司希望解除《房屋租赁合同》的主要原因在于承租方改变经营业态，转而经营服装，已经与我司在附近商铺经营的服装城业务相冲突。"

调解员继而询问承租方拒绝解除合同的原因,承租方回答道:"我司不愿意解除《房屋租赁合同》,所以在转租一事上据理力争。一旦失去租赁房产的承租权,我方无疑将面临次承租人和分租户的索赔。目前许多分租户已进驻营业,这些分租户肯定希望维持现有的租赁关系。此外,我司虽然承认装修未报备且改变了经营业态,但我司认为相当于八个月租金的违约金过高,无法接受。出租方按惯例给的免租期往往只有一个月,而在这个路段招租根本不需要半年之久。"

调解员接着询问出租方所能接受的最低违约金,出租方回答道:"我司通常给予承租人一到三个月的免租期,另行招租预期需要三个月左右,所以我司可以接受相当于六个月租金的违约金。"调解员继而询问道:"你司是否愿意承接已进驻的分租户?如果愿意承接,应该可以减轻另行招租的工作量和成本吧。"出租方回答道:"如果承租方愿意解除《房屋租赁合同》并支付违约金,我司可以承接一部分的分租户,毕竟我司有经营服装城的经验。您说得对,如果承接一部分分租户,我司可以缩短另行招租所需时间。"

调解员了解双方的需求和预期后,决定组织双方进行面对面沟通,引导双方进一步澄清事实和想法,尤其是关于目前已进驻营业的分租户的数量和租金水平。在调解员的引导下,出租方最终同意以现行的合同条件或优于现行的合同条件承接调解前已进驻营业的分租户,并表示可以将违约金降至相当于四个月的租金。考虑到出租方已经同意承接已进驻的分租户,承租方也做出一定让步,同意解除其与出租方之间的《房屋租赁合同》,并同意向出租方支付相当于四个月租金的违约金。

二、商业地产租赁中法律谈判案例分析

(一)法律谈判的前期准备

1. 做好信息收集工作

在商业地产租赁法律谈判中,承租方需要充分收集、了解出租方以及租赁标的相关信息,避免在谈判时被其误导,从而导致己方利益受损。在商业

地产租赁法律谈判中应了解的信息包括商铺附近的客流量、附近商铺的地理位置与租赁价格、出租方的信用级别与社会评价、该商铺既往的经营情况、出租方惯用的支付方式、救济方式等。案例中，承租方B公司了解到出租方的惯例免租期以及实际招租所耗时间等信息，并以此作为减少违约金的理由。

2. 做好信息核验工作

收集信息之后，首席法律谈判官需要对已掌握信息进行验证，去伪存真，为己方谈判目标的实现提供支撑材料。在商业地产租赁法律谈判中，出租方需对承租方的经营情况进行实地勘察，并以图片、视频的形式记录存档。在案例中，若出租方A公司在谈判前没有进行实地勘察，而仅依据承租方与次承租人之间的《协议书》认定转租面积，A公司将无法以非法转租为由行使合同解除权。因此，在法律谈判中，不应局限于谈判对方提供的纸质资料或者口头介绍，而应采用实地勘察等方式了解实际情况。

（二）法律谈判的开局与中期磋商

1. 善用法律谈判报价策略

在商业地产租赁法律谈判中，报价是极为重要的环节，它往往决定着最终的成交条件以及谈判双方的谈判目标能否实现。在法律谈判中的报价泛指谈判一方对另一方提出的或一方主动提出的所有条件。在报价过程中，谈判者可能用到的策略包括高限与低限报价策略、先入式报价策略、差别式报价策略、对比式报价策略、价格解释策略以及"虚假"报价策略。在案例中，面对承租方的索赔请求，出租方A公司不仅没有退却，反而提出己方的请求，削弱承租方开局的强势地位。同时，A公司采取了价格解释策略，向承租方B公司解释了违约金的依据，迫使对方接受己方所报条件。

2. 在谈判中引入中立评估机构

在法律谈判磋商环节，谈判双方引入了中立第三方进行争议评估。中立评估机制简称ENE，是指在案件进入诉讼但还未进行审理前，在特定规则的约束下，由中立第三方就案件情况为双方当事人及律师做出专业评估意见的纠纷解决机制。中立评估是《最高人民法院关于扩大诉讼与非诉讼相衔接的矛盾纠纷解决机制改革试点总体方案》第15条确立的新机制，各地法院根据各自的司法实践和现实情况探索构建的中立评估机制既有一致性，也有地方特色。中立评估会议的一般流程如下：原被告分别进行陈述；原被告分别提供与案件相关的资料；评估员提问，澄清当事人立场或进一步收集信息；评估员总结其对双方当事人立场的初步认识，可要求当事人予以更正、澄清或补充说明；评估员确认主要争议点；评估员撰写书面评估报告。在评估结果公布后，当事人可以根据评估结果自行和解，也可以申请法院安排特邀调解员主持调解。在案例中，调解员通过提问和倾听挖掘出当事人双方的需求，了解承租方B公司不愿意解除合同的真正原因和出租方A公司所能接受的最低违约金，最终帮助双方达成协议、实现共赢。

3. 善用法律谈判让步策略

在商业地产租赁法律谈判进入磋商阶段时，谈判双方将就租赁的关键问题进行协商，与此同时，双方的争议和矛盾也将在此阶段涌现。若双方始终坚持己方的原始报价不肯让步，则谈判或调解将陷入僵局；反之，互相适度让步才能更好地实现最终的谈判目标。谈判中的让步策略有以下种类：①"互利互惠的让步策略"，通过己方的让步来换取对方的让步的策略；②"弃近利取远惠的让步策略"，让出近期利益来实现己方的远期利益；③"己方丝毫无损的让步策略"，谈判一方未做出任何让步而使对方让步。在案例中，出租方和承租方在谈判的最后均做出了一定让步，实现了预期的谈判目标。

（三）法律谈判的终局与签约

商业地产租赁法律谈判的谈判结果包括谈判成功、谈判中止、谈判破裂三种。在案例中，出租方A公司与承租方B公司在中立评估机构的调解下，互相做出让步，A公司同意承接调解前已进驻营业的分租户并降低违约金，而承租方B公司则同意解除合同并支付一定的违约金，双方最终解除了《房屋租赁合同》，最大限度地维护了己方的谈判利益。

（四）商业地产法律谈判中的常见风险

1. 租赁合同约定不明的风险

租赁合同约定内容包括：租赁合同的期限、形式、合同效力、租金、商业地产中租赁物的归属、是否允许扩建装修等。若租赁合同内容约定不明，则可能给对方留下利用合同条款损害己方利益的机会，并给租赁合同的履行造成阻碍，从而产生争议。因此，首席法律谈判官在草拟或签订租赁合同时应注意租赁合同的期限、形式，明确租赁合同的解除事由、无效事由等，明晰权责，尽量避免争议。

2. 承租方转租的风险

在商业地产租赁项目中，承租方将商业地产进行转租是较为常见的商业行为，但是在转租过程中，往往因合同约定不明或者承租方未能依约进行转租等原因导致各方产生争议和纠纷。转租行为常见的风险包括：转租的实际面积超过合同约定，承租方违背出租方意愿进行转租，转租租金分配不明，对转租期存在不同理解等。因转租涉及利益第三人，其争议解决的难度较谈判双方间争议解决要复杂许多。因此，首席法律谈判官应在租赁合同中明确是否准许转租；若允许转租，应明确其转租面积为多少或其他转租条件。与此同时，首席法律谈判官应当对次承租人的信誉及评价进行评估，并在转租后勘察次承租人的运营情况，督促其满足出租方提出的转租条件，从而有效防范承租方转租可能带来的法律风险。

3. 商业地产的质量风险

出租方提供出租的商业地产是否符合法律规定的质量标准，是否符合承租方经营的运营标准，对承租方而言是至关重要的。在实践中，商业地产的装修质量、建设质量是影响承租方运营的重要因素，如水电线路铺设不当、墙体漏水、隔音效果差等都可能影响承租方进行经营活动。因此，承租方应在法律谈判前前往商业地产所在地进行实地勘察，对可能存在的隐患进行记录，在之后的谈判中同出租方就这些隐患的解决方案、补救措施以及违约赔偿方式进行谈判，从源头上把控商业地产租赁中的质量风险，为己方争取最优的运营条件与环境。

三、商业地产租赁相关知识

（一）商业地产租赁之概述

商业地产是以零售、批发、餐饮、娱乐等经营用途为主的房地产，区别于以居住功能为主的住宅房地产和以工业生产功能为主的工业地产等。商业地产租赁是指出租人将商业地产的土地使用权同地上建筑物、其他附着物出租给承租人使用，承租人向出租人支付一定租金作为对价的法律行为。

谈判各方就商业地产租赁达成合意后，通常会以租赁合同的形式将谈判结果固化下来。我国关于商业地产租赁的法律规定主要体现于《合同法》第13章及《最高人民法院关于审理城镇房屋租赁合同纠纷案件具体应用法律若干问题的解释》（以下简称《租赁合同司法解释》）。

（二）商业地产租赁合同的主要事项

1. 租赁合同的内容

根据《合同法》第213条的规定："租赁合同的内容包括租赁物的名称、数量、用途、租赁期限、租金及其支付期限和方式、租赁物维修等条款。"

2. 租赁合同的期限

根据《合同法》第214条的规定："租赁期限不得超过二十年。超过二十年的，超过部分无效。租赁期间届满，当事人可以续订租赁合同，但约定的租赁期限自续订之日起不得超过二十年。"《合同法》第236条规定："租赁期间届满，承租人继续使用租赁物，出租人没有提出异议的，原租赁合同继续有效，但租赁期限为不定期。"

3. 租赁合同的形式

《合同法》第215条规定："租赁期限六个月以上的，应当采用书面形式。当事人未采用书面形式的，视为不定期租赁。"

4. 租赁物的装饰装修

《合同法》第223条规定："承租人经出租人同意，可以对租赁物进行改善或者增设他物。承租人未经出租人同意,对租赁物进行改善或者增设他物的,出租人可以要求承租人恢复原状或者赔偿损失。"《租赁合同司法解释》第9条规定:"承租人经出租人同意装饰装修,租赁合同无效时,未形成附合的装饰装修物,出租人同意利用的,可折价归出租人所有;不同意利用的,可由承租人拆除。因拆除造成房屋毁损的,承租人应当恢复原状。已形成附合的装饰装修物,出租人同意利用的,可折价归出租人所有;不同意利用的,由双方各自按照导致合同无效的过错分担现值损失。"《租赁合同司法解释》第10条规定:"承租人经出租人同意装饰装修,租赁期间届满或者合同解除时,除当事人另有约定外,未形成附合的装饰装修物,可由承租人拆除。因拆除造成房屋毁损的,承租人应当恢复原状。"《租赁合同司法解释》第13条规定:"承租人未经出租人同意装饰装修或者扩建发生的费用,由承租人负担。出租人请求承租人恢复原状或者赔偿损失的,人民法院应予支持。"

5. 租赁合同的解除事由

一般来说,租凭合同解除的事由有如下几种:①《合同法》第219条规定:"承租人未按照约定的方法或者租赁物的性质使用租赁物,致使租赁物受到损失的,出租人可以解除合同并要求赔偿损失。"《租赁合同司法解释》第7条规定:"承租人擅自变动房屋建筑主体和承重结构或者扩建,在出租人要求的合理期限内仍不予恢复原状,出租人请求解除合同并要求赔偿损失的,人民法院依照《合同法》第二百一十九条的规定处理。"②根据《合同法》第224条和《租赁合同司法解释》第16条的规定,承租人未经出租人同意转租的,出租人可以解除合同。但出租人知道或者应当知道承租人转租,但在六个月内未提出异议,其以承租人未经同意为由请求解除合同或者认定转租合同无效的,人民法院不予支持。③《合同法》第227条规定:"承租人无正当理由未支付或者迟延支付租金的,出租人可以要求承租人在合理期限内支付。承租人逾期不支付的,出租人可以解除合同。"④《合同法》第231条规定:"因租赁物部分或者全部毁损、灭失,致使不能实现合同目的的,承租人可以解除合同。"⑤《合同法》第232条规定,不定期租赁的当事人可以随时解除合同，但出租人解除合同应当在合理期限之前通知承租人。⑥《租赁合同司法解释》第8条规定，因租赁房屋被司法机关或者行政机关依法查封，或租赁房屋权属有争议的，或租赁房屋具有违反法律、行政法规关于房屋使用条件强制性规定情况，导致租赁房屋无法使用，承租人请求解除合同的，人民法院应予支持。

6. 租赁合同的无效事由

①《租赁合同司法解释》第2条规定："出租人就未取得建设工程规划许可证或者未按照建设工程规划许可证的规定建设的房屋，与承租人订立的租赁合同无效。但在一审法庭辩论终结前取得建设工程规划许可证或者经主管部门批准建设的，人民法院应当认定有效。"②《租赁合同司法解释》第3条第1款规定："出租人就未经批准或者未按照批准内容建设的临时建筑，与承租人订立的租赁合同无效。但在一审法庭辩论终结前经主管部门批准建设的，人民法院应当认定有效。"③《租赁合同司法解释》第4条第1款规定："当事人以房屋租赁合同未按照法律、行政法规规定办理登记备案手续为由，请求确认合同无效的，人民法院不予支持。"

第四节　建设工程项目中法律谈判的实践应用

一、建设工程项目中典型案例指引

A公司拟在H省C市某区为单位建设一食堂，经前期公司内部审查，该项目不属于《必须招标的工程项目规定》（国家发展和改革委员会令第16号）中必须招标的工程范围。经公司研究决定参照招投标方式向多家意向性建筑公司发送招标文件，最终H省B建筑工程公司因其价格以及信誉优势脱颖而出。经过接洽，双方商定在招标文件框架内就合同的具体条款进行谈判。

A公司在谈判开局阶段首先抛出一本合同，态度强势，姿态十足。B建筑集团公司作为承建方，首席法律谈判官何律师面对业主公司咄咄逼人的强势态度，开诚布公地指出合同谈判时双方具有平等的法律地位；其次，B建筑集团公司是一家具有国家资质的大型企业，实力雄厚，守信重诺；最后，何律师态度强势地回应，合同谈判中任意一方的不合理行为都有可能导致谈判破裂，这将给双方带来人力、物力资源的极大浪费，希望A公司能精诚合作，以便双方尽快达成合意，开始设计与施工建设。

业主A公司先发制人后遭到B建筑集团公司有理有据的反击，为了避免陷入被动的局势，业主A公司在后阶段的谈判中充分利用及行使合同审定的决策权力。A公司在住建部GF—2013—0201示范合同文本的基础上进行修改，要求乙方B建筑集团公司承担施工场地噪声费、文物保护费、临建费等费用，并且在合同中规定实行固定合同价包干。为此，何律师组织相关人员进行了现场勘察，发现由于项目建设地址系C市某区，位于市郊，居民以及人流量相对较少，周围地区暂无文物遗迹或文物保护区，噪声费、文物保护费以及临建费用相对较低，B公司谈判团队经讨论认为在此方面可以做出一定的妥协，但在合同价款上绝不能采用固定合同价包干。A公司在B建筑公司的让步下，与B建筑公司就其他条款进行磋商，最后达成共识：工程价款采用按实结算的方式，因设计修改、材料价格上涨、工程量变更等因素影响增加的工程款由业主承担。

谈判后期，在谈到工程款支付时，业主A公司提出所有工程进度款要由业主加盖公章并经法定代表人签字才能支付。何律师此时指出，业主A公司该要求过于苛刻，工程进度款是中间计量支付，不是最终结算，工程进度款经监理单位或者业主项目部确认后即可支付。最后，双方对合同条款进行了确认，双方签订了施工合同。

在该案例中，B建筑集团公司在面对谈判对方的强势态度时不卑不亢，反击有理有据，积极化被动为主动，同时，灵活采用让步与妥协的策略，施小利谋大利，又在原则问题上坚守底线，进退有度，最终实现了双方的合作共赢。

二、建设工程项目中法律谈判案例分析

（一）法律谈判的前期准备

在建设工程项目法律谈判中，根据建设工程的固定性、工程建设用途的特定性以及工程项目建设程序的固定性等，谈判各方应充分了解建设工程项目相关的经济政策、法律规定。除此之外，还需对建设工程的技术规范、建设环境条件进行评估，以使建设工程项目谈判顺利进行。

1. 收集有关项目资料

建设工程项目中，承包方与建设方应充分了解建设工程项目的基础情况、背景材料，如工程的各个部分应以何种材料为主，工程的建造方式，工程的开工时间、竣工条件等。除此之外，双方应对彼此的信誉等进行调查，避免因信息缺乏遭受利益损失。在案例中，B公司首席法律谈判官组织人员详细考察工地、研究现场条件，以实证调查结果作为让步决策的依据，既能避免己方遭受重大损失，又能体现己方诚意，施小利谋大利，施近利谋远惠，为之后的谈判奠定了良好的基础。

2. 明确法律谈判中双方地位

在建设工程项目法律谈判中，确定各方谈判地位，是为了评估各方的谈判优劣势，并据此制定合适的谈判策略。首席法律谈判官可根据以下三个方面进行判断：若谈判成功哪方受益更大，哪方则占优势；若谈判失败哪方受损更大，则哪方为弱势；在谈判失败时，哪方有替代性方案或继续进攻的能力，则哪方为强势。案例中，承建方B公司在A公司咄咄逼人的强势态度下，开诚布公地指出在法律谈判时其与A公司具有平等的法律地位，并表明了自身实力以及合作诚意，扭转被动局面，使得A公司在此情况下不得不变换谈判策略。

（二）法律谈判的开局与中期磋商

1. 在劣势法律谈判中寻找转机

在法律谈判中，处于劣势地位的一方可以灵活采用让步妥协、展现己方

实力的策略，以充分的前期准备工作为基础，有理有据地进行反击，积极试探对方底线的同时严守己方底线及明确己方的利益需求。在法律谈判中，一方采取不卑不亢的态度时，应注意不被谈判对方的策略所迷惑和震慑。案例中，承建方 B 公司作为中标人本在合同谈判中处于劣势地位，但因其进退有度的反击，成功化被动为主动。

2. 适当让步促成谈判的成功

谈判中的让步是促进谈判得以继续的重要一步，让步应是理性思考的结果。首席法律谈判官不应轻易让步，即便在不得不让步时，也应在了解了真实情况后进行，并告知对方让步的理由，以体现己方的合作诚意，便于己方向对方提出其他条件。案例中，承建方 B 公司对 A 公司提出的噪声费、文物保护费等费用要求进行了妥协，并在此基础上提出了自己的要求与条件。双方谈判得以继续，并最终达成了合意。

（三）法律谈判的终局与签约

谈判后期，在所有内容条款都已谈判完成时，应当对已讨论过的条款的内容与形式进行再次确定，如施工内容、承建范围、工期、工程质量标准、支付方式、施工安全、违约责任等，并及时以合同的形式固定下来，促使合同更好地履行。案例中，双方完成支付方式的谈判后，确认了合同各项条款，签订了施工合同，固定了谈判成果。

（四）建设工程项目法律谈判中的常见风险

1. 自然环境风险

建设工程项目往往与自然环境或地理环境息息相关，如水文气象条件、地质条件、地基条件等。在建造过程中因异常地质情况或异常的天气，往往会增加承建方的工作量并延长工程的工期，消耗承建方大量的人力、物力。在实践中，发包人往往会提供关于建设工程的地质资料和技术要求，以防因自然环境的影响而导致工程延期。因此，在法律谈判前以及谈判过程中，谈判双方应对建设工程进行实地勘察，将建设工程专业技术人员引入谈判团队，运用其专业技术和知识，制订针对自然环境风险的防范方案。

2. 合同履行风险

在签订施工合同后，合同是否能如约履行是影响建设工程项目的重要因素。合同履行风险往往包括发包人信誉恶化、履约能力差、分包违约或违法、工程监管不当等，这些因素往往导致建设工程延期或工程质量不佳等后果。因此，在建设工程项目谈判过程中，首席法律谈判官应当明确可分包的项目、合同价款的确定方式、合同进度款的支付方式、工程变更的处置方式、竣工验收和结算等。在签订合同时注意明确以上条款，有效防范合同履行风险。

3. 市场及政策风险

在建设工程项目中，市场因素与国家政策对工程实施有着深远的影响。建设工程项目涉及的市场包括劳动力市场、材料市场、设备市场、金融市场等。其中市场价格变动、汇率变动以及设备质量变动将会影响工程承包的价格与质量。而国家政策的风险主要在于国家政策将影响社会、经济的发展形势，如税收的变化、工资的变化等，给建设工程双方带来风险。因此，首席法律谈判官在谈判过程中应当针对市场与政策风险制订防范方案，并与对方明确在遇到这些风险时应当如何救济，双方责任如何分担，以最大限度保证己方的利益。

三、建设工程项目相关知识

（一）建设工程项目之概述

我国关于建设工程合同的规定主要体现于《合同法》第十六章、《最高人民法院关于审理建设工程施工合同纠纷案件适用法律问题的解释》（以下简称《建设工程司法解释一》）以及《最高人民法院关于审理建设工程施工合同纠纷案件适用法律问题的解释（二）》（以下简称《建设工程司法解释二》）等。此外，《合同法》第287条规定：《合同法》第十六章没有规定的，适用承揽合同的有关规定。根据《合同法》第269条的规定："建设工程合同是承包人进行工程建设，发包人支付价款的合同。建设工程合同包括工程勘察、设计、施工合同。"

（二）建设工程合同之主要事项

1. 建设工程合同的主要内容

根据《合同法》第274条和第275条的规定，勘察、设计合同的内容包括提交有关基础资料和文件（包括概预算）的期限、质量要求、费用以及其他协作条件等条款；施工合同的内容包括工程范围、建设工期、中间交工工程的开工和竣工时间、工程质量、工程造价、技术资料交付时间、材料和设备供应责任、拨款和结算、竣工验收、质量保修范围和质量保证期、双方相互协作等条款。

2. 建设工程施工合同的无效事由

除《合同法》第52条规定的合同无效事由外，根据《建设工程司法解释一》和《建设工程司法解释二》的相关规定，建设工程施工合同的无效事由包括：①承包人未取得建筑施工企业资质或者超越资质等级的；②没有资质的实际施工人借用有资质的建筑施工企业名义的；③建设工程必须进行招标而未招标或者中标无效的；④承包人非法转包、违法分包建设工程；⑤招标人和中标人在中标合同之外就明显高于市场价格购买承建房产、无偿建设住房配套设施、让利、向建设单位捐赠财物等另行签订合同，变相降低工程价款，一方当事人可以以该合同背离中标合同实质性内容为由请求确认无效；⑥发包人在起诉前未取得建设工程规划许可证等规划审批手续。

3. 建设工程开工日期的认定

根据《建设工程司法解释二》第5条的规定，当事人对建设工程开工日期有争议的，应按照以下情形予以认定：①开工日期为发包人或者监理人发出的开工通知载明的开工日期；开工通知发出后，尚不具备开工条件的，以开工条件具备的时间为开工日期；因承包人原因导致开工时间推迟的，以开工通知载明的时间为开工日期。②承包人经发包人同意已经实际进场施工的，以实际进场施工时间为开工日期。③发包人或者监理人未发出开工通知，亦无相关证据证明实际开工日期的，应当综合考虑开工报告、合同、施工许可证、竣工验收报告或者竣工验收备案表等载明的时间，并结合是否具备开工条件的事实，认定开工日期。

4. 建设工程竣工日期的认定

根据《建设工程司法解释一》第 14 条的规定，当事人对建设工程实际竣工日期有争议的，按照以下情形分别处理：①建设工程经竣工验收合格的，以竣工验收合格之日为竣工日期；②承包人已经提交竣工验收报告，发包人拖延验收的，以承包人提交验收报告之日为竣工日期；③建设工程未经竣工验收，发包人擅自使用的，以转移占有建设工程之日为竣工日期。

5. 建设工程价款结算

建设工程价款结算常见法律问题如下：第一，建设工程价款的主要结算方式。《建设工程司法解释一》第 16 条规定："当事人对建设工程的计价标准或者计价方法有约定的，按照约定结算工程价款。因设计变更导致建设工程的工程量或者质量标准发生变化，当事人对该部分工程价款不能协商一致的，可以参照签订建设工程施工合同时当地建设行政主管部门发布的计价方法或者计价标准结算工程价款。建设工程施工合同有效，但建设工程经竣工验收不合格的，工程价款结算参照本解释第三条规定处理。"第二，无效合同的工程款结算。根据《建设工程司法解释一》第 2 条的规定："建设工程施工合同无效，但建设工程经竣工验收合格，承包人请求参照合同约定支付工程价款的，应予支持。"根据《建设工程司法解释一》第 3 条的规定："建设工程施工合同无效，且建设工程经竣工验收不合格的，按照以下情形分别处理：（一）修复后的建设工程经竣工验收合格，发包人请求承包人承担修复费用的，应予支持；（二）修复后的建设工程经竣工验收不合格，承包人请求支付工程价款的，不予支持。"第三，"黑白合同"效力引起的工程款结算纠纷。《建设工程司法解释一》第 21 条规定："当事人就同一建设工程另行订立的建设工程施工合同与经过备案的中标合同实质性内容不一致的，应当以备案的中标合同作为结算工程价款的根据。"《建设工程司法解释二》第 1 条规定："招标人和中标人另行签订的建设工程施工合同约定的工程范围、建设工期、工程质量、工程价款等实质性内容，与中标合同不一致，一方当事人请求按照中标合同确定权利义务的,人民法院应予支持。招标人和中标人在中标合同之外就明显高于市场价格购买承建房产、无偿建设住房配套设施、让利、向建设单位捐赠财物等另行签订合同,变相降低工程价款,一方当事人以该合同背离中标合同实质性内容为由请求确认无效的,人民法院应予支持。"

第五节 政府采购中法律谈判的实践应用

一、政府采购典型案例指引

D市某学院急需采购一批多媒体教学设备。经过政府采购管理部门批准,决定采用竞争型谈判的采购方式,采购谈判小组由采购代理机构代表一名以及两名相关方面的专家组成,谈判重点关注对象为初步报价中出价最低的B公司。采购谈判小组在谈判文件中明确主要谈判内容有:设备的单价、技术参数和要求、安装时间、售后服务等。

采购谈判小组最关注的问题是该批设备能否尽快完成安装调试投入使用,同时也希望价格最低以及维保时间延长。而B公司作为供应商,最关注的问题是是否能够以尽可能高的单价成交。

在谈判准备阶段,采购谈判小组的代表李四认为,如果己方在此次谈判中一开始就明确表明安装期限要求会让对方有可乘之机,因此谈判小组最终确定在谈判时将其对安装期限的要求轻描淡写,同时夸大对价格的关注,最终使得供应商为了以较高价格或者现有价格成交而以缩短安装时间、延长维保时间作为回报。

B公司的首席法律谈判官陈三根据采购单位提供的谈判内容,在谈判前已组织人员对公司内部以及市场进行调查。结果显示,B公司产品在质量以及信誉上占有绝对优势,且适当延长维保时间不会增加过多成本。陈三分析,采购谈判小组可能更为关注安装时间，但是如加快安装时间，必然带来运输成本以及人员成本的增加，陈三推测：如果谈判对方知道己方更在意价格而在价格方面进行打压，那么己方将不得不在价格上做出让步；如果谈判对方能够接受一个相对较高的价格，那么作为让步，他们需要缩短安装期限或者延长维保时间。为此，陈三组织谈判团队成员准备了一份财务评估报告，报告显示B公司安装期限上的小幅让步需要以较高的价格作为补偿。陈三与其他谈判团队成员讨论后，最终确定了在安装期限上做出一点让步以换取更高的价格的目标，同时最后将维保时间的延长作为附赠优惠，让对方有"赢"的感觉。

谈判正式开始，李四开门见山地提出了政府方对价格的关注，并希望供应商能尽快完成该批设备的安装，延长维保时间。陈三表示充分理解政府方的需求，但加快安装速度以及延长维保时间都需要耗费较高的成本，并出示了财务报告作为佐证。

李四见陈三尚无在价格与安装速度方面做出让步的打算，故间接提到需要在计算机质量上多做考量。陈三见状迅速反应，表示其公司之前与市政部门有过合作，他们对B公司的计算机质量和安装速度均很满意。双方你来我往，交锋激烈。李四这时发现回避分歧的方式根本行不通，于是决定主动申明对方需要在保证性能质量的前提下至少缩短20天安装时间，陈三见状也主动公开了己方价格的组成，表示如果要缩短20天，则设备单价的增幅将至少达到15%。经过谈判，最终，双方根据彼此需求以及财务成本的测算，B公司同意缩短安装时间20天，设备单价提高8%，同时为了表达合作的诚意，B公司愿意适当延长维保时间。虽然在谈判中B公司价格提高了，但是采购谈判小组已经了解B公司设备的价格组成，知晓缩短安装时间需要相应提高成本，另B公司还附赠了维保时间延长这一优惠条件，所以对谈判结果还是较为满意的。

采购谈判小组根据谈判情况调整了原谈判文件的采购要求中的安装时间、

售后服务期限等，并以书面形式告知符合性审查合格的供应商重新提交响应文件。根据供应商重新提交的响应文件以及两轮报价的结果，最终确定 B 公司为成交单位。

二、政府采购中法律谈判案例分析

政府采购是当今世界各国政府管理社会经济生活的一种重要手段，既不同于一般的私人、企业采购，也不同于政府的一般行政行为。政府采购需要保证程序合法合规，法律谈判的内容与目标明确，确保法律谈判在合法合理的框架内展开。

（一）法律谈判的前期准备

1. 注意采购流程的合法性

政府采购项目中，采购方需要根据具体采购标的及数额，依据相关法律法规选择适当的采购程序，针对潜在交易对象，制定并发布详细合理的采购文件和采购公告。而供应方则需要根据政府采购方采购文件与公告的相关要求与期限，仔细研究市场与价格，合理报价并制作一份优秀与详细的标书。在政府采购法律谈判中，不得存在串标、提前泄露底价、行贿受贿等行为。

2. 做好信息收集工作

"信息即力量"，政府采购项目中，法律谈判前的信息收集与谈判目标的确认对于选择谈判策略、制订谈判方案具有十分重要的意义。除了要梳理与掌握己方的信息外，还要"了解对手"，掌握对方的信息。采购人或采购代理机构要从资金、技术、市场等各方面，对采购项目进行全方位的分析，收集相关信息，制订政府采购项目的最终方案与相关文件，并分析掌握对方的需求。

（二）法律谈判的开局与中期磋商

1. 采取合作型开局

政府采购法律谈判的目的往往在于达成合作、实现交易，在谈判开局阶段即营造一种和谐友善的谈判气氛，有利于双方达成合作，实现利益共赢。案例中，采购方开门见山地提出己方的谈判期待，表现出合作诚意，同时 B 公司也相应地表示了对对方的理解。谈判双方在友好的氛围中展开谈判。

2. 掌握初次报价的技巧

报价与磋商阶段，供应方应开出适当高于预期的价格，以赢取更大的谈判空间。通过适当地抬高初次报价，可以让对方产生"物有所值"的第一印象，同时彰显己方的"合作诚意"，并且满足对方精神上的成就感。案例中，B 公司初次报价时表示需要提高设备单价 15% 左右，而双方最终交易条件为 B 公司提高设备单价 8%，并附赠延长维保时间，在保证己方利益的前提下，让对方获得了"赢"的感觉。

3. 运用恰当的谈判策略与谈判思维

政府采购法律谈判在一定的框架内进行，谈判内容往往受限，但仍然具有一定的可谈空间，采购方与供应商均需运用相应的策略与技巧，以实现谈判方案，达成谈判目标。案例中，B 公司首席法律谈判官运用相关财务报表佐证己方成本增加的观点，充分运用"察言观色"的策略，在采购谈判小组提出需要在计算机质量方面多做考量时，及时识别对方语言信息，灵活应对，避免己方陷入被动局面。此外，在双方谈判陷入僵局时，运用"各让一步"的策略，关注各方利益，求同存异，合作谅解。

（三）法律谈判的终局与签约

政府采购谈判后期终局与签约阶段，采购谈判小组需要根据谈判情况调整了原谈判文件的采购要求，并且以法定形式告知符合性审查合格的供应商重新提交响应文件，根据对方重新提交响应文件以及一轮报价与二轮谈判成果，确定成交单位，签订相关协议。案例中，采购谈判小组根据谈判情况调整了原谈判文件的采购需求中的安装时间、售后服务期限等，并以书面形式告知其重新提交响应文件，根据响应文件以及两轮报价的结果，最终确定 B 公司为成交单位。

（四）政府采购法律谈判中的常见风险

1. 程序的合法性风险

政府采购法律谈判程序需要在合法合理的框架内进行，避免法律谈判成果受到法律的否定评价，从而导致人力、物力等资源的浪费。作为一种特殊的交易形式，采购方需要依据采购的标的及数额，采用适合的采购方式，制订采购项目最终方案与文件，依照法律流程进行，在合法的框架内明确谈判内容，避免无效谈判。

2. 谈判小组成员组成风险

采购方在组成采购谈判小组时，应当按照法律法规的要求，选择相应的机构代表及相关方面的专家，保障谈判团体人员组成的合法性及专业性，最大程度实现己方的谈判利益。如采用案例中提及的竞争型谈判方式选定供应商，则谈判小组需由采购人的代表和有关专家共三人以上的单数组成，其中专家的人数不得少于成员总数的三分之二。

3. 采购市场风险

对瞬息万变的市场经济环境，谈判各方面可能会面临原料、包装及运输价格与成本上涨等种种变化，这些变化，小则可能影响双方利益的实现程度，大则可能导致一方因利益难以实现而主动违约。在控制与处理该类风险时，谈判各方应当提前做好市场价格监测，合理确定需求与预算。

三、政府采购相关知识

（一）政府采购之概述

《中华人民共和国政府采购法》（以下简称《政府采购法》）第2条第2款规定："本法所称政府采购，是指各级国家机关、事业单位和团体组织，使用财政性资金采购依法制定的集中采购目录以内的或者采购限额标准以上的货物、工程和服务的行为。"相对于其他采购而言，政府采购具有如下特点：其一，资金来源的公共性；其二，非营利性；其三，采购对象的广泛性和复杂性；其四，规范性；其五，政策性；其六，公开性。

（二）政府采购主要方式及其对比

政府采购主要方式及其对比见表6-1。

表6-1 政府采购主要方式及其对比

比较因素＼采购方式	公开招标	邀请招标	竞争型谈判	询价采购	单一来源	竞争型磋商
适用情形	适用于大部分政府采购，是最主要的采购方式	①具有特殊性，只能从有限范围的供应商采购的；②采用公开招标方式的费用占采购项目总价值的比例过大的	①招标后没有供应商投标或者没有合格标的或者重新招标未能成立的；②技术复杂或者性质特殊，不能确定详细规格或者具体要求的；③采用招标所需时间不能满足用户紧急需要的；④不能事先计算出价格总额的	采购的货物规格、标准统一，现货货源充足且价格变化幅度小的政府采购项目	①只能从唯一供应商处采购的；②发生不可预见的紧急情况不能从其他供应商处采购的；③必须保证原有采购项目一致性或者服务配套的要求，需要继续从原供应商处添购，且添购资金总额不超过原合同采购金额百分之十的	①政府购买服务项目；②技术复杂或者性质特殊，不能确定详细规格或者具体要求的；③因艺术品采购，专利、专有技术或者服务的时间、数量事先不能计算出价格总额的；④市场竞争不充分的科研项目以及需要扶持的科技成果转化项目；⑤按照招标投标法及其实施条

续表

比较因素＼采购方式	公开招标	邀请招标	竞争型谈判	询价采购	单一来源	竞争型磋商
						例必须进行招标的工程建设项目以外的工程建设项目
是否需经政府采购管理部门批准	默认的采购方式，不需批准	需经政府采购管理部门批准	需经政府采购管理部门批准	需经政府采购管理部门批准	需经政府采购管理部门批准	需经政府采购管理部门批准
邀请方式	以招标公告的方式邀请不特定的供应商	以投标邀请函的方式邀请特定的供应商	由谈判小组确定3家以上供应商，并向其发出谈判邀请函	由询价小组确定3家以上供应商，并向其发出报价邀请函	向特定供应商发出邀请	发布公告，从省级以上财政部门建立的供应商库中随机抽取或者采购人和评审专家分别以书面推荐的方式邀请不少于3家符合相应资格条件的供应商
评标方式	采用综合评标法或者最低评标价法	采用最低评标价法	采用最低评标价法	采用最低评标价法	在保证采购项目质量和双方商定合理价格的基础上进行采购	采用综合评标价法

262

(三) 政府采购的基本流程

公开招标投标的基本流程如图 6-1 所示。

1. 公开招标投标的基本流程（政府采购的主要方式）

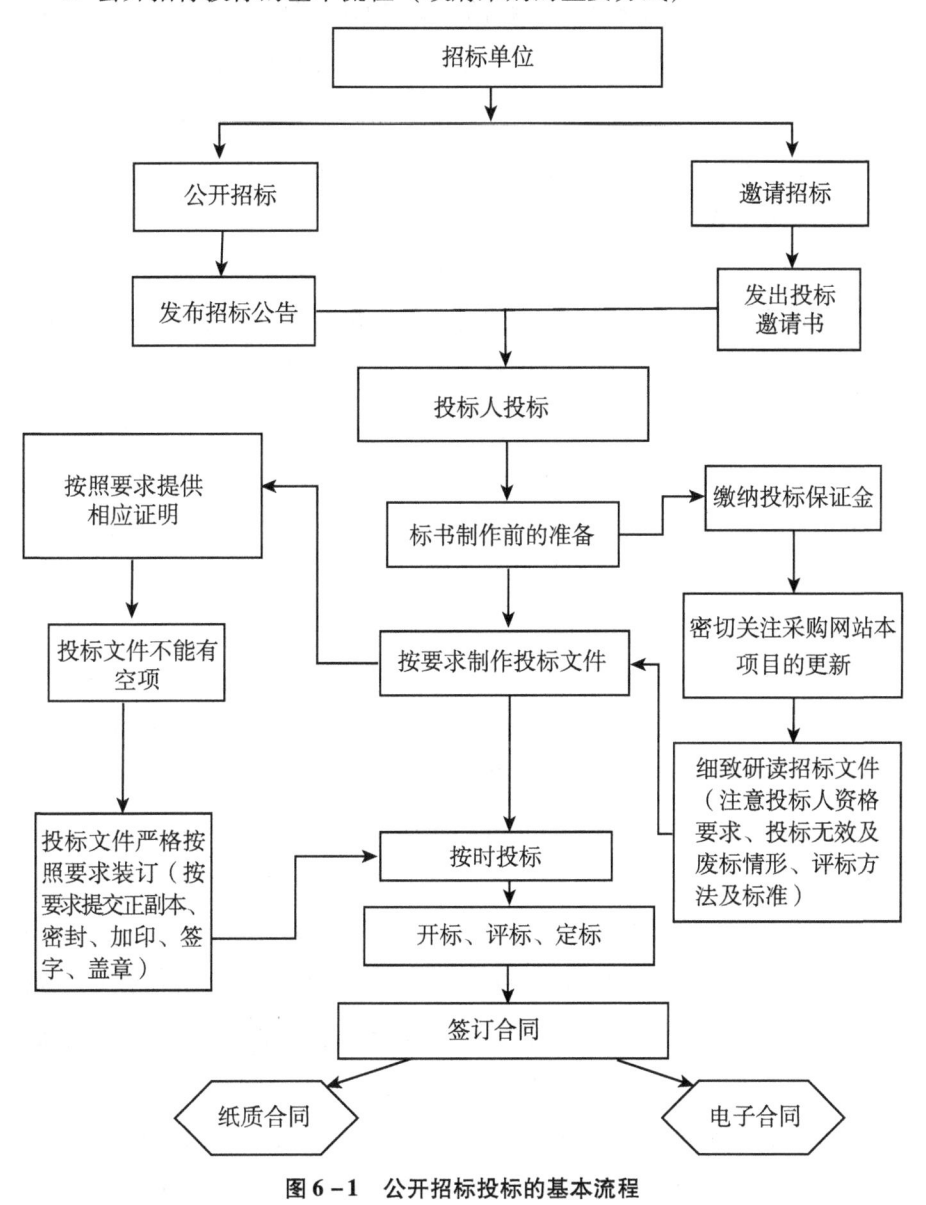

```
                        招标单位
                       ┌────┴────┐
                    公开招标    邀请招标
                       │          │
                  发布招标公告  发出投标
                       │        邀请书
                       └────┬─────┘
                         投标人投标
                            │
按照要求提供          标书制作前的准备  ────→  缴纳投标保证金
相应证明  ←─────────      │                      │
    │                     │                密切关注采购网站本
投标文件不能有            │                项目的更新
空项                      │                      │
    │              按要求制作投标文件  ←──  细致研读招标文件
    │                     │                （注意投标人资格
投标文件严格按            │                 要求、投标无效及
照要求装订（按            │                 废标情形、评标方
要求提交正副本、          │                 法及标准）
密封、加印、签 ────→   按时投标
字、盖章）                │
                     开标、评标、定标
                            │
                         签订合同
                       ┌────┴────┐
                    纸质合同    电子合同
```

图 6-1 公开招标投标的基本流程

2. 非招标投标方式采购程序

根据《政府采购法》《政府采购竞争性磋商采购方式管理暂行办法》等的规定，其他采购程序在通过公告等方式邀请供应商后可以参考如下规定。

（1）采用竞争型谈判方式采购的，应当遵循下列程序：①成立谈判小组。谈判小组由采购人的代表和有关专家共三人以上的单数组成，其中专家的人数不得少于成员总数的三分之二。②制定谈判文件。谈判文件应当明确谈判程序、谈判内容、合同草案的条款以及评定成交的标准等事项。③确定邀请参加谈判的供应商名单。谈判小组从符合相应资格条件的供应商名单中确定不少于三家的供应商参加谈判，并向其提供谈判文件。④谈判。谈判小组所有成员集中与单一供应商分别进行谈判。在谈判中，谈判的任何一方不得透露与谈判有关的其他供应商的技术资料、价格和其他信息。谈判文件有实质性变动的，谈判小组应当以书面形式通知所有参加谈判的供应商。⑤确定成交供应商。谈判结束后，谈判小组应当要求所有参加谈判的供应商在规定时间内进行最后报价，采购人从谈判小组提出的成交候选人中根据符合采购需求、质量和服务相等且报价最低的原则确定成交供应商，并将结果通知所有参加谈判的未成交的供应商。

（2）采取单一来源方式采购的，采购人与供应商应当遵循《政府采购法》规定的原则，在保证采购项目质量和双方商定合理价格的基础上进行采购。

（3）采取询价方式采购的，应当遵循下列程序：①成立询价小组。询价小组由采购人的代表和有关专家共三人以上的单数组成，其中专家的人数不得少于成员总数的三分之二。询价小组应当对采购项目的价格构成和评定成交的标准等事项做出规定。②确定被询价的供应商名单。询价小组根据采购需求，从符合相应资格条件的供应商名单中确定不少于三家的供应商，并向其发出询价通知书让其报价。③询价。询价小组要求被询价的供应商一次报出不得更改的价格。④确定成交供应商。采购人根据符合采购需求、质量和服务相等且报价最低的原则确定成交供应商，并将结果通知所有被询价的未成交的供应商。

（4）采取竞争型磋商方式采购的，应当遵循下列程序：①成立磋商小组。磋商小组由采购人代表和评审专家共三人以上单数组成,其中评审专家人数不得少于磋商小组成员总数的三分之二。②制定磋商文件。磋商文件应当包括供应商资格条件、采购邀请、采购方式、采购预算、采购需求、政府采购政策要求、评审程序、评审方法、评审标准、价格构成或者报价要求、响应文件编制要求、保证金缴纳数额和形式以及不予退还保证金的情形、磋商过程中可能实质性变动的内容、响应文件提交的截止时间、开启时间及地点以及合同草案条款等事项。③磋商。磋商小组所有成员应当集中与单一供应商分别进行磋商,并给予所有参加磋商的供应商平等的磋商机会。④综合评分并确定候选供应商。经磋商确定最终采购需求和提交最后报价的供应商后,由磋商小组采用综合评分法对提交最后报价的供应商的响应文件和最后报价进行综合评分。磋商小组应当根据综合评分情况,按照评审得分由高到低顺序推荐三名以上成交候选供应商,并向采购人报送评审报告。⑤确定成交供应商。采购人从评审报告提出的成交候选供应商中,按照排序由高到低的原则确定成交供应商,也可以书面授权磋商小组直接确定成交供应商,并将结果通知所有参加谈判的未成交的供应商。

第六节 政府和社会资本合作(PPP)中法律谈判的实践应用

一、政府和社会资本合作(PPP)典型案例指引

H省C市一项市政工程拟采用政府与社会资本合作(PPP)方式投资运作,该项目总投资约二十亿元,选入国家与省级示范性PPP项目。该项目拟采用公开招标方式引入社会资本。

招标文件公布后,某国有大型集团公司(以下简称A集团公司)以及某投资基金公司(以下简称B基金公司)组成联合体参与投标。评标委员会按

评标标准综合评审后，A 集团公司与 B 基金公司联合体排名第一，成为三家推荐中标候选人之一。

采购人谈判工作组按照报告推荐顺序先与排名第一的中标候选人进行合同签署前的确认谈判。据前期资质调查，A 集团公司系一家具有施工总承包特级资质、建筑行业甲级设计资质的国有大型集团公司。政府方采购与谈判工作组高度重视此次谈判，前期准备充分。

谈判前，在谈判工作组成员的选择上，从合法性及专业性的角度出发，选定谈判经验丰富的市住建局副局长为谈判组组长，即首席法律谈判官；选定市审计局总审计师、市政府法制办副主任以及市城投公司副总经理为副组长；谈判组成员分别来自市财政局政府和社会资本合作管理部门、C 市某区建设局、市规划局以及律师事务所、咨询公司、招标代理公司等。在谈判组组长主持下，谈判组成员就谈判原则、策略选定以及人员安排进行了讨论。在谈判原则的确定上，根据政府和社会资本合作（PPP）相关法律规定，确认谈判只涉及合同中可变的细节问题，提前组织各部门和律师讨论明确了不可谈判的核心内容以及可谈内容。在谈判策略的选择上，一是"软硬兼施"（红白脸策略），二是"明暗有序"（有限授权策略）。"软硬兼施"策略实施的基础在于谈判组成员不仅有政府方成员，还有律师等来自中介服务机构的成员。在原则问题或者可退可不退问题上，让律师当前锋，冲锋陷阵、崭露锋芒，以刺探对方虚实。当探到或接近谈判对方底线时，政府方出面缓和，落实结果。所谓"明暗有序"，指的是除安排谈判组成员外，还设一位更高级别的领导坐镇后方，待出现谈判僵局或举棋不定的情形时，明确需向上汇报再行定夺。

双方在前期磋商过程中，采购谈判工作小组要求 A 集团公司与 B 基金公司联合就 PPP 项目合同需谈判内容形成书面文件，政府采购方就该谈判要点在正式谈判前向建设、规划、审计、法制等各部门征询意见，并在内部基本达成一致意见，使本次谈判更加富有效率。

正式谈判中，双方就是否成立有限合伙制子基金入股项目公司、项目公司组织架构、联合体在项目公司持股比例、项目公司经营范围、使用者付费调价机制、违约责任、履约担保等内容进行谈判，其中是否成立有限合伙制子基金入股项目公司等不可谈判的核心条款经政府方审核后坚持原则、不予谈判，其他可谈判细节以及需完善条款内容经双方达成一致的，形成谈判备忘录，作为最后签订政府和社会资本合作项目合同的依据之一。

正式面对面谈判后，政府方出于审慎负责的态度，委托律师对谈判备忘录、PPP 项目合同、股东协议等法律文件进一步审核并出具法律意见，市住建局、市财政局以及市政府法制办也对拟签署法律文件出具了审核意见。最后，政府方实施机构向第一中标候选人 A 集团公司与 B 基金公司联合体发出中标通知书，各方正式签署政府和社会资本合作（PPP）项目合同，由此该政府和社会资本合作项目正式进入执行阶段。

二、政府和社会资本合作（PPP）中法律谈判案例分析

政府和社会资本合作（PPP）项目的操作流程一般包括项目识别、项目准备、项目采购、项目执行和项目移交五个阶段，此处重点针对 PPP 项目采购阶段的法律谈判进行分析。

（一）法律谈判的前期准备

政府和社会资本合作（PPP）项目常常涉及建设工程、金融、财税、管理运营等各个方面，政府和社会资本合作（PPP）项目的繁杂性也对法律谈判提出了更高的要求。无论是政府方还是社会资本方，想要成功完成一场 PPP 项目法律谈判，都需要在法律谈判前进行充分的准备。

1. 全面收集信息

对信息进行全面收集对 PPP 法律谈判至关重要，因此在法律谈判前谈判各方需要了解政府和社会资本合作（PPP）项目采购流程、政府和社会资本合作相关法律法规、政府和社会资本合作（PPP）项目中权利义务边界、政府和社会资本合作（PPP）项目中所涉及的技术因素、谈判各方的资信情况等。在案例中，采购人（政府方）提前对社会资本方进行了资质调查，确认 A 集团公司具有施工总承包特级资质、建筑行业甲级设计资质等，而且就谈判要点在谈判

前向建设、规划、审计、法制等各部门征询意见，并在内部基本达成一致，这也为采购人（政府方）其他谈判准备工作以及谈判磋商打下了良好的基础。

2. 组建科学完善的法律谈判小组

在法律谈判前，需要根据项目情况，组建一支由高素质人才组成的配备完善的法律谈判团队。政府和社会资本合作（PPP）项目因涉及公共基础设施，因此，政府和社会资本合作（PPP）项目政府方谈判团队成员的组成不仅需要满足项目个性需求，还应当符合法律规定。案例中，政府方组建了谈判工作组，其成员包括市住建局副局长、市审计局总审计师、市政府法制办副主任，以及律师事务所、咨询公司、招标代理公司等。具有不同专业背景的团队成员之间优势互补，可以增强己方法律谈判的实力。此外，案例中，除安排谈判组成员外，还设一位更高级别的领导坐镇后方，在谈判陷入僵局或举棋不定时行使决策权。诚如前文所提到的，幕前人员与幕后人员的紧密配合，幕后人员为幕前人员准备资料或者出谋划策，以发挥强强联合的作用。

3. 合理安排法律谈判流程

在法律谈判开始前，要根据己方具体情况合理地安排谈判议程。谈判议程的安排与谈判策略、技巧的运用紧密相关，合理地安排谈判议程将有助于谈判的顺利进行。案例中，政府方提前组织各部门和律师讨论明确了不可谈判的内容以及可谈判的内容，从而确定了谈判议题。此外，政府方要求社会资本方在谈判前提交谈判要点，就谈判要点向其他部门征询意见，并在内部基本达成一致意见。要求对方提交谈判要点以及内部征询意见，有助于政府方在正式谈判中掌握主动权，提早制定谈判策略等。

（二）法律谈判的磋商

法律谈判的磋商阶段，是谈判中的关键环节。在法律谈判的磋商阶段，谈判各方往往围绕谈判要点进行洽谈，并采用不同的策略，以实现谈判目的。

1. 善用法律谈判策略

在前文中就已经介绍，谈判各方可以根据己方在谈判中的优劣势地位或者不同的需求采取不同的策略。在案例中，政府方成员根据自身谈判团队成员的组成以及分工采用"软硬兼施"（红白脸策略）以及"明暗有序"（有限授权策略）的策略，既有助于维护政府方的权益，又有利于谈判的顺利进行，防止谈判陷入僵局。

2. 谈判中及时固化各方谈判成果

在法律谈判中，应该及时采用备忘录等方式将双方已经达成合意的谈判内容进行固化，一方面能量化已经达成一致的内容，另一方面也是对谈判各方权益的保障，能有效推动谈判进程，备忘录也是预防法律谈判风险的有效手段之一。案例中，谈判各方对已达成一致的内容，形成谈判备忘录，作为最后签订政府和社会资本合作（PPP）项目合同的依据之一，有效加快了谈判的进程，为后期的谈判的终局和签约打下了良好的基础。

（三）法律谈判的终局与签约

1. 法律谈判的终局

谈判各方应该从谈判内容是否基本达成一致、谈判时间以及谈判策略等几个方面来判断法律谈判的终局。在案例中，因政府和社会资本合作（PPP）项目采用的是招投标的方式选定社会资本方，其流程受到法律法规的约束，因此案例中收局的标志应为中标通知书的发出，这也意味着政府方对社会资本方在法律谈判中提出的或者妥协后的方案表示基本认可，双方以成交的方式结束法律谈判。

2. 法律谈判的签约

谈判达成合意后，应及时固定合意成果，签订书面合同。在签订合同时，应遵循公平、诚实信用等基本原则，并对项目合同进行合法性以及合理性审查，避免合同诈骗或其他合同陷阱。案例中，在正式签署政府和社会资本合作（PPP）项目合同之前，政府方委托律师对谈判中形成的谈判备忘录等法律文件进行审核并出具法律意见，有利于防范法律风险，为项目合法有效的执行打下坚实的基础。

（四）政府和社会资本合作（PPP）法律谈判中的常见风险

1. 相关法律法规及政策变动的风险

我国从20世纪就已经开始出台PPP项目相关的政策文件，但是政策变动较大。如2014—2015年间密集出台的86部相关政策法规，为PPP项目的"识别—准备—采购—执行—移交"设定专业化条件,大力推动各地的 PPP 项目。而从 2017 年开始我国严禁以政府投资基金、政府和社会资本合作(PPP)、政府购买服务等名义变相举债,对不符合相关政策规定的 PPP 入库项目进行集中清理,给 PPP 项目市场带来了巨大的冲击。正是因为 PPP 项目相关的法律法规以及政策规定变动相对频繁,而这些变动又直接影响着 PPP 项目的合法性、可操作性以及市场收益等,因此,法律法规和政策的变动成为 PPP 项目法律谈判中重要的风险因素之一。为此,在 PPP 项目法律谈判中,首席法律谈判官应该将政策法规的变动列入重要风险点,时刻关注 PPP 项目政策动向,并进行科学预判。在 PPP 项目谈判中,还应注意约定政策变动引起合同履行不能等情况的处置方式,明确合同的解除情形、违约责任等,尽量规避风险或者将损失降至最低。

2. 主体信用风险

PPP 项目适用于基础设施与公共服务等领域,具有周期长、资金量大等特点,因此,其对无论是政府方还是社会资本方本身的资信情况以及履约能力都提出了更高的要求。常见的风险如因政府方财政能力不足等原因导致无法正常回款,又如因社会资本方的承建能力或者信誉能力造成项目无法完工、延期完工或者完工后无法达到预期运行标准。虽然在谈判前,政府方会对社会资本方进行资格审查,而社会资本方也会根据项目情况综合评判是否投标,但是各方主体的信用能力仍然是 PPP 项目中重要的风险因素,应该予以重视。对于此类风险,首席法律谈判官除了在谈判前对谈判对手信用情况进行从严审查外,还可以通过采用履约保证金、加重违约责任等规避风险,或者通过购买商业保险等方式转移风险,并加强对 PPP 项目合同履约过程的管理,严控每一个履约节点。

3. 不完全契约风险

不完全契约理论,又被称为 GHM(Grossman-Hart-Moore)理论,或者 GHM 模型。谈判各方在签订契约之前,需要充分考虑不完全性和交易事项存在的不确定性等,但是谈判者因为受到认知水平、市场环境等各种因素的限制,达成完全契约的可能性非常低,所以一定程度上来说不完全契约存在是必然的。虽然不完全契约风险可能存在于多数法律谈判中,但是在 PPP 项目谈判中体现得尤为明显。由于PPP项目时间周期通常较长，项目受到诸多主客观因素的影响，如政府方履约意愿、原料价格波动、技术手段更新、政治经济环境等，这些使得在PPP项目法律谈判中无法对全部情况进行充分协商和明晰。因此，PPP项目的不完全契约风险也就成为了PPP项目法律谈判的主要风险之一。对于不完全契约风险，首席法律谈判官应当在谈判前与市场人员、技术人员等进行充分沟通，尽可能预判未来的市场走向、技术更新频率等，同时在合同条款中预留一定的协商和变更的机动空间，以规避不完全契约风险。

三、政府和社会资本合作（PPP）相关知识

（一）政府和社会资本合作（PPP）的概述

关于政府和社会资本合作（PPP）模式的定义，《关于在公共服务领域推广政府和社会资本合作模式指导意见的通知》（国务院国办发〔2015〕42号）、《国家发展改革委关于开展政府和社会资本合作的指导意见》（发改投资〔2014〕2724号）以及《财政部关于推广运用政府和社会资本合作模式有关问题的通知》（财金〔2014〕76号）中均有明确规定。综合理解，PPP模式是在基础设施及公共服务领域建立的一种利益共享、风险分担的长期合作关系，即政府为增强公共产品和服务供给能力、提高供给效率，通过特许经营、购买服务、股权合作等方式，采取竞争性方式择优选择具有投资、运营管理能力的社会资本，双方按照平等协商原则订立合同，明确责权利关系，由社会资本提供公共服务，政府依据公共服务绩效评价结果向社会资本支付相应对价，保证社会资本获得合理收益。

PPP模式通常是由社会资本承担设计、建设、运营、维护基础设施的大部分工作，并通过"使用者付费"及必要的"政府付费"获得合理投资回报，政府部门负责基础设施及公共服务价格和质量监管，从而有利于充分发挥市场机制作用，提升公共服务的供给质量和效率，实现公共利益最大化。

（二）政府和社会资本合作（PPP）的操作流程

根据财政部《关于印发〈政府和社会资本合作模式操作指南（试行）〉

的通知》（财金〔2014〕113号）规定，PPP项目的操作流程包括项目识别、项目准备、项目采购、项目执行和项目移交五个阶段。根据国家发展和改革委员会《传统基础设施领域实施政府和社会资本合作项目工作导则》（发改投资〔2016〕2231号），PPP项目的操作流程则包括项目储备、项目遴选、伙伴选择、合同管理、绩效评价以及退出机制六个阶段。

实践中财政部规定的五个阶段操作流程应用得更为广泛，笔者制作的PPP项目的具体操作流程如图6-2所示。

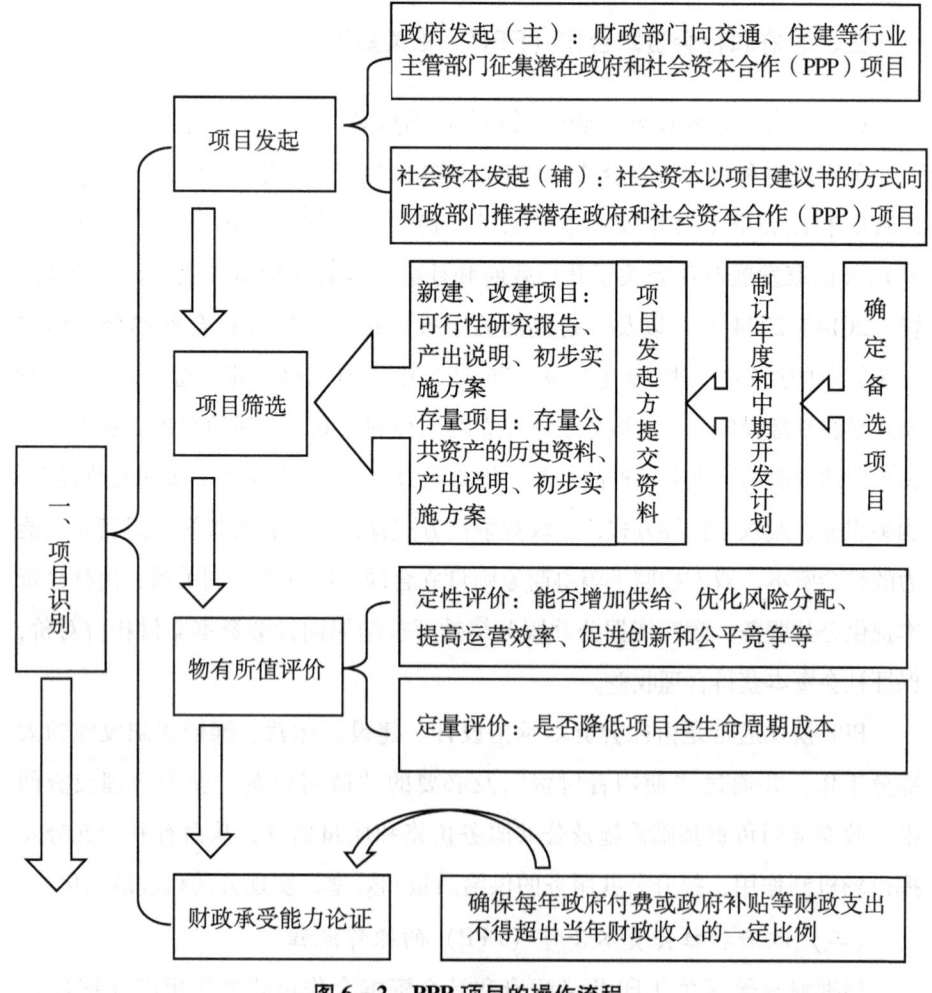

图6-2 PPP项目的操作流程

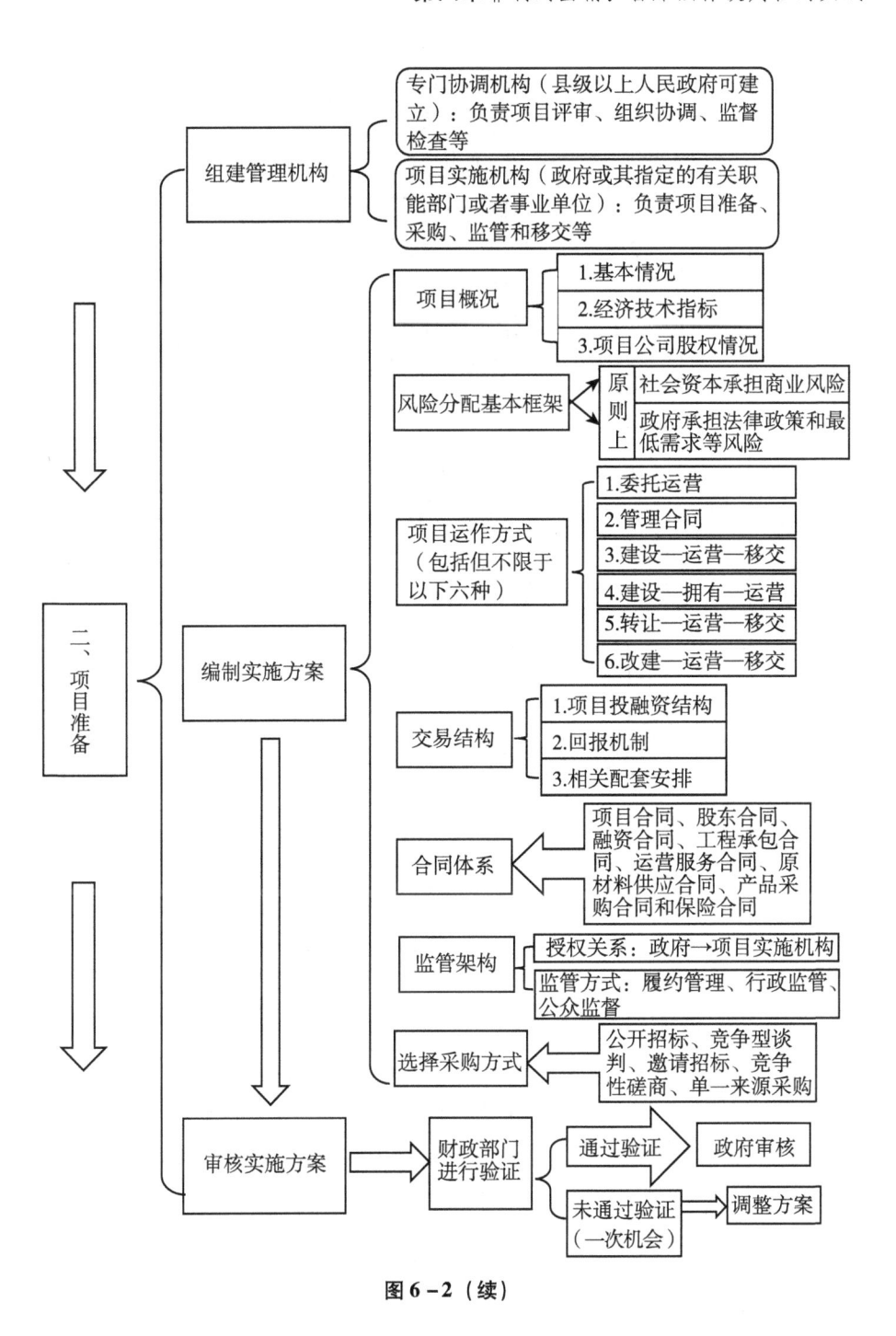

```
                                    ┌─ 专门协调机构（县级以上人民政府可建
                                    │  立）：负责项目评审、组织协调、监督
                     ┌─ 组建管理机构 ─┤  检查等
                     │              │
                     │              └─ 项目实施机构（政府或其指定的有关职
                     │                 能部门或者事业单位）：负责项目准备、
                     │                 采购、监管和移交等
                     │
                     │                           ┌─ 1.基本情况
                     │              ┌─ 项目概况 ─┼─ 2.经济技术指标
                     │              │           └─ 3.项目公司股权情况
                     │              │
                     │              │                     原  ┌─ 社会资本承担商业风险
                     │              ├─ 风险分配基本框架 ─── 则 ─┤
                     │              │                     上  └─ 政府承担法律政策和最
                     │              │                         低需求等风险
                     │              │                          ┌─ 1.委托运营
                     │              │              项目运作方式 ├─ 2.管理合同
                     │              ├─（包括但不限于 ─┼─ 3.建设—运营—移交
                     │              │              以下六种）  ├─ 4.建设—拥有—运营
                     │              │                          ├─ 5.转让—运营—移交
          二、项目准备 ┤─ 编制实施方案 ┤                          └─ 6.改建—运营—移交
                     │              │
                     │              │                     ┌─ 1.项目投融资结构
                     │              ├─ 交易结构 ──────────┼─ 2.回报机制
                     │              │                     └─ 3.相关配套安排
                     │              │
                     │              │                     ┌─ 项目合同、股东合同、
                     │              │                     │  融资合同、工程承包合
                     │              ├─ 合同体系 ──────────┤  同、运营服务合同、原
                     │              │                     │  材料供应合同、产品采
                     │              │                     └─ 购合同和保险合同
                     │              │
                     │              │                     ┌─ 授权关系：政府→项目实施机构
                     │              ├─ 监管架构 ──────────┤
                     │              │                     └─ 监管方式：履约管理、行政监管、
                     │              │                        公众监督
                     │              │                     ┌─ 公开招标、竞争型谈
                     │              │                     │  判、邀请招标、竞争
                     │              └─ 选择采购方式 ──────┴─ 性磋商、单一来源采购
                     │
                     │                              ┌─ 通过验证 ──→ 政府审核
                     └─ 审核实施方案 ── 财政部门 ───┤
                                      进行验证      └─ 未通过验证 ──→ 调整方案
                                                      （一次机会）
```

图 6-2（续）

首席法律谈判官

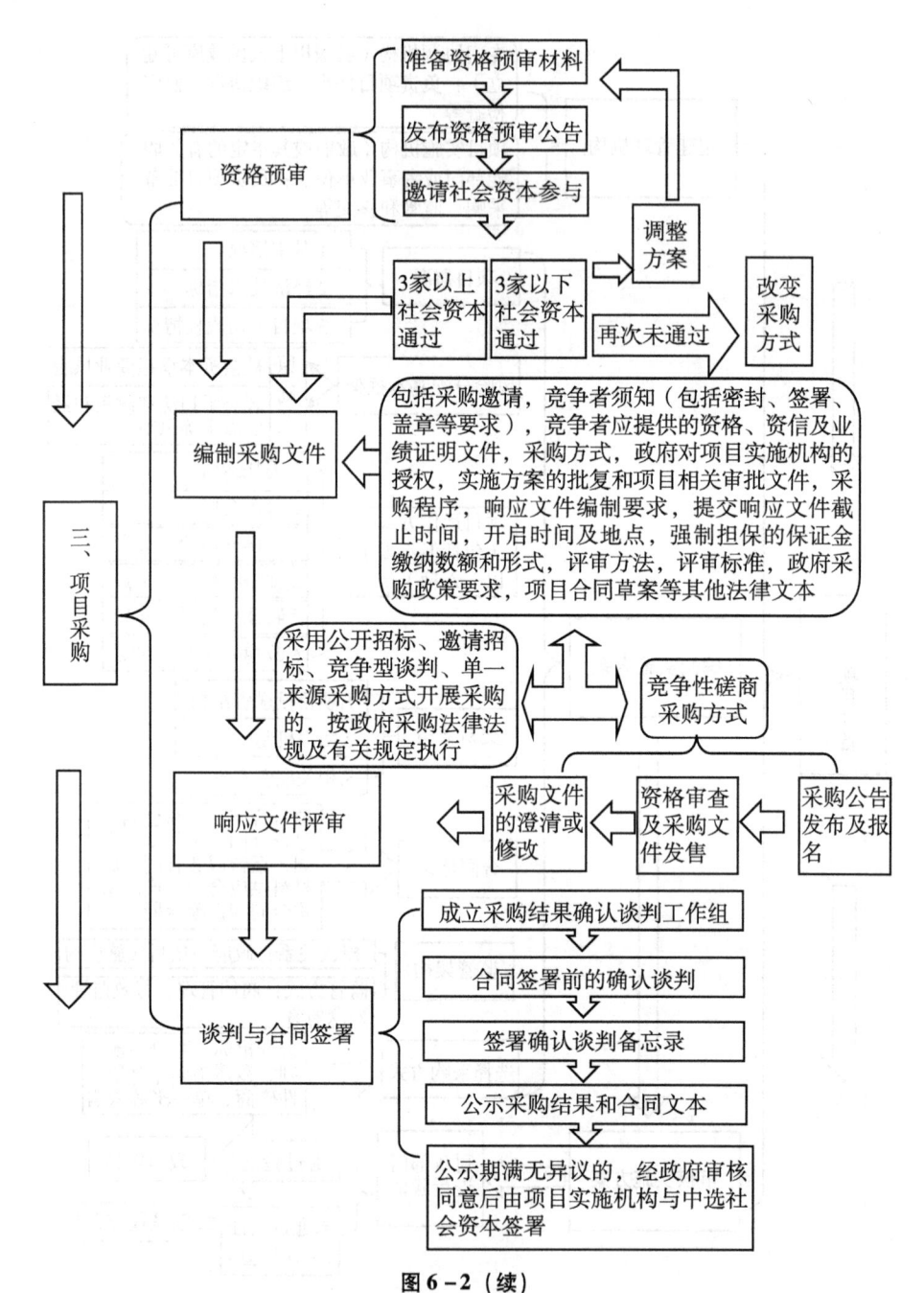

三、项目采购

```
资格预审
├─ 准备资格预审材料
├─ 发布资格预审公告
└─ 邀请社会资本参与
    ├─ 3家以上社会资本通过
    └─ 3家以下社会资本通过 → 调整方案 → 再次未通过 → 改变采购方式

编制采购文件
  包括采购邀请，竞争者须知（包括密封、签署、盖章等要求），竞争者应提供的资格、资信及业绩证明文件，采购方式，政府对项目实施机构的授权，实施方案的批复和项目相关审批文件，采购程序，响应文件编制要求，提交响应文件截止时间，开启时间及地点，强制担保的保证金缴纳数额和形式，评审方法，评审标准，政府采购政策要求，项目合同草案等其他法律文本

采用公开招标、邀请招标、竞争型谈判、单一来源采购方式开展采购的，按政府采购法律法规及有关规定执行

竞争性磋商采购方式
  ├─ 采购公告发布及报名
  ├─ 资格审查及采购文件发售
  └─ 采购文件的澄清或修改

响应文件评审

谈判与合同签署
  ├─ 成立采购结果确认谈判工作组
  ├─ 合同签署前的确认谈判
  ├─ 签署确认谈判备忘录
  ├─ 公示采购结果和合同文本
  └─ 公示期满无异议的，经政府审核同意后由项目实施机构与中选社会资本签署
```

图 6-2（续）

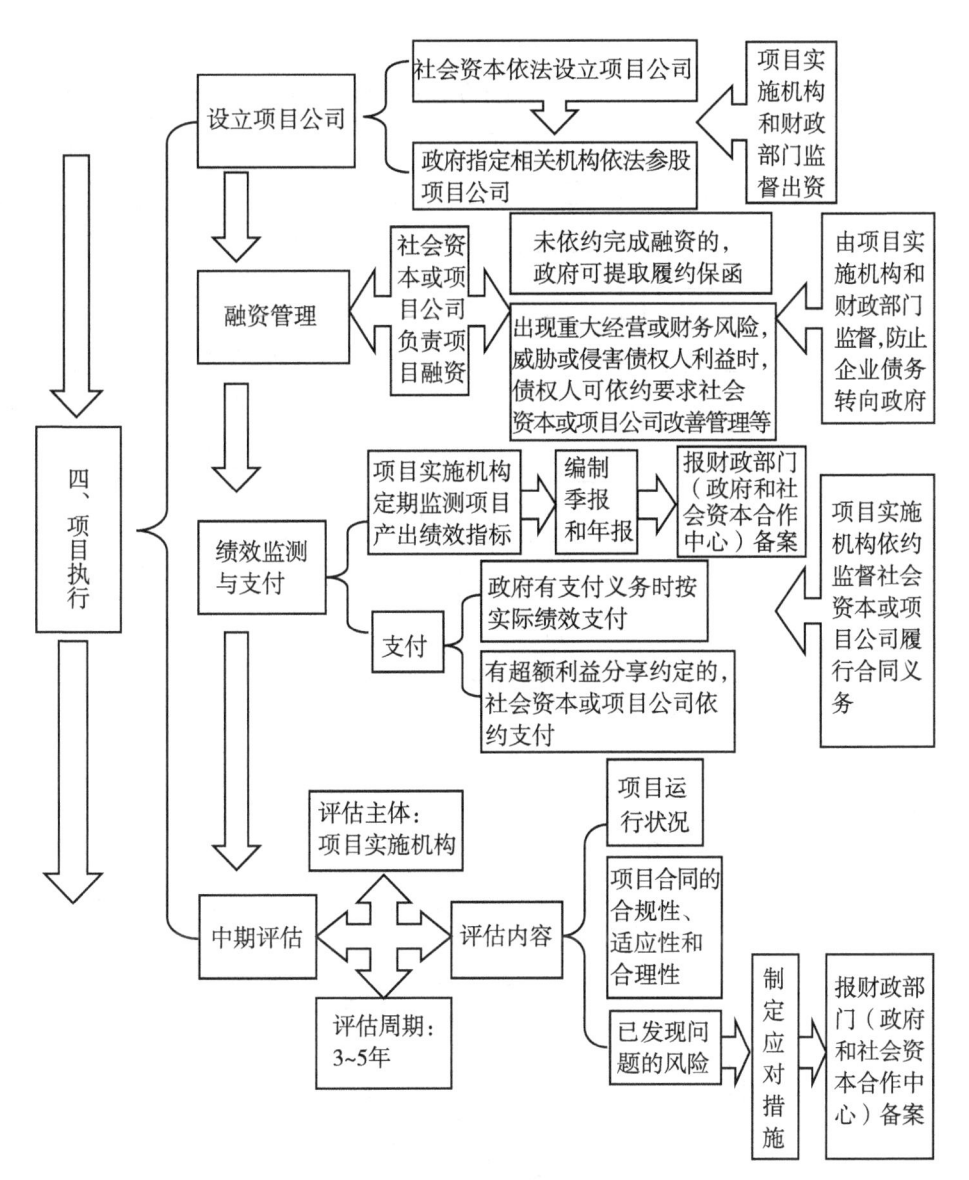

第六章 利剑出鞘：首席法律谈判官的实践

四、项目执行

设立项目公司
- 社会资本依法设立项目公司
- 政府指定相关机构依法参股项目公司

（项目实施机构和财政部门监督出资）

融资管理
- 社会资本或项目公司负责项目融资
  - 未依约完成融资的，政府可提取履约保函
  - 出现重大经营或财务风险，威胁或侵害债权人利益时，债权人可依约要求社会资本或项目公司改善管理等

（由项目实施机构和财政部门监督，防止企业债务转向政府）

绩效监测与支付
- 项目实施机构定期监测项目产出绩效指标 → 编制季报和年报 → 报财政部门（政府和社会资本合作中心）备案
- 支付
  - 政府有支付义务时按实际绩效支付
  - 有超额利益分享约定的，社会资本或项目公司依约支付

（项目实施机构依约监督社会资本或项目公司履行合同义务）

中期评估
- 评估主体：项目实施机构
- 评估周期：3~5年
- 评估内容
  - 项目运行状况
  - 项目合同的合规性、适应性和合理性
  - 已发现问题的风险 → 制定应对措施 → 报财政部门（政府和社会资本合作中心）备案

图 6-2（续）

```
                                     ┌─ 项目实施机构或政府指定机构组建 ─┐
                                     │                                  │    有约定按
                                     ▼                                  │    约定，无约
                              ┌─ 项目移交工作组 ─┐                      │    定或约定不
                              │                  │                      │    明的，按"恢
                              │ 确定移交形式 ─┬─ 1.期满终止移交          │    复相同经济
                              │              └─ 2.提前终止移交          │    地位"原则
          ┌─ 移交准备 ─┤                                                │
          │           │ 确定补偿方式 ─┬─ 1.无偿移交                     │
          │           │              └─ 2.有偿移交 ──→ 政府审核 ◀──────┘
          │           │
          │           │ 确定移交内容 ◀── 项目资产、人员、
          │           │                  文档和知识产权等
          │           │
          │           └─ 确定移交标准 ◀── 设备完好率和最
          │                               短可使用年限等
          │
          │                    测试主体：
          │                    项目移交工作组
  五、    │                         ▲
  项     ─┤  性能测试 ◀────────────┼──── 测试标准：
  目      │                         ▼     按照性能测试
  移      │                    测试结果   方案和移交标准
  交      │                         │
          │                  达标 ◀─┴─▶ 不达标 ── 社会资本或项目公司进行
          │                                         恢复性修理、更新重置
          │                                         或提取移交维修保函
          │
          │           ┌── 项目资产、知识产权和     社会资本或
          │           │   技术法律文件、资产清单   项目公司配
          ├─ 资产交割─┤                           合做好项目
          │           │   办妥法律过户和管理权     运营平稳过
          │           └── 移交手续                 渡相关工作
          │
          │                    评价内容：项目产出、
          │                    成本效益、监管成效、    公开
          └─ 绩效评价 ◀────── 可持续性、政府和社 ──→ 评价
                               会资本合作模式应用等   结果
                                    ▲
                               评价主体：财政部门
                               （政府和社会资本合
                               作中心）组织有关部门
```

图 6-2（续）

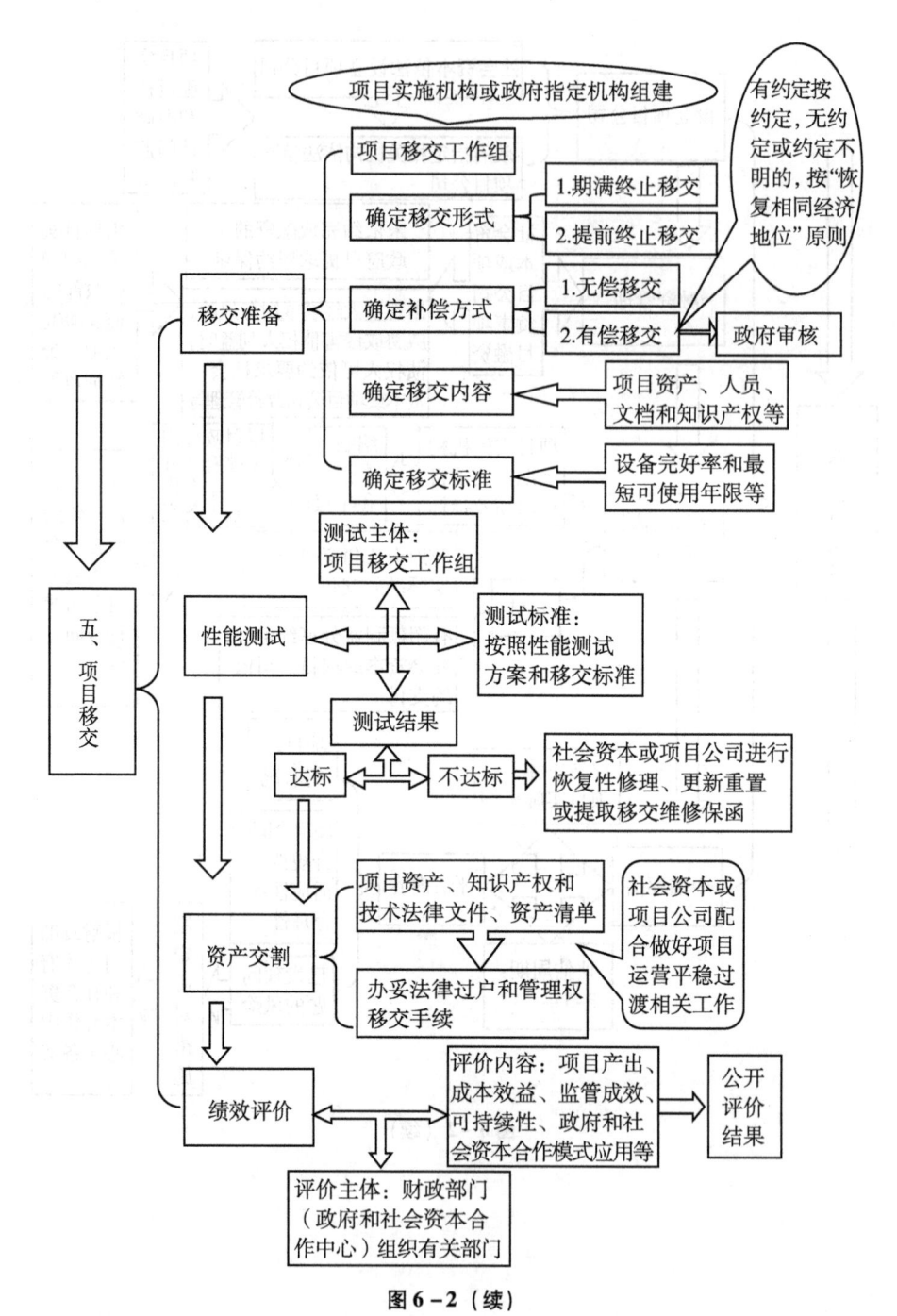

(三) 政府和社会资本合作 (PPP) 的运作方式

根据财政部《关于印发〈政府和社会资本合作模式操作指南(试行)〉的通知》(财金〔2014〕113号),项目运作方式主要包括委托运营(O&M)、管理合同(MC)、建设—运营—移交(BOT)、建设—拥有—运营(BOO)、转让—运营—移交(TOT)和改建—运营—移交(ROT)等(见表6-2)。具体运作方式的选择主要由收费定价机制、项目投资收益水平、风险分配基本框架、融资需求、改扩建需求和期满处置等因素决定。

表6-2 PPP项目运作方式

序号	运作方式	内涵	合同期限
1	委托运营(O&M)	该方式是政府将存量公共资产的运营、维护职责委托给社会资本或项目公司,社会资本或项目公司不负责用户服务的政府和社会资本合作(PPP)项目运作方式。政府保留资产所有权,只向社会资本或项目公司支付委托运营费	一般不超过8年
2	管理合同(MC)	该方式是政府将存量公共资产的运营、维护及用户服务职责授权给社会资本或项目公司的项目运作方式。政府保留资产所有权,只向社会资本或项目公司支付管理费。管理合同通常作为"转让—运营—移交"的过渡方式	一般不超过3年
3	建设—运营—移交(BOT)	该方式是社会资本或项目公司承担新建项目设计、融资、建造、运营、维护和用户服务职责,合同期满后项目资产及相关权利等移交给政府的项目运作方式	一般为20~30年
4	建设—拥有—运营(BOO)	该方式由BOT方式演变而来,二者区别主要是BOO方式下社会资本或项目公司拥有项目所有权,但当事人必须在合同中注明保证公益性的约束条款	期满移交
5	转让—运营—移交(TOT)	该方式是政府将存量资产所有权有偿转让给社会资本或项目公司,并由其负责运营、维护和用户服务,合同期满后资产及其所有权等移交给政府的项目运作方式	一般为20~30年
6	改建—运营—移交(ROT)	该方式是政府在TOT方式的基础上,增加改扩建内容的项目运作方式	一般为20~30年

根据《国家发展改革委关于开展政府和社会资本合作的指导意见》（发改投资〔2014〕2724号），PPP项目根据经营收费是否能覆盖投资成本的情况分为经营性项目、准经营性项目以及非经营性项目三种操作模式（见表6-3）。

表6-3 PPP项目操作模式

序号	操作模式	适用情形
1	经营性项目	具有明确的收费基础并且经营收费能够完全覆盖投资成本的项目，可通过政府授予特许经营权，采用建设—运营—移交（BOT）、建设—拥有—运营—移交（BOOT）等模式
2	准经营性项目	经营收费不足以覆盖投资成本、需政府补贴部分资金或资源的项目，可通过政府授予特许经营权附加部分补贴或直接投资参股等措施，采用建设—运营—移交（BOT）、建设—拥有—运营（BOO）等模式
3	非经营性项目	对于缺乏使用者付费基础、主要依靠政府付费回收投资成本的项目，可通过政府购买服务，采用建设—拥有—运营（BOO）、委托运营等市场化模式

（四）政府和社会资本合作（PPP）再谈判

PPP项目谈判是PPP项目采购必经的一道程序。而PPP项目再谈判的原因是不确定的，其往往是由于PPP项目合同本身的不完善，法律政策、民众反对、不可抗力等外部环境的变化，PPP项目本身财务模型设置不合理以及政府方或社会资本方自身的原因。

根据相关调研，PPP项目以及特许经营项目再谈判既有由社会资本发起的，也有由政府方发起的。政府方发起的再谈判，一般是由于项目本身不合法、不合规，如2017年年底至2018年我国因PPP项目退库而发生的PPP项目再谈判；抑或缘起于项目出现超额收益，政府需共同分享收益；又或是由于项目运营不达标，出现严重影响公众利益的情形等。而社会资本方发起的再谈判，一部分是因为项目收益不足，想通过再谈判延长特许经营期、获得政府补贴的；另一部分是因为政府方违反排他性条款，导致项目无法继续运营而希望政府方回购项目或需出售项目的等。①

PPP项目再谈判具有法律依据。《合同法》第77条第1款规定："当事人协商一致，可以变更合同。"《最高人民法院关于适用〈中华人民共和国合同法〉若干问题的解释（二）》第26条规定："合同成立以后客观情况发生了当事人在订立合同时无法预见的、非不可抗力造成的不属于商业风险的重大变化，继续履行合同对于一方当事人明显不公平或者不能实现合同目的，当事人请求人民法院变更或者解除合同的，人民法院应当根据公平原则，并结合案件的实际情况确定是否变更或者解除。"此为"情势变更"原则。国务院办公厅转发财政部发展改革委人民银行《关于在公共服务领域推广政府和社会资本合作模式指导意见的通知》（国办发〔2015〕42号）第4条第（十八）项规定，健全合同争议解决机制，依法积极协调解决争议。确需变更合同内容、延长合同期限以及变更社会资本方的，由政府和社会资本方协商解决，但应当保持公共服务的持续性和稳定性。可知，PPP项目再谈判具备法律依据。

前述案例中PPP项目谈判确立了合同签署前的确认谈判"不得涉及项目合同中不可谈判的核心条款"原则，即确认谈判只能就项目合同中可变的细节问题进行谈判。对此，财政部《政府和社会资本合作项目政府采购管理办法》（财库〔2014〕215号）第15条、第16条有明确规定。但PPP项目再谈判是否也需遵循"不可实质变更"原则呢？笔者认为不一定。《中华人民共和国招标投标法》第46条规定，招标人和中标人应当按照招标文件和中标人的投标文件订立书面合同。招标人和中标人不得再行订立背离合同实质性内容的其他协议。该条款设置的目的在于维护招标投标的公平性和稳定性。而PPP项目再谈判的起因通常是PPP项目合同本身的不完善，法律政策、民

---

① 刘婷、赵桐、王守清："基于案例的我国PPP项目再谈判情况研究"，载《建筑经济》2016年第9期，第31-34页。

众反对、不可抗力等外部环境的变化等等。如是基于PPP项目合同本身的不完善，补充完善合同条款即可，一般不会涉及合同实质性内容的变更；如基于不可抗力引起的再谈判，合同对此有约定，则按约定履行，如约定不明确或无约定，当事人可就该事项展开谈判；如基于合同成立以后客观情况发生了当事人在订立合同时无法预见的、非不可抗力造成的不属于商业风险的重大变化，继续履行合同对于一方当事人明显不公平或者不能实现合同目的这一"情势变更"情况，也极可能会涉及对回报机制、项目合作期限等实质性内容的谈判，这类谈判内容也是法律所认可的。

综上，PPP项目合作周期长，实施过程中的风险具有不确定性，PPP项目再谈判很多情况下也是不可避免的。PPP项目再谈判也将进一步调整和完善项目合同条款以及项目风险分配机制，为PPP项目的顺利有效履行创造有利条件。

第七节　劳动争议中法律谈判的实践应用

一、劳动争议典型案例指引

上海国辉电子零部件公司制造车间工人因与公司在工资方面存在争议，一直僵持不下，且有爆发大规模罢工的趋势。经当地工会介入协调，最终劳资双方重回谈判桌予以协商。

此次谈判在工会办公室进行，劳资双方各派5名代表。为保证谈判顺利进行，资方特组织公司财务人员、人事人员等组成谈判小组，任命公司常年法律顾问秦律师作为首席法律谈判官，并在谈判前夕对公司情况、劳方诉求等进行全面调查和分析。因劳方人数众多，因此法律谈判前其临时推选出4名代表，另临时聘请某大学法学教授陈旭作为其首席法律谈判官。

谈判开始，资方代表秦律师表示希望双方能秉承友好协商的宗旨，和平解决争议，资方也将根据公司情况尽量满足劳方的合理要求。还未等劳方代表表态就传来了消息：组装车间员工已经停工了，以此要求加快谈判进程。此时，劳方首席法律谈判官陈旭与劳方其他代表协商："按照惯例，在集体谈判过程中工人绝对不能罢工，这种罢工在规则和法律上都是不被允许的，我们应该立即说服工人，让他们马上开始生产，否则这场谈判将前功尽弃。"言罢，列席谈判的劳方小王立即带领几名代表回到组装车间，要求组装车间员工恢复生产。谈判继续进行，陈旭表示："我方已经以实际行动表明我们谈判的诚意，也请贵方拿出诚意。"

谈判继续进行，由于劳方谈判代表是临时组成的，虽诉求众多但没有统一目标。见此，劳方代表陈旭建议双方休会，待劳方统一意见后再恢复谈判。休会开始，陈旭立即组织劳方代表开会，指出要明确主要的诉求、规范意见表达的程序。如果大家意见无法达成一致，可以采取少数服从多数的投票方法决定。根据陈旭的建议，劳方代表们确定主要诉求是工资总额的问题。

休会结束后，谈判正式开始。陈旭提出要求将工人工资提高20%。资方秦律师表示，"作为企业方，只要企业效益好，给工人们涨工资是可以的，但是确实也要考虑到公司目前面临的原材料上涨、成本增大等系列困境。而且目前市场竞争激烈，公司也希望提高在科技等方面的投入，以在未来加大公司盈利增幅。因此，目前提高20%工资，公司暂时无力承担，如果是提高8%，公司还是可以考虑。"陈旭提出目前本区的食品物价增长指数为7.1%，如果按照8%的增幅的话，对于工人来说基本等于没涨。而且，与周边区域同类型企业相比，目前我方工人工资相对较低，如果因为待遇问题而使人员流失或者是工人积极性降低，那么给企业带来的损失远不止增长的20%。双方经过多轮谈判，且经资方财务测算，最终确定增长幅度为15%。谈判末，陈旭提出，资方对此次罢工不得追究员工责任，且不影响之后职位的提升和职业的发展，资方同意，双方将形成的一致意见写入协议。劳资双方之间的矛盾终于圆满解决。

二、劳动争议中法律谈判案例分析

劳动争议以一定的经济基础与社会背景为基础，往往伴随群体性运动，其争议的解决与劳动关系维护以及社会和谐稳定具有十分重要的关系。劳动争议法律谈判要注重维护劳动双方关系，避免激化双方矛盾，尽量争取在和平友好的氛围中达成共识，维护双方共同利益。

（一）法律谈判的前期准备

1. 全面收集信息

劳动争议法律谈判前期需要全面收集信息，作为论据支撑，在对方报价明显不合理时，有理有节地拒绝，并抓住主动权，提出己方的要求。案例中，劳方首席法律谈判官在谈判准备阶段收集了有关物价增长指数，并环比周边区域同类型企业的工资水平，有力地驳回了企方的初次报价，极大地维护了劳方的权益。

2. 组建合适的谈判小组并明确诉求

劳动争议法律谈判需要针对性地组成谈判小组，全面收集并分析信息，明确谈判议题与谈判目标，寻找双方共同利益点，作为解决双方矛盾的切入点。案例中，资方特意组成谈判小组，在谈判前夕对公司情况、劳方诉求等进行全面调查和分析。劳方也聘请某大学法学教授作为首席法律谈判官，加强己方法律谈判实力。同时在经过休会调整之后，通过会议选举劳方代表，明确己方的主要诉求、规范意见表达的程序。双方就核心议题进行谈判，极大地减少了谈判的时间与人力成本。

（二）法律谈判的开局与中期磋商

1. 采取争议解决型开局

谈判各方基于信任和自愿的原则，开诚布公，直面问题核心。案例中，资方代表开门见山地表示希望双方能秉承友好协商的宗旨，和平解决争议，资方也将根据公司情况尽量满足劳方的合理要求。在车间员工罢工时，劳方首席法律谈判官立刻决定采取控制措施,避免双方谈判陷入僵局。

2. 注意让步与还价的技巧

遵循让步与还价的谈判规律,合理"拒绝"对方的第一次报价。案例中,资方表示在考虑企业目前所面临的困境并保障效益的前提下愿意给工人们涨工资,但合理拒绝了劳方的工资涨幅要求。劳方在还价中,用物价指数以及地区环比工资水平等数据,佐证了对方涨幅的不足,合理拒绝了对方的条件。双方既没有破坏谈判的氛围,又为各方争取到了实际的利益。

(三) 法律谈判的终局与签约

法律谈判是否进入终局阶段主要从谈判各方是否就争议关键点达成一致意见等几个方面判断。案例中,双方经过多轮谈判,最终就工资涨幅达成一致意见,谈判进入终局。劳动争议法律谈判的目的在于解决争议,维护双方劳资关系稳定。以协议形式固化谈判成果,能够最大限度保障劳方权益。案例中,双方经过测算与多轮谈判,最终确定工资增幅为15%,并将谈判成果用协议形式加以固化了下来,进一步维护了劳方的法律权益。

(四) 劳动争议法律谈判中的常见风险

1. 罢工等群体性运动的风险

在劳动关系市场化与劳资双方力量平衡机制缺乏的背景下,劳动争议具备高敏性与群体性特征。劳动争议法律谈判期间若无法合理控制双方情绪,平衡双方诉求,容易导致双方矛盾激化,引起工人罢工等群体性运动,既影响企业生产效益,又无法保障工人的权益,同时容易滋生社会矛盾,影响地区的政治稳定、经济发展与社会和谐。在应对该类风险时,首席法律谈判官需要发挥组织引导作用,发现当事人的真正需求,提前归纳双方谈判争议点,将矛盾限定在可控范围内,在谈判陷入僵局或者面临破裂之际,可以引入政府、工会组织等第三方从中协调,避免冲突激化。

2. 劳方权益无法得到真正保障的风险

在企业劳动关系中,双方主体始终是一对矛盾体,且企业具有天然的优势,劳动者劳动权益与经济权益的实现有赖于企业的守法诚信行为。一旦资方在法律谈判中表现强势，或者在谈判终局后向劳动者施压，则可能导致劳资关系无法维系，法律谈判破裂或者谈判成果无法实现，最终劳动者的权益无法得到保障。鉴于此种风险的存在，首席法律谈判官可以要求工会组织介入，采用集体谈判的形式，在法律谈判结束后及时以协议的形式固化谈判成果，发挥行业自律与法律监督作用，切实维护劳方的合法权益。

三、劳动争议相关知识

（一）劳动合同的主要事项

我国关于劳动合同的规定主要体现于《中华人民共和国劳动法》（以下简称《劳动法》）、《中华人民共和国劳动合同法》（以下简称《劳动合同法》）、《中华人民共和国劳动争议调解仲裁法》（以下简称《劳动争议调解仲裁法》）以及相关司法解释[①]等。

1. 劳动合同订立的时间

根据《劳动合同法》第10条和第14条，建立劳动关系，应当订立书面劳动合同。已建立劳动关系，但未同时订立书面劳动合同的，应当自用工之日起一个月内订立书面劳动合同。用人单位自用工之日起满一年不与劳动者订立书面劳动合同的，视为用人单位与劳动者已订立无固定期限劳动合同。

2. 劳动合同的内容

根据《劳动合同法》第17条："劳动合同应当具备以下条款：（一）用人单位的名称、住所和法定代表人或者主要负责人；（二）劳动者的姓名、住址和居民身份证或者其他有效身份证件号码；（三）劳动合同期限；（四）工作内容和工作地点；（五）工作时间和休息休假；（六）劳动报酬；（七）社会保险；（八）劳动保护、劳动条件和职业危害防护；（九）法律、

[①] 相关司法解释包括《最高人民法院关于审理劳动争议案件适用法律若干问题的解释》《最高人民法院关于审理劳动争议案件适用法律若干问题的解释（二）》《最高人民法院关于审理劳动争议案件适用法律若干问题的解释（三）》《最高人民法院关于审理劳动争议案件适用法律若干问题的解释（四）》。

法规规定应当纳入劳动合同的其他事项。劳动合同除前款规定的必备条款外，用人单位与劳动者可以约定试用期、培训、保守秘密、补充保险和福利待遇等其他事项。"

3. 劳动合同无效的情形

根据《劳动合同法》第 26 条第 1 款的规定："下列劳动合同无效或者部分无效：（一）以欺诈、胁迫的手段或者乘人之危，使对方在违背真实意思的情况下订立或者变更劳动合同的；（二）用人单位免除自己的法定责任、排除劳动者权利的；（三）违反法律、行政法规强制性规定的。"

4. 劳动合同的解除

根据《劳动合同法》第 36 条的规定："用人单位与劳动者协商一致，可以解除劳动合同。"《劳动合同法》第 37 条和第 38 条分别规定了劳动者的预告解除权和即时解除权。《劳动合同法》第 39 条至第 41 条规定了用人单位的解除权。《劳动合同法》第 42 条规定了用人单位不得解除劳动合同的情形。

（二）劳动争议解决

劳动争议是指用人单位或雇人单位与劳动者或工会组织基于劳动关系而产生的争议。此定义也可以分别表示为，用人单位与劳动者之间发生的有关劳动权利和义务的争议，以及用人单位或雇人单位与工会基于集体交涉、集体协商而产生的争议。[①]

《劳动法》第 77 条规定："用人单位与劳动者发生劳动争议，当事人可以依法申请调解、仲裁、提起诉讼，也可以协商解决。"该法第 79 条规定："劳动争议发生后，当事人可以向本单位劳动争议调解委员会申请调解；调解不成，当事人一方要求仲裁的，可以向劳动争议仲裁委员会申请仲裁。当事人一方也可以直接向劳动争议仲裁委员会申请仲裁。对仲裁裁决不服的，可以向人民法院提起诉讼。"《劳动争议调解仲裁法》第 4 条规定："发生劳

---

① 周开畅："劳动争议概念、分类及程序适用研究"，见董保华：《劳动争议处理法律制度研究》，中国劳动社会保障出版社 2008 年版，第 78 页。

动争议，劳动者可以与用人单位协商，也可以请工会或者第三方共同与用人单位协商，达成和解协议。"

劳动争议的特征决定了劳动争议处理制度的特征。因为劳动争议的当事人本是以继续性、"伙伴性"为特征的劳动契约当事人，契约的实现需要双方的合作，如果不能及时有效地解决争议，则可能导致劳动关系破裂、企业生产等经济活动受阻以及劳动者失业等后果。此外，劳动纠纷案件具有群体性、多发性的特征，如果不能迅速、简便地解决，可能会导致矛盾堆积，影响社会的稳定。因此，劳动纠纷处理需要快速、简便，但是作为程序则需要体现程序效益价值。但在大多数情况下，劳动争议的标的额很小，考虑到劳动者和用人单位的经济成本，劳动者与用人单位进行协商谈判无疑是合适的争端解决方式。

相较于调解、仲裁和诉讼，协商谈判这种处理方式的综合成本最低，具体体现为：①时间成本低。一单劳动争议的协商，一般会在两周内处理完毕（HR 处理的时间可能会稍长一些），相较而言，一单劳动争议仲裁案件，平均下来的处理时间一般会超过四个月。②律师费成本低。如果 HR 本身具备较好的协商沟通能力，则仅需要律师就最终的合同文本进行审查，而不需要全程参与协商谈判，因此收费也会相应降低。③再次发生争议的风险低。协商谈判的结果往往是谈判各方妥协与让步的产物，是为各方所认可和接受的。因此，通过协商谈判的方式处理的劳动争议再次发生冲突的概率也相对较低。④能避免剧烈冲突或极端事件。通过协商谈判的方式解决劳动争议，能有效防止罢工、贴传单、打砸物品等极端行为。协商谈判的过程需运用合适的谈判策略与技巧，学会谈判策略与技巧，通常只需一两个小时，但你可能需要花一生的时间才能精通这些策略。①

---

① ［美］罗杰·道森：《优势薪酬谈判》，刘祥亚译，重庆出版社 2013 年版，第 140 页。

第六章 ‖ 利剑出鞘：首席法律谈判官的实践

第八节 "一带一路"项目中法律谈判的实践应用

一、"一带一路"项目典型案例指引

A 公司是一家中国民营炼油企业，B 公司是东南亚某国一家经营加油站的公司，经第三方介绍，两公司拟合作在 B 公司所在国建立炼油厂。A 公司先后派遣了两批人员到当地与 B 公司进行洽谈。A 公司的第一批人员都是商务人员和技术人员，他们重点了解了炼油厂的选址问题，并就合作方式与 B 公司进行了商谈。最后，双方均认为大的问题已解决，合作方式也已"谈定"。A 公司人员提出，A 公司董事长会尽快来与 B 公司商谈具体的合作方案并签订合作协议。然而，A 公司的律师陈强听了技术人员的汇报后，认为炼油厂拟选址土地的所有权问题需进一步核实，双方商谈的合作方式亦不清楚，无法确定是 EPC 交钥匙工程，或是 BOT 方式，还是双方合资建立炼油厂。在这种情况下，A 公司的董事会无法决定是否与 B 公司合作以及具体的合作方式。因此，A 公司决定任命陈强律师作为首席法律谈判官，并带领其他商务人员和技术人员再次与 B 公司进行商谈，此次的主要任务是进一步核实炼油厂拟选址土地的所有权以及可能的合作方式。但 A 公司负责联络的人员未能向 B 公司说明此次商谈的主要目的，致使 B 公司仍以为双方此次将商谈具体的合作方案并签订合作协议。陈强律师在了解背景情况时注意到了这个问题，并意识到 B 公司的董事长在当地很有背景，误以为 A 公司傲慢无礼，对该项目不够重视。果然，在双方会面时，B 公司董事长表达出强烈的不满。

在抵达 B 公司所在地的当天晚上，陈强律师就要求与 B 公司会面商谈，以向 B 公司表明 A 公司很有诚意，对 B 公司人员尤其是董事长非常尊重。此外，其不顾旅途劳累就与 B 公司会面商谈，也可以取得 B 公司某种程度上的谅解。

287

在会议开始时，陈强律师主动向 B 公司董事长解释称，根据中国对国际工程承包和境外投资的监管，在向中国主管政府机关汇报该项目时，A 公司需要提供包括炼油厂拟选址土地所有权及合作方式在内的详细信息。因此，在了解前述详细信息之前，双方确实无法商谈具体的合作方案；在征求中国各级主管政府机关意见之前，双方也无法签订合作协议。将己方的表现和观点归因于客观要求，对方将更容易接受。陈强律师委婉地向 B 公司董事长表示，如果 B 公司拒不提供炼油厂拟选址土地所有权的详细资料，或者不与 A 公司进一步商谈合作方式，则该项目无法推进。

随后，陈强律师礼貌地指出，双方第一次会谈时，B 公司没有准备拟选址土地所有权的详细资料，对合作方式的细节考虑得不够成熟，双方有必要进一步交换意见。

最后，B 公司接受了 A 公司的意见，约定第二天上午继续商谈。①

二、"一带一路"项目中法律谈判案例分析

（一）法律谈判的前期准备

1. 充分了解前期沟通情况

在谈判前应做好充分的准备工作，特别是在已经历过前期谈判或者沟通的谈判案例中，首席法律谈判官应该与前期参与谈判或者沟通的人员进行充分沟通，了解前期谈判成果、谈判对手情况、谈判的争议焦点等。根据前期谈判或沟通的成果，制订下一次谈判的谈判方案。在案例中，陈强律师听取了技术人员的汇报，对第一次的谈判情况进行了解。此外，陈强律师在了解背景情况时注意到 B 公司可能对此次会谈的目的有所误解，并意识到 B 公司董事长会误以为 A 公司傲慢无礼。陈强律师如果没有了解上述情况，则在谈判过程中可能无法照顾到 B 公司董事长的情绪，阻碍谈判的顺利进行。

---

① 韦忠语、成晓明主编：《法律谈判实务教程》，中国人民大学出版社 2014 年版，第 161–162 页。

2. 配备法律人士作为谈判团队成员

在前文中就已经介绍过首席法律谈判官有着风险防范等独特价值，在大型法律谈判项目中的法律谈判团队，既需要配置首席法律谈判官，也需要配置技术人员、翻译等非法律人员，还需要根据谈判需要配备某一领域的专业律师。团队成员之间优势互补，可以发挥强强联合的作用。案例中，在第一次谈判中，由于缺少首席法律谈判官等法律人员的参与，因此，未预见到炼油厂拟选址土地所有权的问题，差点儿给 A 公司造成重大损失。而在 A 公司第二次派出的谈判团队中既包括律师，也包括商务人员和技术人员，较之第一次的谈判团队，第二次的团队成员组成更加合理，也能在谈判磋商阶段将法律风险等降至最低。

3. 全面列出谈判清单

在法律谈判前，应当列明谈判清单，区分谈判的重点清单、次要清单等。虽然在法律谈判过程中，根据谈判进程以及谈判各方协商的程度，谈判清单可能有所变化，但是法律谈判前列明谈判清单仍是谈判准备工作中必不可少的环节。案例中，A 公司的第一批谈判人员就是因为未在谈判前列明重点谈判清单，导致遗漏了合作方式以及炼油厂拟选址土地所有权归属这一关键性谈判要点，致使 A 公司委派陈强律师带领团队进行二次谈判。这不仅造成了人力和财力人本的浪费，还差点儿造成谈判对方的误解。因此，法律在谈判前全面列明清单十分重要。

(二) 法律谈判的开局与中期磋商

1. 创造良好的开局氛围

创造良好的谈判氛围。如前文所述，如何与谈判方建立和谐且相互信任的关系，是法律谈判对话的第一步，也是开局的第一步。在谈判前，取得对方信任，营造一种自然、随和但又不失自信和立场的氛围和气场，有助于谈判的成功。案例中，陈强律师察觉到 B 公司董事长的不满，为缓和 B 公司董事长的情绪，换取 B 公司的信任，陈强律师不顾旅途劳累就与 B 公司见面商谈。如果陈强律师决定先休息一天后再与 B 公司会谈，B 公司董事长可能认为 A 公司故意摆架子，对项目不够重视。

2. 善于运用谈判策略

劣势谈判者常常通过表达己方的难处、弱势等，以唤起对方的同情心，可以在一定程度上阻止对方进一步施压。案例中，陈强律师就巧妙使用了博取同情策略，他将暂不签订合作协议归因于中国主管机关的要求，表明己方的难处，使 B 公司更容易接受。如果陈强律师只是简单地提出资料不齐，无法合作，B 公司董事长可能更加认为 A 公司傲慢无礼，从而使谈判陷入僵局乃至破裂。

（三）法律谈判的终局与签约

虽然案例中并没有涉及谈判的终局与签约，但从案例中可见，即使在项目的签约阶段，法律谈判也会产生变化，因此即使在法律谈判的终局与签约阶段，仍要对谈判结果进行谨慎审查。案例中，A、B 公司在最初误以为谈判已成功，但其后陈律师却发现了漏洞，致使 A、B 公司又进行了另一轮谈判。其次，在"一带一路"项目法律谈判的终局与签约阶段，谈判双方更应明确合作的方式，如 BOT 方式、双方合资方式等，并最终签订合作协议，固定谈判成果。

（四）"一带一路"项目法律谈判中的常见风险

1. 法律风险

"一带一路"项目所涉及的沿线国众多，各国的不同法律体系也有所差异，这是实践中投资者们常遇到的难题。"一带一路"项目通常涉及关税、劳工、外汇等因素，其中每个因素都对项目的推进与实施有着重要作用。此外，争议与纠纷的救济方式也对合作的顺利进行有着重要的影响。若在法律谈判过程中不了解对方国家的相关法律法规，则会加重投资者们的负担。因此，首席法律谈判官应当在法律谈判前，组织具有丰富国际法律知识的人员，充分了解对方国家的司法体系及社会背景，以便在法律谈判中与对方达成合意，避免法律风险，更好地维护自身利益。

2. 政治风险

"一带一路"项目中部分国家内部在文化思想、宗教信仰等方面有着冲突，从而导致其政局动荡。另外，由于国际安全和经济秩序正处于变化时期，部分国家受到欧洲、美国、日本等影响以及国际恐怖主义的威胁，导致部分地区安全秩序混乱，争端不断，如战火连绵的中东地区。在"一带一路"项目中，政治风险将会给项目带来严重的阻碍。例如，一国政权更迭，则可能致使项目被迫中止或变更甚至无法实施，海外投资者将损失惨重。因此，首席法律谈判官在法律谈判前应对对方国家的政治环境进行调查，了解其国内政治局势，政权在项目实施期间是否能保持稳定等，并参考专业人员收集的信息，全面分析项目是否能够在该国顺利进行，能否保障投资者的人身、财产安全等。若能有效防范政治风险，则是克服了"一带一路"项目实施过程中的重大阻碍。

3. 经济风险

首先，在"一带一路"项目中通常使用国际货币进行换算与支付，然而国际货币市场和国际货币汇率是变化不定的，若货币汇率涨幅过大，投资者首先将会遭受汇兑损失。其次，"一带一路"项目中部分国家经济发展水平较落后，财政管理不足，易产生违约、欠款等情形，而使得投资者们面临债务风险，不利于项目的实施和获取投资回报。因此，首席法律谈判官在进行谈判时应组织专业人员对国际货币市场形势进行判断，并制订风险防范方案，同时与对方协商风险救济方法。除此之外，首席法律谈判官对法律谈判对方的财政、信用状况也应进行调查，判断对方是否符合项目的主体要求，在谈判过程中与对方约定违约应如何救济，以及其他能有效防范债务风险的条款。

三、"一带一路"项目相关知识

(一)"一带一路"之概述

"一带一路"发端于中国，贯通中亚、东南亚、南亚、西亚乃至欧洲部分区域，东牵亚太经济圈，西系欧洲经济圈，惠及总人口超过40亿，经济总量约21万亿美元，被认为是"世界上最长、最具有发展潜力的经济大走廊"。

2013年9、10月，中国国家主席习近平出访哈萨克斯坦和印度尼西亚期间分别提出了建设"丝绸之路经济带"和"21世纪海上丝绸之路"的倡议，得到国际社会高度关注。五年来，中国与"一带一路"参与国经贸投资合作成效明显，贸易和投资合作不断扩大，形成了互利共赢的良好局面。数据显示，中国对"一带一路"国家贸易和投资总体保持增长态势。2013年至2017年，中国与"一带一路"国家进出口总额达69756.23亿美元，与相关国家贸易增速高于中国对外整体增速。[①]

（二）"一带一路"之合作重点

根据《推动共建丝绸之路经济带和21世纪海上丝绸之路的愿景与行动》纲要性文件，"一带一路"建设以政策沟通、设施联通、贸易畅通、资金融通、民心相通为主要内容，重点集中在以下几个方面。

加强政府间合作，积极构建多层次政府间宏观政策沟通交流机制，深化利益融合，促进政治互信，达成合作新共识。沿线各国可以就经济发展战略和对策进行充分交流对接，共同制定推进区域合作的规划和措施，协商解决合作中的问题，共同为务实合作及大型项目实施提供政策支持。

加强基础设施互联互通，共同推进国际骨干通道建设，逐步形成连接亚洲各次区域以及亚、欧、非之间的基础设施网络；抓住交通基础设施的关键通道、关键节点和重点工程，建立统一的全程运输协调机制，实现国际运输便利化；加强能源基础设施互联互通合作，共同维护运输通道安全；共同推进通信干线网络建设，提高国际通信互联互通水平，畅通信息丝绸之路。

推进贸易便利化，消除投资和贸易壁垒，构建区域内良好的营商环境；加强海关合作，推动世界贸易组织《贸易便利化协定》生效和实施；拓宽贸易领域，优化贸易结构，挖掘贸易新增长点，促进贸易平衡；加快投资便利化进程，消除投资壁垒，拓展相互投资领域。

加大传统能源资源勘探开发合作，积极推动清洁、可再生能源合作，加

---

① 国家信息中心国家电子政务外网管理中心："'一带一路'数据观：互联互通交出亮丽成绩单"，http://www.sic.gov.cn/News/614/9769.htm，访问日期：2019年12月16日。

强能源资源深加工技术、装备与工程服务合作；推动新兴产业合作，推动建立创业投资合作机制，优化产业链分工布局，推动上下游产业链和关联产业协同发展，提升区域产业配套能力和综合竞争力；扩大服务业相互开放，推动区域服务业加快发展；探索投资合作新模式，促进产业集群发展；加强生态环境、生物多样性和应对气候变化合作，共建绿色丝绸之路。

深化金融合作，推进亚洲货币稳定体系、投融资体系和信用体系建设，推动亚洲债券市场发展、亚洲基础设施投资银行、金砖国家开发银行的筹建，以及上海合作组织融资机构的建立，加快丝绸之路基金组建运营，开展多边金融合作。同时，加强金融监管合作，建立高效监管协调机制，加强征信和评级机构之间的跨境交流与合作，完善风险应对和危机处置制度安排，构建区域性金融风险预警系统，形成应对跨境风险和危机处置的交流合作机制。

传承和弘扬丝绸之路友好合作精神，深化沿线国家间人才交流合作与文化交流，充分发挥政党、议会交往的桥梁作用，在旅游、医疗与公共卫生、科技、社会保障与公共行政管理以及城市交流等领域加强合作与交流。同时，加强沿线国家民间组织的交流合作，广泛开展各类公益慈善活动，改善沿线贫困地区生产生活条件。加强文化传媒的国际交流合作，积极利用网络平台，运用新媒体工具，塑造和谐友好的文化生态和舆论环境。[①]

（三）"一带一路"之合作机制

积极利用现有双多边合作机制，推动"一带一路"建设，促进区域合作蓬勃发展。

加强双边合作，开展多层次、多渠道沟通磋商，推动双边关系全面发展。推动签署合作备忘录或合作规划，建设一批双边合作示范。建立完善双边联合工作机制，研究推进"一带一路"建设的实施方案、行动路线图。充分发挥联委会、混委会、协委会、指导委员会、管理委员会等双边机制作用，协

---

① 中华人民共和国国家发展和改革委员会网："推动共建丝绸之路经济带和21世纪海上丝绸之路的愿景与行动"，http：//www.ndrc.gov.cn/gzdt/201503/t20150330_669162.html，访问日期：2015年3月30日。

调推动合作项目实施。

强化多边合作机制作用，发挥上海合作组织（SCO）、中国—东盟"10＋1"、亚太经合组织（APEC）、亚欧会议（ASEM）、亚洲合作对话（ACD）、亚信会议（CICA）、中阿合作论坛、中国—海合会（海湾合作委员会）战略对话、大湄公河次区域（GMS）经济合作、中亚区域经济合作（CAREC）等现有多边合作机制作用，相关国家加强沟通，让更多国家和地区参与"一带一路"建设。

继续发挥沿线各国区域、次区域相关国际论坛、展会以及博鳌亚洲论坛、中国—东盟博览会、中国—亚欧博览会、欧亚经济论坛、中国国际投资贸易洽谈会以及中国—南亚博览会、中国—阿拉伯博览会、中国西部国际博览会、中国—俄罗斯博览会、前海合作论坛等平台的建设性作用。支持沿线国家地方、民间挖掘"一带一路"历史文化遗产，联合举办专项投资、贸易、文化交流活动，办好丝绸之路（敦煌）国际文化博览会、丝绸之路国际电影节和图书展。倡议建立"一带一路"国际高峰论坛。[①]

本章小结

本章通过8个经典案例，进一步展示了法律谈判的理论、策略和技巧在法律谈判实践中的运用。在前文中，笔者从法律谈判的准备、过程、思维、策略以及风险防控等方面介绍了法律谈判的基础理论，但想要成为一名合格的首席法律谈判官，仅有理论认识是远远不够的，还需要将理论应用于实践，真正发挥法律谈判的优势，体现首席法律谈判官的独特价值。

本章所展示的案例涉及不同领域，从买卖、股权转让、商业地产租赁和建设工程项目到政府采购、政府和社会资本合作（PPP）、劳动争议以及"一

[①] 中华人民共和国国家发展和改革委员会网："《推动共建丝绸之路经济带和21世纪海上丝绸之路的愿景与行动》发布"，https://www.ndrc.gov.cn/xwdt/xwfb/201503/t20150328_956036.html，访问日期：2015年3月30日。

带一路"项目,每个案例都各有特色。本章对每个案例都进行了案例分析,结合案例特点阐述了在法律谈判中,首席法律谈判官及谈判团队应如何进行谈判准备、如何进行谈判中期磋商、如何把握合同起草的主动权等,并且介绍了不同法律谈判中常见的风险点。首席法律谈判官本身即是法律专家,因此在掌握法律谈判技巧的同时,还应注意法律风险的防控,所以在案例的最后,从法律角度介绍了买卖、股权转让、商业地产租赁、建设工程、政府采购、政府和社会资本合作(PPP)、劳动合同及"一带一路"等相关知识,以期构建相对全面的知识体系。

参考文献

一、期刊类

1. 韩秀桃，张茂泉．中国法律服务业现状和发展趋势［J］．中国法律，2006，12.

2. 孙广亮．浅析法律谈判的基本原则，特性及其应用价值［J］．商品与质量，2012，2.

3. 刘婷，赵桐，王守清．基于案例的我国PPP项目再谈判情况研究［J］．建筑经济，2016，9.

4. 姚望．大数据分析对企业决策的影响［J］．中国商论，2019，1.

二、著作类

1. 赵耀金．劣势谈判反败为胜的52个谈判技巧［M］．北京：中国人民大学出版社，1993.

2. 艾瑞克·伊恩文．你就是谈判高手［M］．陈玲，译．北京：中国水利水电出版社，2004.

3. 李建康．跟我学谈判［M］．北京：中国言实出版社，2004.

4. 斯蒂芬·B. 戈尔德堡，弗兰克 E. A. 桑德．纠纷解决：谈判，调解和其他机制［M］．蔡彦敏，曾宇，刘晶晶，译．北京：中国政法大学出版社，2004.

5. 拉里·特普利．法律谈判［M］．北京：法律出版社，2005.

6. 桑德拉·黑贝尔斯，理查德·威沃尔二世．有效沟通［M］．李业坤，译．北京：华夏出版社，2005．

7. X. M. 弗拉斯科纳, H. 李·赫瑟林顿．法律职业就是谈判：律师谈判制胜战略［M］．高如华，译．北京：法律出版社，2005．

8. 戴安娜·特赖布．法律谈判之道［M］．高如华，译．北京：法律出版社，2006．

9. 丁玉书，时永春．商务谈判实务［M］．2版．北京：清华大学出版社，2006．

10. 斯蒂芬·克里格，理查德·诺伊曼．律师执业基本技能：会见，咨询服务，谈判，有说服力的事实分析［M］．中伦金通律师事务所，译．北京：法律出版社，2006．

11. 范愉．纠纷解决的理论与实践［M］．北京：清华大学出版社，2007．

12. G. 理查德·谢尔．谈出你的优势：理性人的谈判策略［M］．林民旺，李翠英，译，北京：机械工业出版社，2007．

13. 罗杰·道森．优势谈判［M］．刘祥亚，译．重庆：重庆出版社，2008．

14. 王福祥．商务谈判理论与实务［M］．北京：科学出版社，2008．

15. 董保华．劳动争议处理法律制度研究［M］．北京：中国劳动社会保障出版社，2008．

16. 芭芭拉·课尔韦特．谈判与冲突管理［M］．刘昕，译．中国人民大学出版社，2009．

17. 利·汤普森．汤普森谈判学［M］．赵欣，陆华强，译．北京：中国人民大学出版社，2009．

18. 易久发，白沙．"谈"定天下：优势谈判的6大方面［M］．北京：电子工业出版社，2009．

19. 赵旭东．如何打破僵局：替代性纠纷解决方式（ADR）的研习与实践［M］．陕西：陕西人民出版社，2010．

20. 白山．谈判制胜道与术［M］．北京：北京工业大学出版社，2011．

21. 蔡彦敏，祝聪，刘晶晶．谈判学与谈判实务［M］．北京：清华大学出版社，2011．

22. 方其．商务谈判：理论，技巧，案例［M］．北京：中国人民大学出版社，2011．

23. 刘园．谈判学概论［M］．北京：首都经济贸易大学出版社，2011．

24. 陈星全．谈判攻略：销售就是这样谈最有效［M］．北京：中国财富出版社，2012．

25. 杰勒德·尼伦伯格，亨利·卡莱罗．谈判的艺术［M］．陈琛，许皓皓，译．北京：新世界出版社，2012．

26. 林伟贤．中国人的优势谈判［M］．北京：北京大学出版社，2012．

27. 罗伊·J. 列维奇．谈判学［M］．廉晓红，译．北京：机械工业出版社，2012．

28. 刘园．谈判学概论［M］．北京：首都经济贸易大学出版社，2012．

29. 张强，杨明娜，傅剑波．商务谈判［M］．北京：中国人民大学出版社，2012．

30. 陈中．复盘：对过去的事情做思维演练［M］．北京：机械工业出版社，2013．

31. 贾扶栋，任芳进．双赢谈判：谈判不败的制胜秘诀［M］．北京：中国华侨出版社，2013．

32. 卢海涛．商务谈判［M］．北京：电子工业出版社，2013．

33. 罗杰·道森．优势薪酬谈判［M］．刘祥亚，译．重庆：重庆出版社，2013．

34. 高宏．一看就懂的谈判技巧［M］．北京：北京理工大学出版社，2014．

35. 李子林，薄绍信．现代谈判之道［M］．吉林：吉林人民出版社，2014．

36. 王军旗．商务谈判：理论技巧与案例［M］．北京：中国人民大学出版社，2014.

37. 韦忠语，成晓明．法律谈判实务教程［M］．北京：中国人民大学出版社，2014.

38. 叶伟巍，朱新颜．商务谈判［M］．杭州：浙江大学出版社，2014.

39. 张婵婵．谈判力：字里行间的心理博弈术［M］．贵阳：贵州人民出版社，2014.

40. 戴勇坚．法律谈判的理论，策略和技巧［M］．湘潭：湘潭大学出版社，2015.

41. 韩德云，袁飞．法律谈判策略与技巧［M］．北京：法律出版社，2015.

42. 理查德·萨斯坎德．法律人的明天会怎样：法律人职业的未来［M］．何光越，译．北京：北京大学出版社，2015.

43. 刘必荣．谈判最重要的100个提醒［M］．广州：广东旅游出版社，2016.

44. 刘春生．国际商务谈判［M］．北京：电子工业出版社，2016.

45. 罗杰．说服［M］．北京：中国出版集团现代出版社，2016.

46. 刘薇．法律谈判实验教程［M］．北京：中国政法大学出版社，2016.

47. 尹旭升．谈判心理学［M］．北京：海潮出版社，2016.

48. 迪帕克·马哈拉，马克斯·巴泽曼．哈佛经典谈判术［M］．吴奕仪，译．北京：北京联合出版有限公司，2017.

49. 胡敏飞，刘建明，杨磊．法律谈判的技能与实践［M］．杭州：浙江工商大学出版社，2017.

50. 景楠．五维谈判［M］．北京：北京师范大学出版社，2017.

51. 王龙．优势谈判心理学［M］．天津：天津科学技术出版社，2017.

52. 左显兰．商务谈判与礼仪［M］．北京：机械工业出版社，2017.

53. 崔文丹，王杰．商务谈判与沟通［M］．北京：机械工业出版社，2018.

54. 德雷克·阿顿. 哈佛经典谈判课［M］. 张亮, 译. 北京：北京联合出版公司, 2018.

55. 阮子文. 赢在谈判［M］. 2版. 北京：北京大学出版社, 2018.

56. 华宇元典法律人工智能研究院. 让法律人读懂人工智能［M］. 北京：法律出版社, 2019.

57. 刘瑛. 重新定义合同：从商业意图到法律文件［M］. 北京：法律出版社, 2019.

58. John S. Murray, Alan Scott Rau, Edward F. Sherman. Negotiation［M］. Goleta：The Foundation Press, 1996.

59. Nina Meierding, Chip Rose. The Impact of Culture and Gerder on Negotiation and Mediation［M］. Los Angeles：Pepperdine University School of Law, 2008.

后　记

几经修改，反复雕琢，《首席法律谈判官》终于即将付梓了。

有人曾问我，为何钟情于"谈判"？我认为，从历史发展的视角来看，谈判与人类文明、社会发展共生共长、如影随形，随着人类文明的演进，谈判已然成为现代人必备的基本能力与素养；从专业化的视角来看，谈判是解决争端、促成交易、合作共赢、建立和维持商业秩序最重要的途径。以法律人士为主导、坚持谈判原则、具有独特优越性的法律谈判应运而生，首席法律谈判官借势而生，引势而育，造势而勃发。法律谈判中大有乾坤奥妙——秉承着中国传统文化中"以和为贵"的理念，是"道"与"术"的结合，是技术、艺术与战术的三位一体，就像拳击与太极，你退我进、你进我退、虚虚实实、刚柔相济，是一种谈判对象间的相互影响，也是一种共同创造。

我希望，读罢此书的你，不仅能了解需求、价值与价格的三角关系，融通"事先预防""事后救济"的风控模式，掌握法律谈判的策略与技巧，领会到首席法律谈判官的独特的价值，更能成为兼具"团队领导者＋战略专家＋法律专家＋谈判专家"这四层角色的首席法律谈判官，打破固有思维模式，以战略性和长远性的角度审视世界，最终赢得未来。

本书不仅是个人思想的结晶，也闪现着集体智慧的光芒。成书过程中，众多专家学者挑灯夜战，字斟句酌，协助梳理行文框架与脉络，锻造打磨全书血肉与筋骨。

感谢全国人民代表大会监察和司法委员会委员谢勇教授和中国民营经济研究会庄聪生会长于百忙之中拨冗阅读书稿，并为本书作序。

感谢湘潭大学副校长廖永安教授对本书的篇章结构提出的宝贵建议，感谢中南大学邵华副教授对本书的行文思路给予指点。

感谢湖南省立法研究会王汉连会长，北京大学法学院教授、博士研究生导师湛中乐教授，中华全国律师协会副会长盛雷鸣大律师，广东省人力资源研究会副会长涂文灿教授推介本书。

感谢上海建纬（长沙）律师事务所李倩律师不辞辛劳，为全书内容进一步完善前后奔忙；感谢上海建纬（长沙）律师事务所见习生张涵、杨沁瑜、陈雅婷、潘甜为本书的资料整理、案例收集等方面做出的大量努力。

感谢湖南创通商务谈判咨询服务有限公司提供的大量素材以及相关员工对本书的文字校对。

感谢我的家人，感谢我远在天国的父亲。亲人，是我不断前行的力量。

感谢一直以来支持我的朋友和客户。

最后感谢知识产权出版社的朋友，没有他们的辛勤劳动就没有本书的面世。

首席法律谈判官作为本书首创的概念，在内涵和外延的界定上还存在诸多不足和疏漏，全书关于法律谈判等的理论体系还有待完善，对于法律谈判的策略与技巧等实践运用的探讨也有待深入。凡此种种，恳请广大读者朋友积极指正、不吝赐教！我的邮箱是 dyjlawyer2007@126.com，欢迎读者朋友们来信与我分享！

戴勇坚
2019 年 12 月 31 日于长沙